DER MEISSNER DOM
Monument sächsischer Geschichte

# DER MEISSNER DOM

Monument
sächsischer
Geschichte

Text Matthias Donath
Fotografie Steffen Wirtgen

Sax-Verlag

# Inhalt

| | |
|---|---:|
| Geleitwort des Landesbischofs | 7 |
| Geleitwort des Dombaumeisters | 9 |
| Geschichte in Stein | 14 |
| Meißner Kulturlandschaft | 16 |
| Die Gründung der Burg Meißen | 19 |
| Die Gründung des Bistums Meißen | 20 |
| Das Bistum Meißen im 10. und 11. Jahrhundert | 22 |
| Bistum und Hochstift Meißen im 12. Jahrhundert | 24 |
| Die vorromanischen und romanischen Dombauten | 26 |
| Der heilige Donatus | 28 |
| Der heilige Benno | 30 |
| Bistum und Hochstift Meißen im 13. Jahrhundert | 34 |
| Der Hohe Chor | 38 |
| Die Bildnisse der Stifter und Bistumsheiligen im Hohen Chor | 45 |
| Die Glasmalereien im Hohen Chor | 49 |
| Baubetrieb im Mittelalter | 53 |
| Die östlichen Teile des Langhauses | 59 |
| Der Achteckbau und seine Skulpturen | 66 |
| Allerheiligenkapelle | 71 |
| Bistum und Hochstift Meißen im 14. Jahrhundert | 75 |
| Markgraf Wilhelm I. von Meißen | 79 |
| Das Langhaus und die unteren Geschosse der Westturmanlage | 80 |
| Das Südportal | 87 |
| Das Westportal | 89 |
| Der Lettner | 92 |
| Der Höckrige Turm | 96 |
| Bistum und Hochstift Meißen im 15. und frühen 16. Jahrhundert | 99 |
| Fürstenkapelle | 105 |
| Kirchliches Leben und Liturgie im mittelalterlichen Dom | 111 |
| Altäre im Meißner Dom | 118 |
| Die spätgotische Westturmanlage | 124 |
| Kreuzgang, Kapitelhaus und Große Sakristei | 128 |
| Grabmonumente im Meißner Dom | 130 |
| Die Georgskapelle | 136 |

| | |
|---|---:|
| Das Bischofsschloß | 140 |
| Die Bauten des Hochstifts Meißen am Domplatz | 143 |
| Kardinal Melchior von Meckau | 146 |
| Die Einführung der Reformation am Hochstift Meißen | 148 |
| Der Brand von 1547 und der Wiederaufbau des Meißner Doms | 154 |
| Das Hochstift Meißen nach der Reformation | 158 |
| Die barocke Umgestaltung von Fürsten- und Georgskapelle und der »Schafstall« über der Westturmfront | 162 |
| Das Hochstift Meißen im 19. und 20. Jahrhundert | 166 |
| Wiederentdeckung des Meißner Doms als Monument gotischer Baukunst | 169 |
| Der Ausbau der Westtürme und die Restaurierung durch Karl Schäfer und Hugo Hartung | 173 |
| Karl Schäfer | 182 |
| Orgeln im Meißner Dom | 184 |
| Erhaltung und Restaurierung des Meißner Doms | 186 |
| Erbe und Auftrag | 188 |
| Literaturhinweis | 191 |

Geleitwort des Landesbischofs
# Ein Dom für Gottes Dimension

Nach dem weitgehenden Abschluß umfangreicher Restaurierungsarbeiten ist der Meißner Dom wieder in voller Schönheit zu erleben. Dieses Buch gibt davon Zeugnis. Im Blick auf die zurückliegenden arbeitsreichen Jahre ist all denen mit großem Nachdruck zu danken, die sich dafür eingesetzt haben und daran gearbeitet haben, daß der Meißner Dom nun wieder allen, die ihn betreten, Gedanken und Herzen weit über den gegenwärtigen Augenblick hinaus öffnen kann.

Der künstlerische Rang des Bauwerks, das eng mit der sächsischen Landes- und Kirchengeschichte verbunden ist, und seine lange Entwicklung seit der Bistumsgründung im Jahr 968 sind das eine. Seine Wirkung und Ausstrahlung auf den heutigen Besucher und Betrachter sind das andere. Seit der Reformation ist der Dom ein evangelischer Dom. Er ist die Bischofskirche der Evangelisch-Lutherischen Landeskirche Sachsens. Er hat ein eigenes gottesdienstliches Leben, ist Ort reicher Kirchenmusik und Raum vielfältiger Ausstellungen, die Brücken zwischen Vergangenheit und Gegenwart schlagen. In besonderer Weise ist der Meißner Dom ein Anziehungspunkt für Touristen. Das, was man „Predigt der Steine" nennen kann, ist dabei von besonderer Bedeutung. Kein Besucher, wie nah oder fern er auch dem christlichen Glauben stehen möge, kann sich der Wirkung dieses Bauwerks entziehen.

Wer diesen Dom auch betritt, wird mit hineingenommen in einen Raum der Anbetung, in dem uns Jahrhunderte unterschiedlichster Menschen- und Menschheitsgeschichte umgeben. Paul Tillich, einer der großen Theologen des zurückliegenden Jahrhunderts, hat einmal sinngemäß gesagt, Gott sei das, was uns unmittelbar angeht. Und er hat hinzugefügt, nur der könne von sich sagen, daß er nichts mehr glaubt, den nichts mehr unmittelbar anginge. Es ist kein Besucher vorstellbar, den, wenn er den Meißner Dom betritt, nicht Gedanken über Grund, Sinn und Ziel des menschlichen Lebens bewegen, die ihn nicht unmittelbar angehen würden.

Mögen in diesem Sinne die Bildaufnahmen und Texte dieses Buches allen, die es zur Hand nahmen, die Herzen aufschließen für die Dimension Gottes, ohne die unser Leben arm wäre.

Volker Kreß
Landesbischof der Evangelisch-Lutherischen Landeskirche Sachsens
Stiftsherr des Hochstifts Meißen

Aufsetzen der Skulptur des segnenden Christus auf den Wimperg der Westturmanlage

## Geleitwort des Dombaumeisters
# Vollendet, aber niemals fertig

Das Bild, das der Maler Ludwig Richter vor uns ausbreitet, umfängt den Leser mit einer wohltuenden Vertrautheit, unterscheidet sich aber doch von dem heute Geschauten. Der auftürmenden Stadtkrone fehlte damals die Vollendung, das Westwerk des Meißner Doms, das wir heute als eine beglückende Ergänzung der Stadtsilhouette empfinden. Es waren die Künstler der Romantik, der Generation Ludwig Richters, die ein feinsinniges Gespür für das Meißner Stadtbild entwickelten, die sich in Gedanken den Weiterbau der unvollendeten Westturmanlage des Meißner Doms ausmalten. Zeichnungen von Caspar David Friedrich, von Friedrich Wilhelm Schwechten und Ludwig Puttrich nahmen die Vollendung der hohen Turmspitzen bereits vorweg.

Die Westtürme schlossen damals über dem spätgotischen dritten Turmgeschoß mit einem schlichten Fachwerkaufsatz, der im Volksmund »Schafstall« genannt wurde. Der ungeliebte Fachwerkbau wurde 1842 abgebrochen und durch eine Turmplattform mit Balustrade ersetzt, ohne daß die Westfront aber die beabsichtigte städtebauliche Wirkung erhielt. Es verging ein halbes Jahrhundert, bis 1896 engagierte Bürger den Meißner Dombauverein gründeten, der es als seine Aufgabe verstand, die Vollendung der Westtürme zu erreichen. Die Arbeiten wurden 1902 in Angriff genommen. Der Karlsruher Architekt Karl Schäfer errichtete eine Zweiturmfront, die in ihrer Formensprache den Geist des spätmittelalterlichen Baumeisters Arnold von Westfalen erspüren läßt. An die Stelle des Dombaumeisters, der die Fertigstellung seines bedeutendsten Werks nicht mehr erleben konnte, trat der Architekt Hugo Hartung, der den Turmbau 1908 vollendete. Damit war zugleich eine Epoche deutscher Baukunst, die Neugotik, abgeschlossen.

Der Traum einer idealen Welt voller Harmonie war in Erfüllung gegangen. Gleichwohl konnte sich die Westturmanlage nicht der harten realen Welt entziehen. Unmittelbar nach der Fertigstellung forderte der Erste Weltkrieg die Abgabe der Glocken. Bereits in den 1920er Jahre traten erste Baumängel zutage: Rostende Eisenanker zertrieben den Stein der oberen Turmgeschosse, Fialtürme und Balustraden. Fehler in der baulichen Durchbildung wurden offenkundig. Beseelt vom guten Glauben, durch Hinzufügen von eisernen Ankern die filigranen und kühnen Steinkonstruktionen zu stabilisieren, erreichte man das Gegenteil. Die unvermeidlichen Turmbewegungen, hervorgerufen durch Wärmedehnungen und Windlasten, konnten von den relativ starren Ankerstangen nur in einer Richtung aufgenommen werden. In der Gegenrichtung, die ein Stauchen bewirkt, verschoben die Eisenanker das Steingefüge. Die viel zu starren Zementfugen öffneten sich, die druckbeanspruchten Steinkanten platzten ab. Regenwasser und Schnee konnten ungehindert in das Innere der Konstruktionen eindringen und diese nun durch Rostsprengung oder Frost von innen her auseinandertreiben. Zu spät wurde dieser für das Bauwerk gefährliche Schadensprozeß erkannt.

Der Zweite Weltkrieg verhinderte die so dringlich gewordenen Reparaturen. Ideologische Barrieren und die Mißwirtschaft in den Jahren der DDR machten den Bauerhalt der Türme fast zum unlösbaren Problem. Trotz allem hat es auch in dieser schweren Zeit Menschen gegeben, die sich um das bedeutende Bauwerk kümmerten. Ihr Anrennen gegen den durch den Eintrag von Luftschadstoffen beschleunigten Steinzerfall und der rasant zunehmenden Korrosion war mutig, glich jedoch dem Kampf gegen Windmühlenflügel. Schließlich konnte man sich nur noch mit einem notdürftigen Umschnüren der zerborstenen Bauteile und einer weiträumigen Absperrung behelfen, während Wind und Wetter fast ungehindert in das nach einem Sturm schwer beschädigte Langhausdach der Dom-Nordseite eindrangen.

*»Fünf Stunden von Dresden entfernt liegt in dem fruchtbaren Elbtale das alte, malerische Meißen. Zur linken Seite des Flusses zieht sich ein steil abfallender, grün umbuschter Höhenzug bis zur Stadt Meißen, auf dessen Höhen, anderthalb Stunden vorher, die sehr alte Burg Scharfenberg, näher das freundliche Schloß Siebeneichen thronen; zur Rechten aber ist die Elbe von den weinreichen Spaarbergen eingerahmt. Wenn man nun damals auf der Poststraße um eine Ecke des Spaargebirges bog, wurde man gar anmutig von dem Anblick Meißens überrascht, welches in halbstündiger Entfernung sich höchst malerisch erhob. Die Albrechtsburg mit dem herrlichen Dom, der Bischofsturm an der Ecke des Berges, der St. Afraberg mit der Klosterkirche und der Fürstenschule senken sich zur Stadt und in das Triebischtal hinab, und das ganze schöne Bild spiegelte sich samt der Brücke in der Elbe.«*

*Ludwig Richter, 1878*

Schon lange war die Wechselwirkung zwischen Materialschäden und Umweltbelastungen bekannt. Erst mit der Wiedervereinigung und dem Bekanntwerden der Meßdaten wurde im Westen das ganze Ausmaß der Luftverschmutzung in der ehemaligen DDR deutlich. Die 1990 in der Luft gemessenen Schwefeldioxidkonzentrationen – hervorgerufen durch das Heizen mit schwefelhaltiger Braunkohle und eine marode Industrie – waren erschreckend hoch. Andernorts in Westeuropa wurden derartig hohe Werte allein im Labor zur experimentellen Schadgasbewitterung erzeugt. Eine grundlegende Sanierung und Sicherung der Domtürme konnte deshalb nur im Verbund mit veränderten Umweltbedingungen angegangen werden. Daher war ein Soforthilfeprogramm der Deutschen Bundesstiftung Umwelt dem Erhalt national bedeutender Kulturgüter gewidmet. Auch für den Meißner Dom wurden erhebliche Fördermittel zur Verfügung gestellt. Auf Grund der langen Laufzeit dieser Förderung war es sinnvoll, die Arbeiten mit wissenschaftlichen Forschungsprogrammen zu verknüpfen. Baubegleitend wurden in verschiedenen Projekten Themen bearbeitet, die auch für andere europäische Kathedralen von Bedeutung sind, beispielsweise das Anfertigen von Messbildern aus dem Hubschrauber heraus, Arbeitsschritte gegen den Steinzerfall, der Korrosionsschutz der Eisenanker und der Schutz der mittelalterlichen Glasmalereien.

Über die Jahre hinweg wurden meist mittelständische Betriebe aus der Region mit der Ausführung der Arbeiten betraut. Für die Unternehmen bedeuteten solche Aufträge nicht nur ein hohes Maß an wirtschaftlicher Sicherheit in einer Umbruchzeit, sie erlaubten es auch, Erfahrungen mit neuen Technologien und Methoden zu machen. Das Weitergeben von Wissen, das hier praktiziert wurde, folgte dem Gedanken der mittel-

Vor dem Absturz gesicherte Brüstungselemente an den Westtürmen. Aufnahme 1994 vor der Restaurierung

alterlichen Werkgemeinschaft, der Bauhütten. So war es logisch, daß sich weitere Förderer anschlossen. Die Europäische Union, die Bundesrepublik Deutschland, der Freistaat Sachsen, die Stadt Meißen, das Landeskirchenamt sowie verschiedene Stiftungen und der Dombau-Verein schufen die finanzielle Basis des Bauprogramms. Innerhalb kurzer Zeit konnte nun nicht nur an den Domtürmen, sondern auch an Dachwerken und Dächern, an den Steingliedern des Außenbaus und des Innenraums und an der Domverglasung gearbeitet werden. Wenn möglich, bildeten die mittelalterlichen Arbeitsweisen die Grundlage der Sanierung, ergänzt durch moderne Technologien, wenn die statische Sicherung von Mauern, Pfeilern und Gewölben dies erforderte.

Heute sind die wesentlichen Schäden behoben. Mit den Gerüsten, die wie stählerne Netze das Bauwerk umfangen hielten, haben wir den Meißner Dom in zehn Jahren einmal umrundet. Dabei ließ sich nicht nur die Baugeschichte studieren, das Gefüge erkunden, die Schwachpunkte entdecken. Wir konnten voller Ehrfurcht und Bewunderung das Werk unserer gläubigen Vorfahren besser verstehen und ihre Gedanken, ein Abbild des Himmels bauen zu wollen, nachvollziehen.

Auch wenn die grundlegende Restaurierung nun beendet ist, wird die Erhaltung des Meißner Doms niemals abgeschlossen sein. Immer wieder sind kleinere und größere Bauarbeiten erforderlich, um ein erneutes Anwachsen der Schäden zu vermeiden. Die 2001 gegründete Dombauhütte wird sich dieser ständigen Baupflege widmen. Dabei hilft auch der 1994 wieder ins Leben gerufene Dombau-Verein Meißen. Die Pflege der Kirchenmusik, die Erschließung bisher unzugänglicher Räume, das neue Dommuseum und die sonntäglichen Gottesdienste haben dem Dom inzwischen eine »Gemeinde« von ungefähr 150 000 Besuchern im Jahr beschert.

Ein offenes Herz wünsche ich Ihnen, die Sie den Meißner Dom und seine Geschichte mit dem vorliegenden Bildband erschließen und erleben wollen. Lassen Sie sich dazu von zwei profunden Kennern unseres Doms an die Hand nehmen.

Günter Donath
Dombaumeister

Dom vom Bischofsschloß aus gesehen

# Geschichte in Stein

Der Meißner Dom ist mehr als nur ein Bauwerk. Die Geschichte eines ganzen Landes wird in den Steinen des Doms lebendig. Elf Jahrhunderte wechselvollen Lebens sind mit der Kathedrale auf dem Meißner Burgberg verbunden. Der Dom ist Symbol des christlichen Glaubens in Sachsen, der kulturellen Leistungen dieses Landes. Aus den Steinen des Doms sprechen Vergangenheit und Gegenwart.

Die Geschichte begann im Jahr 929. Aus einem einsamen Vorposten inmitten unerschlossener slawischer Gebiete entstand in Jahrhunderten ein blühendes Land: Sachsen. Erst 1423 erhielt die alte Markgrafschaft Meißen diesen Namen. Vom Meißner Burgberg wurden lange Zeit die Geschicke Sachsens gelenkt. Mit der Gründung des Bistums durch Kaiser Otto I. im Jahr 968 wurde Meißen zu einem Ausgangspunkt christlichen Glaubens in der Region. Der Meißner Dom war das geistliche Zentrum für das ausgedehnte Territorium zwischen den Flüssen Mulde und Queis, zwischen dem Erzgebirgskamm und der Niederlausitz. Zum Bistum gehörte nicht nur die Mark Meißen, sondern auch die Lausitz, die über Jahrhunderte mit dem Königreich Böhmen verbunden war und erst seit 1635 ein Teil Sachsens ist.

Die im 10. Jahrhundert geschaffenen geistlichen Einrichtungen, Bistum und Domkapitel, beeinflußten über Jahrhunderte die Entwicklung des Meißner Landes:

Das Bistum ist ein Gebiet, in dem der Bischof die geistliche Amtsgewalt ausübt. Der Bischof weihte Kirchen und Priester, er spendete Sakramente, visitierte die Gemeinden im Bistum und vertrat die kirchliche Gerichtsbarkeit. In den Gebieten des Hochstifts Meißen hatte der Bischof zugleich ein weltliches Amt: Als Landesherr verwaltete er die Stiftsgebiete um Stolpen, Wurzen und Mügeln. Weil dieses Territorium dem deutschen Reich unmittelbar unterstand, gehörte der Meißner Bischof zu den Reichsfürsten.

Das Hochstift Meißen bildete die materielle Grundlage des Bistums. Entstanden ist es als Stiftung von Grundbesitz und Vermögen. Gegründet vor mehr als tausend Jahren, besteht das Hochstift Meißen bis heute. Getreu dem ursprünglichen Auftrag sorgt es auch in einer veränderten Welt für die Verbreitung des christliches Glaubens in Sachsen.

Das Domkapitel umfaßte mehrere Geistliche, die Kanoniker oder Domherren. Diese Priester sollten dem Bischof beim Gottesdienst im Dom und bei der Verwaltung des Bistums helfend zur Seite stehen. Die Domherren feierten die Messen und versammelten sich achtmal täglich zum Chorgebet. Im 13. Jahrhundert erlangte das Domkapitel weitergehende Rechte. Die Domherren durften seither den Bischof wählen. Die sieben ranghöchsten Domherren leiteten als Archidiakone die Amtsbezirke des Bistums Meißen. Gottesdienstliche Aufgaben hingegen wurden stellvertretend an Priester, die sogenannten Vikare, übertragen. Alle grundlegenden Entscheidungen wurden im Domkapitel getroffen. Das Kapitel verfügte über eigene Besitzungen, über zahlreiche Dörfer in der Gegend um Dresden, Meißen und Bautzen. In diesen Orten übten die Domherren nur die Grundherrschaft aus, nicht aber – wie in den Stiftsgebieten – die Landesherrschaft. Dem Domkapitel waren Stiftsämter unterstellt, die Vermögen und Grundbesitz verwalteten. Die Dombauverwaltung war ebenfalls ein Stiftsamt. Auch nach der Einführung der Reformation im 16. Jahrhundert blieb das Domkapitel bestehen. Die Domherren sind seither evangelisch-lutherischer Konfession.

Geprägt wurde der Meißner Dom von den meißnischen und sächsischen Landesherren aus der Dynastie der Wettiner. Die Markgrafen von Meißen, die Herzöge und Kurfürsten von Sachsen förderten die Meißner Kirche in besonderer Weise. Dies ging freilich mit politischen Zielen einher. Schritt für Schritt wurde das Bistum in das sächsische Land eingebunden. Die Landesherren sorgten sich aber auch um geistliche Fragen. Kurfürst Ernst und Herzog Albrecht stifteteten im ausgehenden 15. Jahrhundert das Ewige Chorgebet, bei dem sich Tag und Nacht Gottesdienste und Gebete ohne

### Die Bischöfe des Bistums Meißen

| | |
|---|---|
| Burchard | 968–970 |
| Volkold | 970–992 |
| Eid | 992–1015 |
| Eilward | 1016–1023 |
| Hubert | 1023–1024 |
| Dietrich I. | 1024–1040 |
| Aico | 1040–1046 |
| Bruno I. | 1046–1060 |
| Reiner | 1064–1066 |
| Kraft | 1066 |
| Benno | 1066–1106 |
| Herwig | 1106–1119 |
| Grambor | um 1120 |
| Godebold | 1122–1140 |
| Meinward | 1140–1150 |
| Albert I. | 1150–1152 |
| Gerung | 1152–1170 |
| Martin | 1170–1190 |
| Dietrich II. von Kittlitz | 1191–1208 |
| Bruno II. | 1209–1228 |
| Heinrich | 1228–1240 |
| Konrad I. | 1240–1258 |
| Albert II. | 1258–1266 |
| Withego I. von Furra | 1266–1293 |
| Bernhard von Kamenz | 1293–1296 |
| Albert III. von Leisnig | 1296–1312 |
| Withego II. von Colditz | 1312–1342 |
| Johann I. von Eisenberg | 1342–1370 |
| Konrad II. von Kirchberg | 1371–1375 |
| Johann II. von Jenzenstein | 1376–1379 |
| Nikolaus I. | 1379–1392 |
| Johann III. von Kittlitz | 1393–1398 |
| Thimo von Colditz | 1399–1410 |
| Rudolf von der Planitz | 1411–1427 |
| Johann IV. Hofmann | 1427–1451 |
| Caspar von Schönberg | 1451–1463 |
| Dietrich III. von Schönberg | 1463–1476 |
| Johann V. von Weißenbach | 1476–1487 |
| Johann VI. von Salhausen | 1487–1518 |
| Johann VII. von Schleinitz | 1518–1537 |
| Johann VIII. von Maltitz | 1537–1549 |
| Nikolaus II. von Carlowitz | 1550–1555 |
| Johann IX. von Haugwitz | 1555–1581 |

Pause abwechselten. In der christlichen Welt war diese Einrichtung einzigartig. Zwischen 1428 und 1539 war der Meißner Dom die Grablege der Wettiner. Die Bischöfe hatten sich hingegen auf die Schlösser Wurzen und Stolpen zurückgezogen, um dem wachsenden Einfluß der Landesherren zu entgehen.

Das 16. Jahrhundert war das Zeitalter einschneidender Veränderungen und Brüche. Die sächsischen Landesherren verlagerten ihre Residenz in die aufstrebende Stadt Dresden. Herzog Georg versuchte, den Meißner Dom zum Bollwerk gegen die Reformation Martin Luthers auszubauen. Symbol des alten katholischen Glaubens war der hl. Benno, ein Bischof des 11. Jahrhunderts. Mit der Heiligsprechung Bennos 1523 hatte Sachsen seinen ersten Landesheiligen erhalten. Aber die Heiligenverehrung konnte die Reformation nicht aufhalten, die Herzog Heinrich der Fromme 1539 im Herzogtum Sachsen durchsetzte. Ein Zeichen der neuen Zeit war die Vernichtung des Hochgrabs mit den Reliquien Bennos im Meißner Dom. Die Geistlichen konnten noch vierzig Jahre den evangelischen Landesherren widerstehen, bis der letzte Bischof, Johannes IX. von Haugwitz, 1581 sein Amt aufgab. Hochstift und Domkapitel blieben aber bestehen, nunmehr mit evangelisch-lutherischem Bekenntnis. Am Schicksal des Hochstifts Meißen lassen sich gesellschaftliche und politische Wandlungen bis ins 20. Jahrhundert ablesen. Das Domkapitel, die älteste Einrichtung des sächsischen Landes, sorgt bis heute für Erhaltung und Nutzung des Doms.

Am Meißner Dom überlagern sich die Zeitschichten von elf Jahrhunderten wie Jahresringe eines knorrigen Baumes. Der imposante mittelalterliche Bau verkündet den Glauben an Jesus Christus immer wieder in neuen Formen. Architektur und Skulptur, Steine und Bilder erzählen von den Höhen und Tiefen eines Landes. Jedes Zeitalter fügte dem Dom prägende Zeugnisse hinzu. Die Kathedrale wuchs auf diese Weise zu einem unverwechselbaren Monument des sächsischen Landes, zu einem Ort, an dem die Geschichte eines Jahrtausends erfahrbar wird.

## Die Stiftsherren des Hochstifts Meißen

| | |
|---|---|
| Kurfürst August | 1581–1586 |
| Kurfürst Christian I. | 1586–1591 |
| Kurfürst Christian II. | 1591–1611 |
| Kurfürst Johann Georg I. | 1611–1656 |
| Kurfürst Johann Georg II. | 1656–1680 |
| Kurfürst Johann Georg III. | 1680–1691 |
| Kurfürst Johann Georg IV. | 1691–1694 |
| Kurfürst Friedrich August I. | 1694–1733 |
| Kurfürst Friedrich August II. | 1733–1763 |
| Kurfürst Friedrich Christian | 1763 |
| Kurfürst Friedrich August III. (nach 1806 König Friedrich August I.) | 1763–1827 |
| König Anton | 1827–1836 |
| König Friedrich August II. | 1836–1854 |
| König Johann | 1854–1873 |
| König Albert | 1873–1902 |
| König Georg | 1902–1904 |
| König Friedrich August III. | 1904–1918 |
| Landesbischof Ludwig Ihmels | 1924–1933 |
| Superintendent Johannes Ficker | 1936–1945 |
| Landesbischof Hugo Hahn | 1947–1953 |
| Landesbischof Gottfried Noth | 1953–1971 |
| Landesbischof Johannes Hempel | 1972–1994 |
| Landesbischof Volker Kreß | seit 1994 |

Einzug der Domherren in den Meißner Dom

# Meißner Kulturlandschaft

### Älteste Beschreibung Meißens

*»Meyßen di stat, dovon das lant seinen tittel hat, an der Elben, III meilen von Dreßden, II von Lomecz etc. hat ein wolerbaut furstlich Slos, dabey eine alt gestifte und tumkirche, dorin so tag so nacht ane abelan stets Gots lob und dinst wirt gebet, beneben ist eine furstliche Capell, doryn die Herczogen czu Sachsen ir besonder begrebnis gehabt, und nach czum teil haben, slos und tum ist in einander (köstlicher weis) samptlich gebawet und auf einen hochem berge geflochten.«*

Johannes Lindner,
Dominikanermönch aus Pirna, 1529

In Meißen verbinden sich Stadt und Umland, Uferniederungen und Weinberge zu einer vielschichtigen Kulturlandschaft. Johannes Lindner, ein Chronist, beschrieb schon im 16. Jahrhundert voller Bewunderung, wie Burgberg, Dom und Schloß zu einer Einheit verschmelzen. Die eindrucksvolle Lage im Elbtal inspirierte die Künstler des frühen 19. Jahrhunderts, die sich in Meißen und den nahegelegenen Schlössern trafen.

Die Stadtanlage bildet zusammen mit dem Burgberg und dem blaugrünen Band der Elbe einen weiten Landschaftsraum. Aus den grünen Auen des Elbtals steigt der mächtige Burgberg auf. Schon aus weiter Entfernung sieht man das Bergmassiv mit seinen Mauern und Türmen. Die Spitzen der Albrechtsburg, der Eckturm des alten Bischofsschlosses, der Höckrige Turm im Osten, die majestätischen Westtürme der Kathedrale scheinen aus dem Berg herauszuwachsen.

Dieser Burgberg ist das Herzstück, die Urzelle des sächsischen Landes. Der Berg fällt nach allen Seiten steil ab. Im Norden bildet das Tal des Bächleins Meisa einen tiefen Einschnitt, im Osten zieht der Elbstrom am Berg vorbei. Südlich erstreckt sich die Meißner Altstadt mit dem Marktplatz und der Frauenkirche. Am Rande der Stadt fließt die Triebisch, ein Fluß, der in schnellem Lauf der Elbe zustrebt. Selbst im Westen des Burgbergs verhindert ein tiefer Einschnitt den direkten Zugang. Hier aber, von dem benachbarten Bergrücken mit dem alten Augustiner-Chorherrenstift St. Afra, führt ein Weg auf das Burgplateau. Die Schloßbrücke, die teilweise noch aus dem 12. Jahrhundert stammt, überspannt den Hohlgraben. Durch die Torhäuser führt der Weg weiter auf den Domplatz. An seiner höchsten Stelle liegt der Domplatz ungefähr siebzig Meter über der Elbe. Von den beiden Westtürmen, die bis zu einer Höhe von über 150 Metern über dem Wasserspiegel der Elbe emporragen, hat man einen einzigartigen Ausblick in die

Stadtansicht von Hiob Magdeburg. Holzschnitt von 1558, Ausschnitt

umgebende Landschaft. Der Blick reicht von den Tafelbergen der Sächsischen Schweiz im Süden über die Berge der Lausitz im Osten bis zum Collmberg bei Oschatz im Nordwesten.

Der Burgberg ist an allen Seiten von Häusern und Türmen umgeben, die den Domplatz und den Dom fast vollständig umschließen. Auf geringem Raum waren hier die Machtzentren des Landes vereint. Im Osten und Norden erhebt sich die Albrechtsburg, das ehemalige Schloß der Kurfürsten und Herzöge von Sachsen. Der Dom nimmt die Mitte des Bergplateaus ein. Der langgestreckte Hohe Chor und auch die Allerheiligenkapelle reichen bis zum Rand des Burgbergs. Fast alle Seiten des Chorpolygons sind von mehrgeschossigen spätgotischen Anbauten umstellt. An der Südostecke des Burgbergs folgt das ehemalige Bischofsschloß mit dem markanten Eckturm, dem Liebenstein. Heute beherbergt der Bau das Meißner Amtsgericht. An der Südseite des Bergs fällt die Reihe der Domherrenhäuser mit ihren hohen und niedrigen Dächern, kleinen Terrassen und Gärten auf. Unübersehbar ist das Prokuraturamt mit seinen kleinen vergitterten Fenstern – lange Zeit diente dieses Gebäude als Gefängnis. Weiter westlich erkennt man die mächtige spätgotische Dompropstei, heute Sitz des Hochstifts Meißen. An die ehemalige Burg der Meißner Burggrafen im Südwesten des Bergs erinnern nur noch die Schloßbrücke und das Obere Burgtor. Alle anderen Teile der Burg sind im Lauf der Zeit verschwunden. Die alte Schösserei wurde 1929 vom Hotel »Burgkeller« abgelöst. An der nördlichen Flanke des Bergs ragt das langgestreckte Kornhaus auf, das nach seiner Umgestaltung im späten 19. Jahrhundert als Wohnhaus genutzt wird. Abgesehen von der fast unkenntlichen Burg der Burggrafen lassen sich die politischen Zentren noch heute deutlich unterscheiden: In der Mitte der Dom, nördlich davon die Residenz der Markgrafen von Meißen und Kurfürsten von Sachsen, im Süden der Sitz von Bischof und Domkapitel.

Weithin vergessen ist die Wasserburg, eine Burganlage am Ufer der Elbe, direkt unter dem Burgberg. Heute erinnert nur noch das 1898 errichtete Gebäude der Meißner Freimaurerloge an die alte Anlage. In den Komplex sind Teile der spätgotischen Kapelle St. Jakob einbezogen.

Meißen im Elbtal

Die Stadt Meißen am Fuße des Burgbergs ist jünger als Dom und Burg. Noch bevor die heutige Stadtanlage angelegt wurde, entstand in unmittelbarer Nähe der Schloßbrücke die Kirche St. Afra. Der Bau, 984 erstmals genannt, war die ältestes Pfarrkirche des slawischen Gaues Daleminzi. Die bei Ausgrabungen nachgewiesene Saalkirche wurde 1060 geweiht. Seit 1205 bestand an St. Afra ein Augustiner-Chorherrenstift. Mit der Reformation wurde das Stift aufgelöst. In die Klostergebäude zog die Fürstenschule ein, die von 1543 bis zum Zweiten Weltkrieg begabte Kinder ausbildete. Die Landesschule St. Afra wurde 2000 wieder eröffnet.

Aus dem Jahr 1205 stammt auch das erste urkundliche Zeugnis für die Frauenkirche, die Meißner Stadtkirche am Markt. Damals bestand schon eine städtische Ansiedlung. Eine Gründung der Stadt in der zweiten Hälfte des 12. Jahrhunderts ist anzunehmen. Zwei Kirchenbauten aus der Zeit um 1150, gelegen am Rand der Altstadt, verweisen auf ältere Siedlungskerne, deren Frühgeschichte noch weitgehend unerforscht ist: die Nikolaikirche im Triebischtal, in der Nähe des heutigen Neumarkts, und die Martinskirche auf dem Plossen, einem Höhenrücken, der dem Burgberg direkt gegenüberliegt.

Neben St. Afra prägten zwei weitere Klöster das Bild der Stadt. Etwas außerhalb, in den Elbwiesen nördlich des Burgbergs, liegt das Benediktinerinnen-Kloster Heilig Kreuz. Im Jahr 1217 wurde es an diese Stelle verlegt. Am Heinrichsplatz erhebt sich der große spätgotische Bau der Franziskaner-Klosterkirche. Beide Klöster wurden mit der Einführung der Reformation 1539 aufgelöst. Während der spätromanische Bau des Klosters Heilig Kreuz verfiel, nahm das Franziskanerkloster die Ratsschule auf. Heute werden Kirche und Kreuzgang vom Meißner Stadtmuseum genutzt.

Meißen besitzt eine geschlossene historische Altstadt, die von Neubauten nicht gestört wird und kaum Abrisse erleiden mußte. Die alten Straßen, Plätze und Hausparzellen sind bis heute im Stadtbild ablesbar. Die überwiegende Zahl der Häuser geht auf das 16. oder 17. Jahrhundert zurück. Lediglich die alten Stadttore mußten zwischen 1832 und 1843 weichen. Die Altstadt umfaßt die gesamte Niederung zwischen Burgberg und Plossen, so daß im 19. Jahrhundert keine direkt anschließende Stadterweiterung angelegt werden konnte. Die neuen Stadtviertel – einschließlich Fabriken und Bahnhof – entstanden rechts der Elbe. Die alten Orte Niederfähre, Zscheila und Cölln gingen in dieser Stadterweiterung auf. Auf der linken Elbseite bot das schmale, langgestreckte Triebischtal Platz für Industrieanlagen, die jedoch nicht in das Bild der Altstadt hineinwirken. Seit 1864 produziert die Meißner Porzellanmanufaktur im Triebischtal.

# Die Gründung der Burg Meißen

Als der sächsische Herzog Heinrich im Jahr 919 zum König des ostfränkisch-deutschen Reichs gewählt wurde, lag das Meißner Land noch weit außerhalb des Reichsgebiets. Heinrichs Herzogtum Sachsen, im heutigen Niedersachsen, grenzte im Osten an die dünn besiedelten Länder verschiedener slawischer Stämme. Im Elbtal hatten sich die Sorben festgesetzt, die um 600 von Böhmen her eingewandert waren. Die sorbischen Bauern besiedelten einzelne Offenlandschaften, die wie Inseln den dichten Wald durchbrachen. Der Dresdner Elbkessel bildete den slawischen Gau Nisan. In der Oberlausitz, um Bautzen und Kamenz, erstreckte sich der Gau Milska. Mit dem Namen Chutizi wurde das slawische Siedlungsgebiet im Leipziger Raum entlang der Zwickauer Mulde bezeichnet. Am dichtesten bewohnt war der Gau Daleminze, der das Meißner Land zwischen Lommatzsch, Großenhain und Döbeln umfaßte. Ausgedehnte Waldflächen isolierten die sorbischen Gaue.

König Heinrich I. schaute aufmerksam auf die slawischen Gebiete. Nur mit der Sicherung der östlichen Grenze war es möglich, die verheerenden Kriegszüge der Ungarn vom Reichsgebiet fernzuhalten. Im Winter 928 brach Heinrich mit seinen sächsischen Kriegern ins Slawenland auf. Nach der Eroberung von Brennabor (Brandenburg), dem Mittelpunkt des Hevellerstammes, wandte er sich nach Süden und stieß in den Gau Daleminze vor. In der Burg Gana, gelegen zwischen den heutigen Orten Lommatzsch und Riesa am Jahnabach, hatten sich die sorbischen Verteidiger verschanzt. Nach langwierigen Kämpfen konnte Heinrich im Frühjahr 929 Gana einnehmen. Mit der Zerstörung der Burg war der Widerstand der Daleminzer gebrochen.

Heinrich mußte nun versuchen, die deutsche Herrschaft in der Region dauerhaft abzusichern. Nur mit einer befestigten Burganlage konnte er sich in dem slawischen Gau behaupten. Als Standort der Burg wählte der König einen strategisch günstig gelegenen Berg, der sich mit steilen Abhängen aus dem Elbtal heraushob und damals dicht bewaldet war. Die Bäume wurden gerodet, militärische Befestigungen entstanden. Nach dem vorbeifließenden Bächlein Meisa erhielt die neue Burg den Namen »Misni«. Heinrich kehrte über Böhmen in sein sächsisches Herzogtum zurück, ließ aber eine deutsche Besatzung in Meißen zurück, die hier, an der Ostgrenze des Reichs, ein neues Territorium aufbauen sollte. Die Mark Meißen, das heutige Sachsen, war geboren. Ohne die Gründung der Burg wäre wohl kaum das Bistum Meißen als Ausgangspunkt der Slawenmission eingerichtet worden.

Bericht des Thietmar von Merseburg über die Gründung der Burg Meißen 929

*»Hic montem unum iuxta Albim positum et arborem densitate tunc occupatum excoluit, ibi et urbem faciens, de rivo quodam, qui in septrionali parte eiusdem fluit, nomen eidem Misni imposuit; quam ut hodie in usu habetur, presidiis et imposicionibus caeteris munit.«*

An der Elbe ließ er [König Heinrich I.] einen damals dicht mit Bäumen bestandenen Berg bebauen. Dort schuf er die Burg, die er nach einem Bach, der nördlich des Bergs fließt, Meißen nannte. Er versah sie mit einer Besatzung und mit Befestigungswerken, wie sie heute [im frühen 11. Jahrhundert] in Gebrauch sind.

# Die Gründung des Bistums Meißen

Kirche und Herrschaft waren im 10. Jahrhundert untrennbar verbunden. Nach den Vorstellungen dieser Zeit war die Integration der slawische Bevölkerung in das deutsche Reich nur denkbar, wenn die besiegten Stämme ihren heidnischen Glauben ablegten. Die Herrscher des Reichs stützten ihre Macht auf die Kirche. Die militärische Sicherung der Herrschaft mußte folglich mit der Ausbreitung des christlichen Glaubens verbunden werden. Die Mission, die eine Aufgabe des Königs war, konnte nur mit dem Aufbau einer kirchlichen Organisation gelingen. Kaiser Otto I. verband das Anliegen der Bistumsgründung mit dem langgehegten Wunsch, in Magdeburg ein Erzbistum einzurichten. Der Mainzer Erzbischof setzte erheblichen Widerstand dagegen, weil er keineswegs auf Magdeburg verzichten wollte. Erst nach langen diplomatischen Bemühungen konnte Otto I. diese Hindernisse überwinden. Nur die offizielle Bestätigung des Papstes fehlte noch. Am 20. April 967 kam der Kaiser, mit den deutschen Bischöfen im Gefolge, mit Papst Johannes XIII. und den italienischen Bischöfen zusammen. Gemeinsam beschlossen sie die Einrichtung des Erzbistums Magdeburg und der Bistümer Merseburg, Zeitz und Meißen. Im Januar 968 stellte der Papst die Gründungsurkunden aus.

Die Einrichtung der Bistümer an kaiserlichen Pfalzen und Burgen deutet auf die Einheit von weltlicher Herrschaft und Kirche. Meißen nahm unter den neuen Bischofssitzen eine Sonderstellung ein. Während Magdeburg und Merseburg noch zum alten Reichsgebiet gehörten und schon seit dem 8. Jahrhundert bestanden, lag die erst 929 gegründete Burg Meißen östlich der Elbe-Saale-Linie, jenseits der damaligen Kulturgrenze. Mitten in den slawischen Siedlungsgebieten sollte mit der Mission begonnen werden. Unter den neugegründeten Diözesen hatte das Bistum Meißen die größte Ausdehnung. Es umfaßte ein Gebiet, das viermal so groß war wie die Bistümer Merseburg und Zeitz zusammen.

Eine Urkunde Kaiser Ottos III. vom 6. Dezember 995, die allerdings niemals rechtskräftig wurde, legte den Umfang des Bistums anhand der Flußläufe fest. Die Grenzlinie verlief von der Quelle der Oder in Nordmähren vorbei an der Elbquelle weiter nach Westen bis zur Grenze zwischen Böhmen und dem Gau Nisan, dann entlang des Flusses Mulde, vorbei an Rochlitz, bis zur Einmündung der Mulde in die Elbe, schließlich nach Osten bis zur Oder und flußaufwärts wieder bis zur Oderquelle. Freilich wurde dieses Territorium wenige Jahre später durch die Bildung der Bistümer Prag und Breslau verkleinert. Der Fluß Queis, gelegen zwischen der Lausitz und Schlesien, bildete seitdem die Ostgrenze des Bistums. Innerhalb des festgelegten Gebiets sollte die Meißner Kirche den Zehnten erhalten. Die Urkunde ist in Frankfurt am Main ausgestellt. Möglicherweise handelt es sich um eine Ausfertigung der kaiserlichen Kanzlei, die in dieser Form nie in Kraft trat. Das Siegel, das heute allerdings abgefallen ist, hat man nachträglich auf die Urkunde übertragen.

Kaiser Otto I. setzte im Jahr 968 Burchard als ersten Bischof von Meißen ein. Der Benediktinermönch gehörte wahrscheinlich der Hofkapelle des Kaisers an. Nach einer anderen Überlieferung hatte Burchard bereits in den 930er Jahren in Meißen mit der Mission begonnen, war also zum Zeitpunkt der Bistumsgründung schon lange Zeit in den Slawengebieten tätig. Burchard starb bereits 970. Der Nachfolger Volkold (970–992) entstammte dem kaiserlichen Hof. In Italien hatte er mehrere Jahre lang den späteren Kaiser Otto III. erzogen und unterrichtet. Erzbischof Willigis von Mainz, einer der mächtigsten ottonischen Reichsfürsten, war ein Pflegesohn von Volkold.

Als 968 der erste Bischof von Meißen sein Amt antrat, formierte sich – wie an anderen Bischofssitzen auch – ein Domkapitel. Diese Gemeinschaft von Priestern hatte die Aufgabe, den Bischof bei seinen geistlichen Aufgaben zu unterstützen. Die Mitglieder des Kapitels nannte man Domherren oder Kanoniker. An der Spitze stand der Propst, ihm

Urkunde Kaiser Ottos III. vom 6. Dezember 995

nachgeordnet war der Dekan. Die Gemeinschaft wurde als Kapitel bezeichnet, weil die Domherren ursprünglich verpflichtet waren, täglich gemeinsam ein Kapitel aus der Heiligen Schrift zu hören. Anfangs lebten die Kanoniker zusammen in einem Haus mit dem Bischof. Sie hielten sich an die Regel des Chrodegang von Metz, die ein klosterähnliches Zusammenleben und den Verzicht auf Privateigentum vorschrieb. Die Zahl der Domherren war damals noch nicht festgelegt.

Kaiser Otto der Große, der Stifter des Bistums Meißen, starb am 7. Mai 973. Dieser Tag wurde am Meißner Dom über Jahrhunderte mit Gottesdiensten und Seelenmessen würdig begangen.

# Das Bistum Meißen im 10. und 11. Jahrhundert

Mit der Gründung des Missionsbistums Meißen war die deutsche Herrschaft östlich von Saale und Elbe noch keineswegs gesichert. Die sich formenden nationalen Herrschaften im Süden und Osten, die Herzogtümer Böhmen und Polen, betrachteten das Gebiet als ihre Einflußzone. Die neugewonnene Machtstellung des deutschen Reichs versuchten die Herzöge von Böhmen und Polen durch militärische Einfälle wieder zurückzudrängen. An der Elbe, im Meißner Land, trafen die unterschiedlichen Interessen zusammen. In den Jahren 984 bis 985 war die Burg Meißen vom Böhmenherzog Boleslaw II. besetzt. Bischof Volkold wurde gezwungen, ins Exil zu gehen. Als Gast des Mainzer Erzbischofs fand er Aufnahme in Erfurt. Immerhin blieb ihm das Schicksal seiner Amtsbrüder in Havelberg oder Brandenburg erspart. Im großen Slawenaufstand von 983 töteten oder vertrieben dort die heidnischen Angreifer die Bischöfe, ihre Priester und die Burgbesatzungen. Die Kirchenorganisation in diesen Gebieten war für 150 Jahre ausgelöscht. Um eine solche Entwicklung zu verhindern, bemühte sich der Meißner Markgraf Ekkehard I. um einen Ausgleich mit den slawischen Nachbarn. Im Jahr 1002 fiel er einem Mordanschlag zum Opfer. Für den polnischen Herzog Bolesław Chrobry gab es kein Halten mehr. In einem Kriegszug verwüstete er das Meißner Land. Die Burg Meißen wurde eingenommen. 1015 fiel Herzog Mieszko, der Sohn Bolesławs, mit einem polnischen Heer in das Land ein. Obwohl die Verteidiger Meißens die Unterburg aufgeben mußten und die Burganlage an mehreren Stellen Feuer fing, schlug dem polnischen Herrscher ein erbitterter Widerstand entgegen. Der Angriff konnte abgewehrt werden. König Heinrich II. setzte schließlich 1018 in Bautzen einen Friedensschluß durch, der kurzfristig große Teile des Bistums Meißen unter polnische Herrschaft brachte. 1030/31 führten die Kämpfe zwischen Kaiser Konrad und Herzog Mieszko nochmals zu einer Verwüstung des Meißner Landes. Erst dann hatte sich die deutsche Herrschaft endgültig durchgesetzt.

Kaiser Otto I. hatte an den neugegründeten Bistumssitzen Markgrafen als Vertreter des Königs und Militärbefehlshaber eingesetzt. In Meißen wird zuerst 983 ein Markgraf genannt. Während die Marken Merseburg und Zeitz schon frühzeitig eingingen, entwickelte sich Meißen zum Mittelpunkt der weltlichen Herrschaft in den sorbischen Gebieten. Von 985 bis 1046 regierten die Ekkehardinger, ein Thüringer Adelsgeschlecht. Dann folgten bis 1067 Herrscher aus dem Haus Weimar-Orlamünde. Kaiser Heinrich IV. übergab das Land schließlich 1089 an Heinrich von Eilenburg, mit dem die achthundertjährige Reihe der Landesherren aus dem Haus Wettin begann. Aber erst 1125 konnte Markgraf Konrad das Meißner Land für die Wettiner endgültig in Besitz nehmen, nachdem er sich gegen Ansprüche des Wiprecht von Groitzsch durchgesetzt hatte. Konrad wurde zum Begründer des wettinischen Territorialstaates, aus dem das heutige Sachsen hervorging. Die Markgrafen verstanden sich im 11. Jahrhundert längst als eigene Herren und nicht mehr als Sachwalter des Königs. Kaiser Heinrich IV. schuf daher ein weiteres Amt, um die eigenen Interessen durchzusetzen. Ein militärischer Kommandant, genannt Präfekt, sollte die Reichsburg Meißen leiten und verwalten. Daraus entstand in der Mitte des 12. Jahrhunderts die reichsunmittelbare Burggrafschaft Meißen. Auf Burggraf Hermann von Wohlsbach, der 1143 in sein Amt eingesetzt wurde, folgte um 1200 die Dynastie der Meinheringer, ein edelfreies Geschlecht aus Werben bei Weißenfels. Bis 1426 konnten die Meinheringer die Burggrafschaft Meißen und die Grafschaft Hartenstein im Erzgebirge für sich behaupten. Damit hatte sich auf dem Meißner Burgberg – neben Bischof und Markgraf – eine dritte Gewalt etabliert.

**Thietmar von Merseburg über die Verteidigung der Burg Meißen 1015**

»Da warf sich Graf Hermann beim Anblick seiner ermatteten Helfer nieder und erflehte Christi Erbarmen und die Fürsprache seines ruhmreichen Märtyrers Donatus; dann rief er auch die Frauen zur Hilfe auf, sie eilten in die Verteidigungswerke, trugen den Männern Steine zu, löschten den Brand aus Wassermangel mit Met und dämpften dadurch, Gott sei Dank, des Feindes Wagemut«.

Nach dem Ende der Wirren des frühen 11. Jahrhunderts setzte im Bistum Meißen eine friedliche Entwicklung ein. Mit Ausnahme der Burgbesatzungen gab es damals keine deutsche Bevölkerung. In Daleminzien, um Meißen, lebten ungefähr 7 000 bis 8 000 Sorben, im Elbtal um Dresden etwa 1 000 Slawen. Die sorbischen Siedlungsinseln um Bautzen und Leipzig zählten vielleicht 5 000 Einwohner. Die Meißner Bischöfe richteten alle ihre Kräfte darauf, die Slawen zu taufen und für den christlichen Glauben zu gewinnen. Zwangsbekehrungen sind für das Bistum Meißen nicht überliefert. Von Bischof Eid (992–1015) ist bekannt, daß er unermüdlich durch Taufen und Predigen für die christliche Kirche warb. Thietmar von Merseburg rühmte Eids asketische, apostelgleiche Lebensweise, über die selbst die Zeitgenossen verwundert waren. Die Mission führte dazu, daß im 11. Jahrhundert an den Mittelpunkten der Burgbezirke die ersten Pfarrkirchen entstanden.

Die Verbindung von Königtum und Kirche verpflichtete die Herrscher des Reichs zur materiellen Ausstattung von Bischof und Domkapitel. In der damaligen Wirtschaftsordnung garantierte nur der Besitz von Dörfern und Burgen eine gesicherte Versorgung. Kaiser Otto II. schenkte dem Bistum 983 die Einnahmen aus dem Meißner Elbzoll. Diese Abgabe ist ein Beleg für den schon im 10. Jahrhundert aufblühenden Warenhandel. Im Jahr 995 erhielt das Hochstift Meißen drei Orte im Harzgau, und 1006 stiftete Heinrich II. umfangreiche Ländereien, darunter drei Burgwarde in der Oberlausitz. Mit der Schenkung des Burgwards Püchau bei Wurzen 1040 wurde der Grundstein für das Wurzener Stiftsgebiet gelegt. Kaiser Heinrich IV. stattete die Meißner Kirche mehrfach mit reichen Stiftungen aus. Diese Zuweisung von königlichem Besitz bedeutete freilich auch, daß die Bischöfe für König und Reich Aufgaben übernehmen mußten.

Über die Meißner Bischöfe des 11. Jahrhunderts ist recht wenig bekannt. Mit Ausnahme von Benno spielten sie in der Reichspolitik keine Rolle. Eilward (1016–1023) war der erste Bischof, der selbst aus der Markgrafschaft Meißen stammte. Die Bischöfe wurden – soweit sich das nachvollziehen läßt – bis zum Wormser Konkordat 1122 vom deutschen König ausgewählt und eingesetzt. Trotz der Randlage besuchten drei deutsche Herrscher persönlich Burg und Dom zu Meißen. Während Otto I. seine Stiftung selbst nie gesehen hatte, kam Otto III. vermutlich auf seiner Reise nach Gnesen im Jahr 1000 in Meißen vorbei. 1046 fand auf der Meißner Burg ein Hoftag Heinrichs III. statt, auf dem die Neuordnung der Markgrafschaften im Osten beschlossen wurde. König Heinrich IV., der mit Meißen und Bischof Benno eng verbunden war, weilte 1068 auf der Burg.

Die zahlreichen königlichen Stiftungen erhöhten die Einnahmen des Hochstifts Meißen. In einem langen Prozeß im Lauf des 11. und 12. Jahrhunderts trennte man schließlich die Einkünfte des Bischofs und den Besitz des Domkapitels. Das Vermögen des Kapitels wiederum teilte man in einzelne Anteile, die Präbenden oder Pfründen. Jeweils eine Pfründe wurde an einen Domherren überwiesen, der somit einen eigenen Unterhalt bezog. Das gemeinschaftliche klosterartige Zusammenleben der Kanoniker blieb vorerst bestehen. Die finanzielle Unabhängigkeit der Domherren setzte aber eine Entwicklung in Gang, die zur schrittweisen Auflösung des gemeinsamen Lebens führen sollte.

# Bistum und Hochstift Meißen im 12. Jahrhundert

## Die Archidiakonate des Bistums Meißen

### Propstei Meißen
Kernland des Bistums, Gebiete um Meißen (Gau Daleminze) mit 162 Pfarrkirchen
Archidiakon: Propst des Domkapitels zu Meißen

### Dekanat Meißen
Gebiet nördlich von Meißen zu beiden Seiten der Elbe mit 72 Pfarrkirchen
Archidiakon: Dechant des Domkapitels zu Meißen

### Archidiakonat Nisan
Gebiet um Dresden (Gau Nisan) mit 70 Pfarrkirchen
Archidiakon: Domherr des Domkapitels zu Meißen

### Propstei Großenhain
Gebiet zwischen Elbe und Schwarzer Elster mit 47 Pfarrkirchen
Archidiakon: Propst des Stiftskapitels zu Zscheila-Großenhain

### Archidiakonat Oberlausitz
Oberlausitz mit 218 Pfarrkirchen
Archidiakon: Propst des Stiftskapitels zu Bautzen

### Archidiakonat Niederlausitz
Niederlausitz mit 217 Pfarrkirchen
Archidiakon: Domherr des Domkapitels zu Meißen

### Propstei Wurzen
Gebiet westlich der Mulde zwischen Colditz und Jeßnitz mit 69 Pfarrkirchen
Archidiakon: Propst des Stiftskapitels zu Wurzen

### Archidiakonat Chemnitz
Gebiet im Erzgebirgsvorland bis zum Kamm des Erzgebirges mit 46 Pfarrkirchen
Archidiakon: Propst des Benediktinerklosters Chemnitz

### Archidiakonat Zschillen
Gebiet westlich der Mulde um Zschillen (heute Wechselburg) mit 27 Pfarrkirchen
Archidiakon: Propst des Deutschordenshauses Zschillen

---

Noch um das Jahr 1100 war das Bistum Meißen nur dünn besiedelt. Die von Slawen bewohnten Landschaften, einzelne Siedlungsinseln, waren von dichten Waldgebieten umgeben. Wenn jedoch der Wald gerodet war, konnte der Boden reiche Erträge erbringen. Die Gefahr von militärischen Einfällen aus Polen oder Böhmen war längst gebannt. Die Landesherren hatten ein Interesse daran, Siedler in das Land zu holen, denn mit jedem Dorf wuchsen Einkünfte und wirtschaftliche Macht. Bischof Herwig (1106–1119) erließ 1107/08 einen Aufruf an die Flamen, mit dem er für Siedlungen in seinem Gebiet warb. Aber erst in der Mitte des 12. Jahrhunderts setzte eine massenhafte Zuwanderung ein. Bauern aus Franken, Thüringen, Sachsen und Flandern lockte die Möglichkeit des sozialen Aufstiegs. Überall entstanden neue Dörfer und städtische Siedlungskerne. Auch die Bischöfe von Meißen waren an der Gründung von Dörfern und städtischen Zentren beteiligt. Daran erinnern bis heute Ortsnamen in der Oberlausitz wie Bischofswerda, Bischdorf bei Löbau oder Bischheim bei Kamenz. Schätzungen ergaben, daß damals rund 320 000 Deutsche einwanderten. Schritt für Schritt erschlossen sie das Land von Westen nach Osten.

Mit dem Anwachsen der Bevölkerung mußten auch Institutionen für die geistliche Versorgung geschaffen werden. Noch gab es keine Klöster. Im Jahr 1114 gründete Bischof Herwig die erste geistliche Einrichtung im Bistum, das Kollegiatstift Wurzen, gelegen mitten im Stiftsland des Hochstifts Meißen. Das Wurzener Kapitel setzte sich anfangs aus fünf Stiftsherren zusammen. Im 16. Jahrhundert bestanden schließlich sechzehn Kanonikate. Im frühen 12. Jahrhundert entstand das erste Kloster im Bistum, das Benediktinerkloster Riesa, das 1119 erstmals Erwähnung fand. Stifter war der Bischof von Naumburg, der hier, an der Elbe, ein eigenes Bischofsland besaß. 1136 gründete Kaiser Lothar III. das Benediktinerkloster Chemnitz, das für die Geschichte des Meißner Landes eine weitaus größere Bedeutung erlangen sollte. Im Laufe des 12. und 13. Jahrhunderts wurde das kirchliche Netz immer dichter: Bischof Bruno II. richtete 1213/18 das Kollegiatstift Bautzen ein. Das Domkapitel zu Bautzen umfaßte seit 1226 insgesamt zwölf Stiftsherren. Über Jahrhunderte bildete das Bautzner Kapitel einen kulturellen Mittelpunkt der Oberlausitz. Das in Großenhain in der Zeit um 1220 gegründete Kollegiatstift St. Georg sollte das Land zwischen Elbe und Schwarzer Elster betreuen, es blieb jedoch weitgehend bedeutungslos. Die vier Stiftsherren richteten ihren Sitz um 1240 in der Kirche von Zscheila ein, in Sichtweite des Meißner Doms.

Die Bischöfe Herwig (1106–1119) und Godebold (1122–1140) haben ihr Bistum kaum verlassen. Landesausbau und geistliche Aufgaben waren ihnen wichtiger als die Reichspolitik. Mit Albert I. (1150–1152) dagegen trat nochmals ein Bischof auf, bei dem wichtige Fäden von Politik und Diplomatie zusammenliefen. Vor seinem Amtsantritt in Meißen war er Hofkaplan König Konrads III. In den Jahren 1140 und 1142 führte er Gesandtschaften zum byzantinischen Kaiser nach Konstantinopel. Auch nach der Bischofsweihe weilte Albert I. kaum in Meißen, er begleitete den König, bis er 1151 erneut nach Konstantinopel gesandt wurde. Auf der Rückreise von Byzanz starb der Bischof. Sein Nachfolger Gerung (1152–1170) war an allen wichtigen Hof- und Reichstagen beteiligt. Der Überlieferung nach hat Gerung die Bibliothek des Meißner Doms begründet, die bedeutende theologische und juristische Werke vereinte.

Die zunehmende Besiedlung des Landes zwischen Mulde und Queis führte zu einer Neuordnung der Kirchenorganisation im Bistum Meißen. In schneller Folge hatten sich in den Siedlungsgebieten neue Kirchgemeinden gebildet. Während sich für die Zeit um 1100 ungefähr 50 Pfarrkirchen nachweisen lassen, stieg deren Zahl innerhalb von

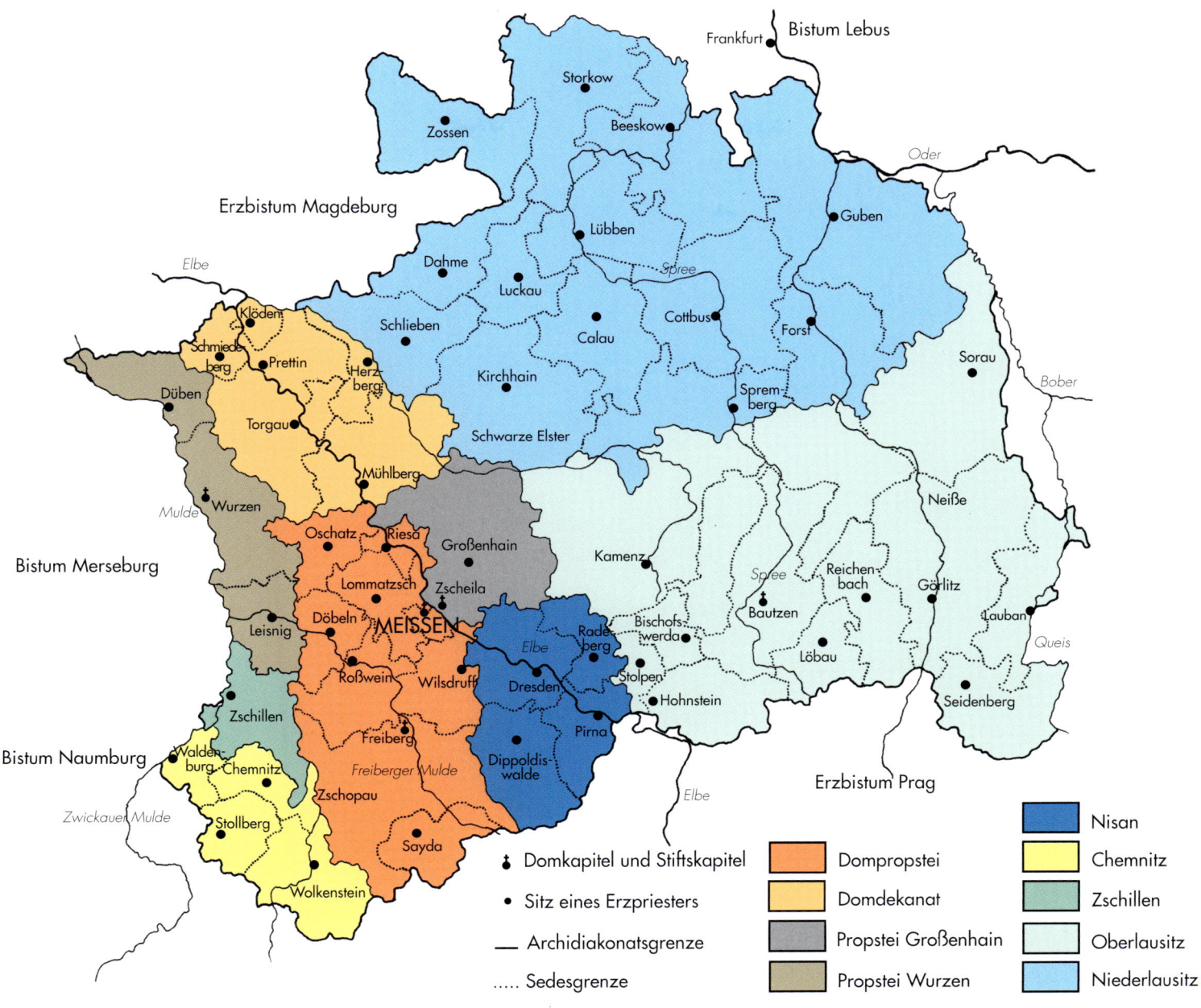

Verwaltungsgliederung des Bistums Meißen um 1500. Einteilung in Archidiakonate

100 Jahren auf über 900 an. Die Gemeinden konnten kaum noch von einem einzigen kirchlichen Mittelpunkt verwaltet werden. Innerhalb des Bistums mußten kleinere Einheiten geschaffen werden. In anderen Diözesen hatte sich die Unterteilung in Archidiakonate bewährt, die in der zweiten Hälfte des 12. Jahrhunderts auch auf die Diözese Meißen übertragen wurde. Vom Bischof wurden Archidiakone eingesetzt, die in ihrem Gebiet die Gerichtsbarkeit über die Geistlichen ausübten, Visitationen abhielten und neue Pfarrer in ihre Ämter einwiesen. Domherren zu Meißen, Wurzen, Bautzen und Zscheila wurden zu Archidiakonen ernannt, außerdem die Pröpste der Klöster in Chemnitz und Zschillen. Da aber auch die Archidiakone kaum den gesamten kirchlichen Amtsbezirk übersehen konnten, teilte man die Gebiete nochmals in Erzpriestersprengel auf. Ein Erzpriester war für ungefähr zehn bis zwanzig Pfarrkirchen zuständig. Die Grenzen der kirchlichen Bezirke richteten sich nach den politischen Gliederungen und nach den regionalen Ordnungen, die sich mit der Besiedelung des Landes herausgebildet hatten. Die Einteilung in Archidiakonate und Erzpriestersprengel blieb bis zur Einführung der Reformation im 16. Jahrhundert bestehen.

# Die vorromanischen und romanischen Dombauten

Unter dem Fußboden des Meißner Doms liegen die Grundmauern der Vorgängerbauten. Bei Ausgrabungen vor einhundert Jahren wurden Mauerreste eines einschiffigen Saalraums und einer Basilika freigelegt. Diese Mauern erinnern an das kirchliche Leben im 11. und 12. Jahrhundert. Als die Synode von Ravenna im Jahr 967 die Gründung des Bistums Meißen beschloß, muß es zumindest eine Burgkirche gegeben haben, die die Aufgaben einer Kathedrale übernehmen konnte. Sicher bestand diese Kirche wie alle anderen Gebäude der Burg aus Holz. Überreste dieser Holzkirche sind nicht überliefert. Die Fundamente, die 1910 unter dem Hohen Chor ergraben wurden, gehören wahrscheinlich zum Meißner Dom des 11. Jahrhunderts. Dieser Bau war aus sorgfältig behauenen Steinquadern errichtet. Der einfache Saalraum war innen ca. 4,5 m breit. Mit den starken Außenwänden hatte der Bau eine Breite von ca. 8 m. Im Osten des Saales wurde eine Apsis ergraben. Die Gesamtlänge des Bauwerks betrug wohl 18 m. Ein Türgewände deutet an, daß an der Südseite eine Pforte in den Innenraum führte. Da weitere Anhaltspunkte nicht bekannt sind, ist eine genaue Datierung kaum möglich. Einschiffige Saalräume mit Apsis waren im 10. und 11. Jahrhundert auf Pfalzen und Burgen weit verbreitet. Auch die ältesten Pfarrkirchen im Bistum Meißen, St. Afra in Meißen (1060) oder die Kirche des Burgwards Briesnitz (1. Hälfte des 11. Jahrhunderts), griffen diesen Bautyp auf. Angesichts der Kämpfe und Wirren, die die Meißner Burg im späten 10. und frühen 11. Jahrhundert überstehen mußte, ist es sehr wahrscheinlich, daß die ergrabene Kirche erst im 11. Jahrhundert errichtet wurde. Immerhin war es der erste Steinbau im heutigen Sachsen.

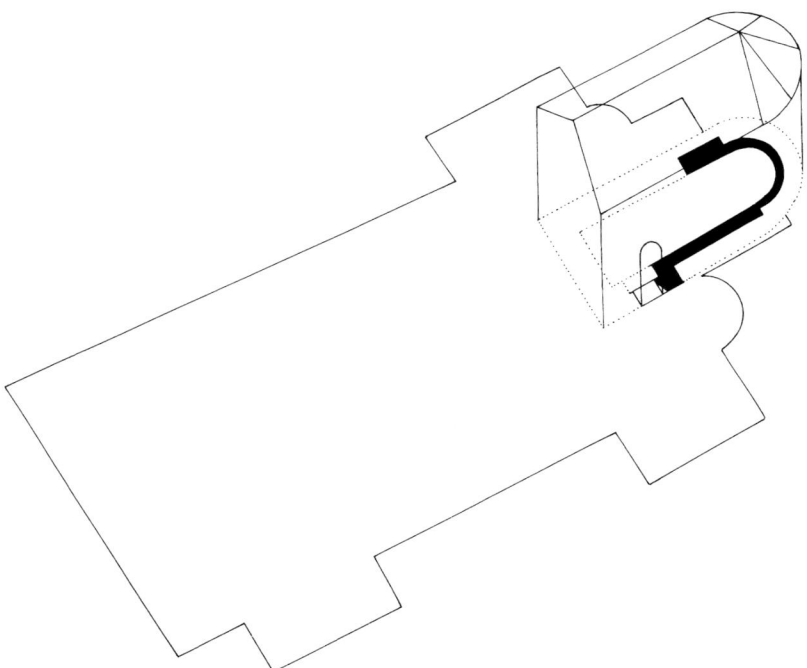

Der vorromanische Dom des 11. Jahrhunderts

Der nachfolgende romanische Dom war bedeutend größer als die Saalkirche des 11. Jahrhunderts. Mit seinen vier Türmen, die in den Himmel Meißens ragten, muß er einen imposanten Anblick geboten haben. Insgesamt war das Bauwerk 46 m lang. An den Westbau mit seinen zwei Westtürmen schloß sich eine dreischiffige Basilika mit einem erhöhten Mittelschiff und zwei niedrigen Seitenschiffen an. Die Osttürme erhoben sich an den östlichen Enden der Seitenschiffe. Nach dem Langhaus folgte das Querhaus, dann der Chor mit einer eingezogenen Apsis. Am nördlichen und am südlichen Querhausarm waren Nebenapsiden ausgebildet. Auf der Chornordseite befand sich eine kleine Sakristei. Eine Portalvorhalle an der Südseite der Basilika führte in das Innere. Aufgefunden wurden Teile von gekoppelten romanischen Fenstern, unter anderem ein Säulenfuß und Fragmente von Kämpferkragsteinen.

Der Aufbau des Bauwerks erinnert an die Stiftskirchen der Augustiner-Chorherren in Halberstadt, Hamersleben und Riechenberg bei Goslar. Architekturformen und Bauornamentik sprechen für eine Datierung des romanischen Doms in die erste Hälfte des 12. Jahrhunderts, vielleicht in die Zeit um 1130. Der Bauherr könnte Bischof Godebold (1122–1140) gewesen sein. In seiner Zeit war die neue Kirche das größte steinerne Bauwerk der gesamten Region. Doch schon bald, mit der deutschen Besiedelung in der zweiten Hälfte des 12. Jahrhunderts, entstanden große Kloster- und Stadtkirchen, die in ihren Dimensionen schnell die Meißner Kathedrale übertrafen. Fast 150 Jahre blieb der romanische Dom bestehen. Zwar wurde er bei Bränden 1209 und zwischen 1229 und 1235 beschädigt, jedoch immer wieder aufgebaut. Die Ostteile des romanischen Doms mußten schließlich nach 1250 der neuen gotischen Kathedrale weichen. Die Westtürme blieben als letzte Zeugnisse des alten Doms bis in die Mitte des 14. Jahrhunderts erhalten, bis auch sie abgetragen wurden.

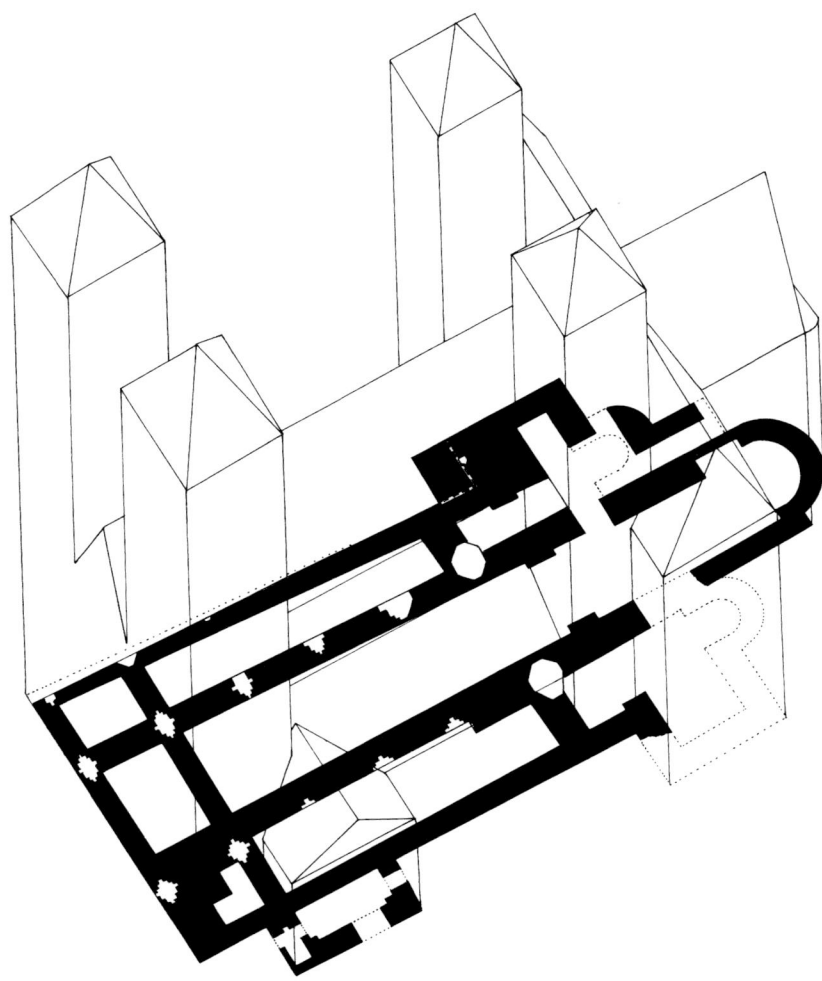

Der romanische Dom um 1130

# Der heilige Donatus

Bischof Donatus, ein italienischer Heiliger, beschützt Bistum und Dom zu Meißen. Heute ist Donatus nahezu vergessen. Die Reformation hat der Verehrung des Heiligen ein Ende gesetzt. Niemals aber wurde das Patrozinium der Kirche aufgegeben. Im Meißner Dom kann man den Heiligen kaum übersehen. Am West- und Südportal, im Stifterjoch des Hohen Chors schaut Donatus, dargestellt als Bischof, auf die eintretende Gemeinde.

Donatus gehört zu den Märtyrern der frühen Christenheit. Über sein Leben ist nur wenig bekannt. Als gesichert gilt, daß Donatus in der Mitte des 4. Jahrhunderts in der italienischen Stadt Arezzo als Bischof wirkte. Im Lauf der Zeit entstanden Legenden und Erzählungen um das Leben des Bischofs. Demnach wurde Donatus in Nicomedia geboren. In Rom wuchs er gemeinsam mit dem späteren römischen Kaiser Julian Apostata auf. Beide traten in den Dienst der Kirche. Als aber Julian zum Kaiser erhoben wurde, fiel dieser vom christlichen Glauben ab und begann mit einer neuen Christenverfolgung, der auch die Eltern des Donatus zum Opfer fielen. Der Heilige floh nach Arezzo, wo er erst Diakon, Priester und dann Bischof wurde. Zahlreiche Wunder begleiteten seinen Lebensweg: Donatus vertrieb Dämonen, die Menschen oder auch einen Brunnen befallen hatten, und er half beim Wiederfinden versteckter Schätze. Der Geistliche wurde später in Arezzo gefangengenommen und auf Befehl des Kaisers Julian Apostata enthauptet. Der Überlieferung nach geschah das am 7. August 362. An der Stelle seines Begräbnisplatzes, vor den Toren der Stadt, entstand der alte Dom von Arezzo. Mit dem Bau der gotischen Kathedrale in der Stadtmitte, begonnen 1278, überführte man die Reliquien des Heiligen in das neue Bauwerk.

Wie die heiligenkundliche Forschung feststellen konnte, verbinden sich in der Donatus-Legende mehrere Überlieferungen. Dabei wuchsen Donatus, Bischof von Arezzo, und der gleichnamige Bischof von Euröa in Griechenland zu einer Person zusammen. Unglaubhaft ist eine Beziehung des Donatus zu Julian Apostata. Als Kaiser hat Julian zwar die heidnischen Kulte wieder gefördert, jedoch keine systematischen Christenverfolgungen betrieben.

Wie kam der italienische Heilige nach Meißen? Das verbindende Glied ist der Donatustag, der 7. August. Am Donatustag des Jahres 936 wurde Otto, der Sohn Heinrichs I., zum deutschen König gekrönt. Kaiser Otto der Große scheint dieses Datum nie vergessen zu haben. Bei der Gründung der Bistümer Magdeburg, Merseburg, Zeitz und Meißen – beschlossen auf der Synode von Ravenna 967 – wählte Otto für den Meißner Dom den Heiligen aus, mit dem sich seine Königskrönung verband. Die Auswahl des Donatus gerade für Meißen ist ein Zeichen für die enge Beziehung des Kaisers zum neuen Bistum.

Bereits in den ältesten Urkunden erscheint der Bischof von Arezzo als Patron der Meißner Kirche. Von der Heiligenverehrung berichtet der Chronist Thietmar von Merseburg. Nach seiner Überlieferung rief Markgraf Hermann 1015 bei der Belagerung der Burg den ruhmreichen Märtyrer um Hilfe und Erbarmen an. Ein halbes Jahrhundert später, 1062, stattete der Ritter Markward mit Bestätigung König Heinrichs IV. einen neuerbauten Donatus-Altar mit reichen Einkünften aus; 1068 schenkte Heinrich IV. diesem Altar bedeutende Besitzungen. Ob der Donatus-Altar auch im um 1130 errichteten romanischen Kirchenbau noch bestanden hat, ist nicht gesichert. Im gotischen Dom ist das Donatus-Patrozinium mit dem Hochaltar verbunden. Seit dem 12. Jahrhundert wurden im Meißner Dom Reliquien des Bischofs von Arezzo verehrt, die dann in den Wirren der Reformation verstreut und vernichtet wurden. Chroniken des 15. und 16. Jahrhunderts berichten, daß Bischof Gerung (1152–1170) diese Reliquien nach Meißen überführt habe. Wahrscheinlich hatte Gerung die Reliquien erworben, als er 1160 die Synode von Pavia in Oberitalien besuchte. Nach der Überlieferung handelte

Figur des Bischofs Donatus vom Südportal

es sich um den Schädel des Heiligen. Aber auch in Arezzo wurde ein Schädel des Donatus aufbewahrt. Das Meißner Schädelfragment war in ein kostbares silbernes Kopfreliquiar eingelassen. 1542 mußte das altgläubige Domkapitel den gesamten Domschatz und auch das Reliquiar an den evangelischen Landesherrn Moritz von Sachsen übergeben. Dazu gehörte auch das Reliqiar, das zur Münzprägung eingeschmolzen wurde.

Bis zur Einführung der Reformation wurde im Meißner Dom der 7. August als Hochfest begangen. Bedeutende Urkunden des Domkapitels datieren vom Donatustag. Die Meßbücher der Zeit um 1500 schildern die feierliche Liturgie des Festtags. Die Verehrung des heiligen Donatus reichte weit über den Meißner Dom hinaus. Es gab Donatuskapellen, wie in Freiberg, wo die Donatsgasse noch heute daran erinnert, daneben in vielen Kirchen Donatus-Altäre, zum Beispiel in der Stadtkirche St. Marien zu Kamenz und in der Nikolaikirche zu Görlitz. Im ganzen Bistum wurde der 7. August festlich begangen. In den Gebieten der Lausitz, die im 16. Jahrhundert katholisch blieben, hat man den Donatus-Tag als Feiertag beibehalten. Der Familienname Donath, der in der Lausitz und im Meißner Land weite Verbreitung fand, leitet sich vom Bistumsheiligen ab.

In Arezzo wurde Donatus traditionell als Bischof abgebildet, gekleidet in Albe, Tunika, Dalmatika und Kasel, versehen mit Mitra und Bischofsstab. Als Attribut kam der Kelch hinzu, der an das Kelchwunder erinnert, oder der Drachen, der eigentlich zur Legende des Donatus von Euröa gehört. Bei den Meißner Darstellungen verzichtete man auf dieses Beiwerk. Die bischöfliche Kleidung reichte aus, um den Heiligen erkennbar zu machen. Donatus wurde immer gemeinsam mit Johannes dem Evangelisten, dem zweiten Bistumsheiligen, wiedergegeben. Zu den ältesten Darstellungen gehört das Siegel des Hochstifts Meißen, das seit 1264 verwendet wird. Unter gotischen Türmen thronen Johannes und Donatus. Das kleine Kapitelsiegel von 1455 zeigt Oberkörper und Kopf des Donatus, während Johannes in der Gestalt des Adlers wiedergegeben ist. Als monumentale Skulpturen stehen die Bistumsheiligen im Hohen Chor des Meißner Doms (um 1260). Außerdem flankieren sie Westportal (um 1370) und Südportal (um 1390), die beiden Haupteingänge der Kathedrale. Bischof Johannes VI. von Salhausen gab im ausgehenden 15. Jahrhundert für den Wurzener Dom mehrere Bildwerke des Donatus in Auftrag. Am Portal des spätgotischen Bischofsschlosses in Wurzen sieht man die beiden Bistumsheiligen, und auch der Westchor des Wurzener Doms mit der bischöflichen Kapelle, errichtet 1503, war mit Skulpturen von Donatus, Johannes und Kaiser Otto I. geschmückt.

Die Verehrung des Bischofs Donatus wurde vom Kult des hl. Benno überlagert. Auch in der Reformationszeit blieb Donatus im Schatten des neuen sächsischen Landesheiligen. Bei der Übernahme des Meißner Domschatzes in den Besitz des Landesherrn 1542 wurde aus dem Reliquiar der Schädel des Heiligen, der wegen seines hohen Alters schon in einzelne Teile zerfallen war, entnommen. Bischof Johannes IX. von Haugwitz berichtete später, man habe den Schädel zusammen mit anderen Reliquien zuerst in Stolpen, dann in Wurzen in Sicherheit gebracht. Mit den Reliquien Bennos wurden die Überreste des hl. Donatus 1576 an den bayerischen Herzog Albrecht V. verkauft. Während Benno jedoch zum Symbol der katholischen Gegenreformation aufgebaut wurde, blieb Donatus in München weitgehend unbeachtet. Die bunte Geschichte des Heiligen geriet in Vergessenheit.

## Das Kelch-Wunder des hl. Donatus

*»Aines mal do hett er meß und hett das volck gespeißt mit gottes leichnam und do der evangelier dem volcke auß dem kelch zu trincken gabe. Do ward ein groß getreng von den hayden das der evangelier auff die erde viel und zerbrach den kelch zu stucken. Darumb warde sant Donatus betrübt und alls volck und hieß die stuck auffheben und zusammen legen. Und betet andacht do warde der kelch wieder gantz von seim hailigen gebet on ain klains stücklein dos het der böß gaist verborgen. Das fande man hernach das wirt ewigklichen behalten zu ainer gezeugkniße des großen zaichen. Do das die haiden sahen wurden ir achtzig bekert zu cristem glauben.«*

Legenda aurea, deutsche Fassung des 15. Jahrhunderts

# Der heilige Benno

Im Meißner Dom scheint die Erinnerung an Bischof Benno ausgelöscht zu sein. Nichts deutet mehr auf den sächsischen Landesheiligen. Das Hochgrab wurde 1539 von evangelischen Bilderstürmern bis auf den letzten Stein abgetragen und zerstört. Will man heute die vorgeblichen Reliquien Bennos sehen, muß man nach München fahren, wo der Meißner Bischof im 16. Jahrhundert als Patron Bayerns eine neue Aufgabe bekam. Der konfessionelle Streit hat lange Zeit jede ernsthafte Auseinandersetzung mit Bischof Benno behindert. Martin Luther nutzte die Heiligsprechung Bennos als Angriffspunkt gegen den Heiligenkult der römischen Kirche, den er als verwerflich betrachtete. Die katholische Welt dagegen erhob Benno zum Zeichen der siegreichen Gegenreformation.

Dem Meißner Bischof Benno war eine ungewöhnlich lange Amtszeit von vierzig Jahren beschieden. In den zeitgenössischen Quellen und Urkunden wird er nur beiläufig erwähnt. Der Geistliche aus einem Grafengeschlecht, das bei Goslar ansässig war, erscheint erstmals 1062 in einer Urkunde. Damals war er Domherr am Stift St. Simon und Juda in Goslar, einem politischen Zentrum des Reichs. König Heinrich IV. ernannte 1066 den Goslarer Propst Kraft zum Bischof von Meißen. Der verstarb jedoch, noch bevor er nach Meißen aufbrechen konnte. An seine Stelle trat Benno. Die Urkunden belegen die engen Verbindungen zwischen Benno und dem deutschen König. Im Jahr 1068 besuchte Heinrich IV. den Meißner Dom, in den folgenden Jahren übergab er dem Domkapitel reiche Schenkungen.

Als 1073 der Aufstand der sächsischen Fürsten gegen den König ausbrach, wurde auch Meißen in den Krieg hineingezogen. Von Benno ist bekannt, daß er sich aus dem Streit herauszuhalten versuchte. Der Bischof verweigerte dem König die Waffenhilfe. Heinrich IV. betrachtete das als Hochverrat, er nahm Benno 1075 gefangen. Wenig später erreichte der Streit zwischen Papst Gregor VII. und dem deutschen König einen neuen Höhepunkt. Benno nutzte die verwirrenden politischen Auseinandersetzungen zur Flucht und kehrte nach Meißen zurück. Er gehörte zu den papsttreuen Bischöfen, die 1085 in Quedlinburg den Bann über Heinrich IV. bestätigten. Noch im gleichen Monat kamen der Kaiser, sein Gegenpapst Wibert und dessen Anhänger in Mainz zusammen. Die Synode bestätigte die Absetzung Gregors VII. und aller Bischöfe, die weiterhin zu ihm standen. Auch Benno wurde des Amtes enthoben, er sollte von Felix, einem Verwandten des Böhmenherzogs, abgelöst werden. Noch bevor Heinrich IV. nach Meißen kam, um die Einsetzung des Felix in die Wege zu leiten, suchte Benno den Gegenpapst Wibert auf, bei dem er für seine Irrtümer um Verzeihung bat. Nach dieser überraschenden Versöhnung konnte Benno nach Meißen zurückkehren.

Der plötzliche Übertritt Bennos zur königlichen Partei wurde von den Historikern unterschiedlich bewertet. Der Vorwurf, Benno habe sich gesinnungslos auf die Seite des Stärkeren gestellt, ist unberechtigt. Der Übertritt war für das Bistum Meißen von großem Nutzen, denn so konnte die endlose Kette der Machtkämpfe unterbrochen werden. Die Aussöhnung Bennos mit seinem langjährigen Gegner zeugt jedenfalls von einer inneren Größe des Meißner Bischofs. Heinrich IV. belohnte die Verdienste Bennos, indem er der Meißner Kirche mehrfach umfangreichen Landbesitz schenkte. Der Bischof selbst weilte häufig am Königshof in Speyer und Verona. Aus den letzten Lebensjahren sind keine Nachrichten erhalten. Benno starb zwischen 1105 und 1107. Als Todestag hat man den 16. Juni 1106 angenommen.

Unter den Meißner Bischöfen war Benno sicher nicht der wichtigste. In den Augen der mittelalterlichen Chronisten besaß der Geistliche nur eine untergeordnete Bedeutung für die Reichs- und Kirchenpolitik. Die späteren Legenden haben Benno zwar zum »Apostel der Sorben« gemacht, aber über seine Missionstätigkeit, über seine geistlichen Aufgaben im Bistum ist nichts bekannt. Andere Bischöfe des 11. und 12. Jahrhunderts

## Fisch und Schlüssel

Die bekannteste Legende des hl. Benno spielt auf die Rückkehr des Bischofs nach Meißen im Jahr 1085 an: Vor der Abreise von Meißen hatte Benno den Schlüssel zum Dom in die Elbe geworfen, damit die Kathedrale den Feinden verschlossen bleiben möge. Als er ein Jahr später zurückkehrte, besuchte der Bischof ein Gasthaus. Ein ungewöhnlich großer Fisch, soeben in der Elbe gefangen, wurde dem Wirt gebracht. Im Bauch des Fisches fand sich der Schlüssel, den der Bischof bei seiner Flucht in den Fluß geworfen hatte. Rasch verbreitete sich dieses Wunder und die Nachricht von der Rückkehr Bennos. Nach dieser Legende wurden Fisch und Schlüssel zu Attributen des Heiligen.

haben weitaus mehr zur Mission der Sorben beigetragen. Die Heiligenverehrung Bennos, die schon im 13. Jahrhundert einsetzte, läßt sich also kaum rational erklären.

Bischof Withego I. ließ um 1270 die Gebeine Bennos erheben und in ein Hochgrab im westlichen Teil des romanischen Doms überführen. Der Standort der neuen Tumba entsprach exakt dem Mittelpunkt des geplanten gotischen Langhauses. Über die Hintergründe dieser frühen Verehrung wissen wir nichts. Die Erhebung der Gebeine entsprach jedenfalls einer bischöflichen, für die Ortskirche bedeutsamen Heiligsprechung. Es setzten Heilungswunder am Grab Bennos ein, die Gläubigen der Meißner Diözese strömten zum Heiligengrab. Bischof Withego I. erteilte 1285 allen Besuchern des Bennograbs einen Ablaß von 40 Tagen. Im 14. Jahrhundert entstand ein neues Hochgrab. Damals begannen auch erste Bemühungen für eine päpstliche Heiligsprechung. Domherr Conrad Preuß förderte die Verehrung Bennos in besonderer Weise. 1366 stiftete er eine Gedächtnisfeier und ein ewiges Licht, das täglich am Hochgrab leuchtete. Drei Kardinäle erteilten 1451 einen ausgedehnten Ablaß.

Obwohl Benno seit dem 13. Jahrhundert als Heiliger verehrt wurde, ersuchte das Meißner Domkapitel die Kurie um eine für die weltweite Kirche gültige Heiligsprechung. Der Prozeß der Kanonisation begann 1492. Papst Alexander VI. setzte eine Kommission ein, die einen Bericht über Leben, Verdienste und Wunder des Bischofs Benno verfassen sollte. Herzog Georg von Sachsen betrachtete die Heiligsprechung als persönliches Anliegen. Der Landesherr war von tiefer Frömmigkeit geleitet, er wußte aber auch um

### Bennos Wunder

Zum Hochgrab des heiligen Benno pilgerten große Menschenmengen. Dem Bischof schrieb man die Errettung von schweren Krankheiten zu. Über die Wunder wurde genau Buch geführt. Nach diesen Aufzeichnungen hat Benno seit dem 13. Jahrhundert 37 Tote erweckt, 56 Menschen aus Todesgefahr errettet, 558 von verschiedenen Krankheiten geheilt, 9 Besessene, 12 Stumme, 46 Blinde, 9 Taube, 68 Gichtbrüchige von ihren Qualen erlöst und 6 Gefangene befreit.

In der Mitte des 14. Jahrhunderts wurde ein neues, reich geschmücktes Hochgrab errichtet. Der Sarkophag war von einem kostbaren Teppich bedeckt. Sechs Pfeiler, verziert mit hohen gotischen Fialen, trugen einen gewölbten Baldachin. Die Pfeiler waren durch Arkaden verbunden, über dem Maßwerk wuchsen Wimperge auf, auf deren Spitze kleine Engel standen. An der steinernen Schranke und den eisernen Ankern konnten die Menschen, die durch Wunder Bennos geheilt oder errettet wurden, ihre Votivgaben aufstellen oder aufhängen. Der Holzschnitt von 1512 zeigt das Baldachingrabmal.

Ablaßurkunde vom 6. August 1285, ausgestellt von Bischof Withego II.
Bischof Withego I. verspricht allen Gläubigen, die das Grab des heiligen Bischofs Benno im Meißner Dom besuchen und für den Dombau spenden, einen Ablaß von 40 Tagen. Erstmals wird hier das Hochgrab des Bischofs Benno genannt. Am Pergament ist das bischöfliche Siegel mit der Darstellung des thronenden Bischofs Withego I. befestigt, außerdem das Siegel des Meißner Domkapitels mit den Bistumsheiligen Johannes und Donatus.

die politische Bedeutung der Heiligsprechung. Immerhin hatte das Meißner Land bisher keinen eigenen Heiligen aufzuweisen. Als sächsischer Landesheiliger sollte Benno die Stellung Sachsens im Reich deutlich machen. Für den Prozeß der Heiligsprechung legte Hieronymus Emser, Hofprediger Herzog Georgs, 1512 eine lateinische Lebensgeschichte Bennos vor. Weil er kaum gesicherte Angaben finden konnte, setzte Emser den Bericht aus den Lebensgeschichten anderer Heiliger zusammen. Was uns heute erstaunt, war damals keineswegs ungewöhnlich. Herzog Georg schickte immer wieder Gesandte nach Rom, dennoch kam die Heiligsprechung nur langsam voran. Als der Landesherr 1521 schließlich Kaiser Karl V. um Hilfe bat, beschleunigte sich der Prozeß. Die Aufnahme Bennos in den Kalender der Heiligen wurde am 31. Mai 1523 in Rom in Anwesenheit des Meißner Bischofs durch Papst Hadrian VI. feierlich verkündet. Herzog Georg bekam, was er sein ganzes Leben erstrebt hatte: Sachsen besaß nun einen eigenen Heiligen und Fürsprecher.

Für Herzog Georg war die Heiligsprechung Bennos ein Signal im Kampf gegen die neuen lutherischen Lehren, die nach 1520 auch im Bistum Meißen Anhänger gefunden hatten. Er glaubte, die Verehrung des Landesheiligen würde die Verirrten wieder auf den rechten Weg führen. Die Anhänger der reformatorischen Bewegung jedoch nutzten die Erhebung Bennos, um den Heiligenkult der römischen Kirche grundlegend zu in Frage zu stellen. Martin Luther richtete sich mit der Streitschrift »Wider den newen Abgot und alten Teüffel, der zu Meyßen sol erhaben werden« gegen die Heiligsprechung. Herzog Georg mußte eine Störung der kirchlichen Feiern befürchten. Fürsten, Bischöfe und Äbte Sachsens waren im Meißner Doms versammelt, als am 16. Juni 1524 das Hochgrab geöffnet und die Gebeine des Benno erhoben wurden. An die Stelle des alten gotischen Hochgrabs trat eine neue Tumba aus Marmor.

Die bewußte Verehrung Bennos konnte die Ausbreitung reformatorischer Gedanken nicht aufhalten. Luthers Streitschrift löste einen literarischen Kampf aus, wie er sonst um keinen anderen Heiligen geführt wurde. Flugblätter, Spottgedichte und theologische Erwiderungen erhitzten die Bevölkerung. Benno wurde zum Symbol für die Verteidiger der römischen Kirche und gleichzeitig zur Zielscheibe der Reformatoren.

Als Herzog Georg der Bärtige 1539 starb, war der Weg für die Einführung der Reformation frei. Der neue evangelische Landesherr, Herzog Heinrich der Fromme, ordnete sogleich eine Visitation des Meißner Doms an. Am 14. Juli 1539 wurden die Meißner Domherren von Herzog Heinrich, Kurfürst Johann Friedrich von Sachsen und den Theologen Spalatin und Justus Jonas in das Meißner Schloß vorgeladen. Die Visitatoren beschlossen, die Tumba des »Abgottes« Benno sofort zu vernichten, um dem Irrglauben symbolhaft ein Ende zu setzen. Noch in der gleichen Nacht hat man »das wolgezirte Grab des heiligen Bischofs Bennen sambt den Altar zu kleinen Stücken zerschlagen und auf den Grund abgebrochen«. Ein Augenzeuge, Heinrich von Schleinitz, berichtete voller Entsetzen, daß man die Überreste des Hochgrabs und die Reliquien in die Elbe geworfen habe.

Eigentlich müßte hier die Geschichte Bennos zu Ende sein. Bischof Johannes IX. von Haugwitz behauptete aber, man habe die Gebeine vor der Vernichtung gerettet und rechtzeitig nach Stolpen in Sicherheit gebracht. Von der Rettung der Reliquien hörte Herzog Albrecht V. von Bayern, der die Gebeine erbat. Johannes IX. von Haugwitz ließ die Überreste 1577 nach München senden. Übergeben wurden auch »Mantel« und »Mitra« des Bischofs Benno, die bis heute in München aufbewahrt werden. Allerdings stammen die Gegenstände aus dem späten Mittelalter. Interessant ist der vermeintliche »Bischofsstab«, der tatsächlich zum Besitz Bennos gehört haben könnte. Es handelt sich um einen Messergriff aus Walbein, hergestellt im letzten Viertel des 10. Jahrhunderts in Schottland.

Die Übertragung der Gebeine Bennos war ein weitreichendes politisches Symbol für die Gegenreformation. Herzog Albrecht V. von Bayern betrachtete die Überführung der Reliquien als einen Sieg der katholischen Kirche über die lutherische Häresie. Herzog Wilhelm ließ die Reliquien am 16. Juni 1580 offiziell in die Liebfrauenkirche zu München übertragen, und der hl. Benno wurde zum Schutzpatron der Stadt München und des Herzogtums Bayern bestimmt. Eine umfassende Werbung für Benno setzte ein. Druckschriften erzählten die Lebensgeschichte, die Jesuiten stellten Leben und Wunder in populären Theaterstücken vor. 1601 entstand die silberne Büste des Heiligen, in der die Reliquien bis heute aufbewahrt werden. Bald setzten Wunder ein, die einen Strom von Wallfahrern auslösten. Wie die Münchner Mirakelbücher berichten, kamen die Pilger aus 430 Orten der umliegenden katholischen Gebiete.

Das Bild Bennos erlebte tiefgreifende Wandlungen. Der bayerische Benno der Gegenreformation ist nicht mehr der Benno des mittelalterlichen Meißner Doms. Deutlich wird das in einem volkstümlichen Drama der Jesuiten aus dem 17. Jahrhundert: Der Engel Meißens und der Engel Münchens ringen darum, wer den größten Anspruch auf die Reliquien habe. München trägt den Sieg davon. Der bayerische Katholizismus hatte ein Symbol gewonnen.

## Streit um Benno

Altgläubige Theologen wetterten »wyder das wild Geyffernd Eberschwein Luthern, So ... sich understehet mit seynem besodeltenn Rüssel umbzustossen die Canonizacion Divi Bennonis«. Die Anhänger Martin Luthers verspotteten dagegen in volkstümlichen Flugblättern den Heiligenkult. Die Bürger von Buchholz zogen gar in einer Prozession vor die Stadt, wo sie Knochen von Rindern und Pferden als Gebeine Bennos ausgruben. Auf dem Marktplatz wurden die scheinbaren Reliquien bestattet, wo ein Mann, verkleidet als Bischof, eine Spottpredigt hielt.

# Bistum und Hochstift Meißen im 13. Jahrhundert

Brakteat Brunos II. (1208–1228) oder Dietrichs (1190–1208)

Brakteat Heinrichs II. (1228–1240)

Energische, machtbewußte Bischöfe prägten die Meißner Diözese im 13. Jahrhundert. Bischof Bruno II. (1209–1218) erwarb 1227 die Burg Stolpen, 25 km östlich von Dresden gelegen. Stolpen wurde zum Mittelpunkt des bischöflichen Territoriums in der westlichen Oberlausitz. Im 13. Jahrhundert zogen sich die Meißner Bischöfe häufig auf die Stolpener Burg zurück, die später zur bevorzugten bischöflichen Residenz werden sollte. Die geistliche Versorgung des Bistums wurde mit der Gründung der Kollegiatkapitel Bautzen (1213/18) und Zscheila-Großenhain (um 1220) weiter verbessert. Während das Kapitel in Bautzen schnell eine überragende Bedeutung für die Oberlausitz erringen konnte, blieben die Aufgaben des Stifts in Zscheila sehr begrenzt.

Das Territorium des Hochstifts Meißen, das seit dem 10. Jahrhundert schrittweise gewachsen war, hatte im frühen 13. Jahrhundert den Umfang erreicht, der bis zur Reformation Bestand haben sollte. Freilich handelte es sich nicht um ein geschlossenes Gebiet, sondern um einzelne Landflächen. Die beiden größten Einheiten waren die Stiftsgebiete um Wurzen und Stolpen, etwas kleiner war das Land um Mügeln. Außerdem gehörten dem Hochstift mehrere Dörfer im Elbtal um Meißen. Der Bischof war in diesen Gebieten nicht nur geistlicher Oberhirte, sondern auch weltlicher Landesherr. Der Bischof erhob den Zehnten und andere Steuern, er übte die Gerichtsbarkeit über die Stiftsuntertanen aus.

Zeichen der landesherrlichen Gewalt war das Berg- und Münzrecht, das Kaiser Friedrich II. den Bischöfen erteilte. Anlaß waren wohl die Silberfunde in Scharfenberg unweit von Meißen. Bischof Dietrich II. oder Bischof Bruno II. ließ aus dem Scharfenberger Silber erstmals eigene Münzen prägen. Die dünnen Hohlpfennige, genannt Brakteaten, zeigen einen Bischof in geistlicher Kleidung mit Hirtenstab, Kreuz und wechselnden Attributen. Dieser Grundform folgen auch die einseitig geprägten Münzen der Bischöfe Konrad (1240–1258), Albert II. (1258–1266) und Withego I. (1266–1293). Buchstaben deuten auf Namen und Amt des Bischofs. Im späten 13. Jahrhundert wurde die Münzprägung wieder aufgegeben. Am grundsätzlichen Recht, eigene Münzen auszugeben, hielten die Bischöfe bis ins 16. Jahrhundert fest.

Den Bischöfen des 13. Jahrhunderts stand als überragende Persönlichkeit Heinrich der Erlauchte (1221–1288), Markgraf von Meißen und Landgraf von Thüringen, gegenüber. Markgraf Heinrich unternahm den Versuch, die Macht des Hauses Wettin auch auf das Hochstift Meißen auszudehnen. Er bestritt die landesherrlichen Rechte des Bischofs in den Stiftsgebieten. Um seiner Position Ausdruck zu verleihen, setzte er 1250 eigene Richter im Wurzener Land ein. Es entbrannte eine erbitterte Auseinandersetzung. Bischof Konrad konnte für seine Position alle mitteldeutschen Bischöfe und den päpstlichen Kardinal-Legaten gewinnen. Mit Hinweis auf die kaiserlichen Privilegien wies Konrad nach, daß allein der Bischof das Recht besitzt, im Bistum den Zehnt zu erheben. 1252 mußte Markgraf Heinrich die Abgabe des Zehnten an den Bischof wie auch die bischöfliche Gerichtsbarkeit im Stiftsgebiet anerkennen. Dies hinderte Markgraf Heinrich jedoch nicht, in den Jahren 1275 und 1283/84 erneut weltliche Rechte in den Ländern des Hochstifts Meißen zu beanspruchen. Bischof Withego I. wies aber ebenso selbstbewußt wie sein Vorgänger alle Einmischungen in die Angelegenheiten des Hochstifts zurück. Noch einmal konnte ein Bischof seine Stellung als Reichsfürst gleichrangig neben dem Markgrafen behaupten.

Withego I. sorgte in seiner fast dreißigjährigen Amtszeit für eine umsichtige Verwaltung des Bistums. 1274 nahm er am Konzil in Lyon und 1289 am Nationalkonzil der deutschen Bischöfe in Würzburg teil. Der nachfolgende Bischof, Bernhard von Kamenz

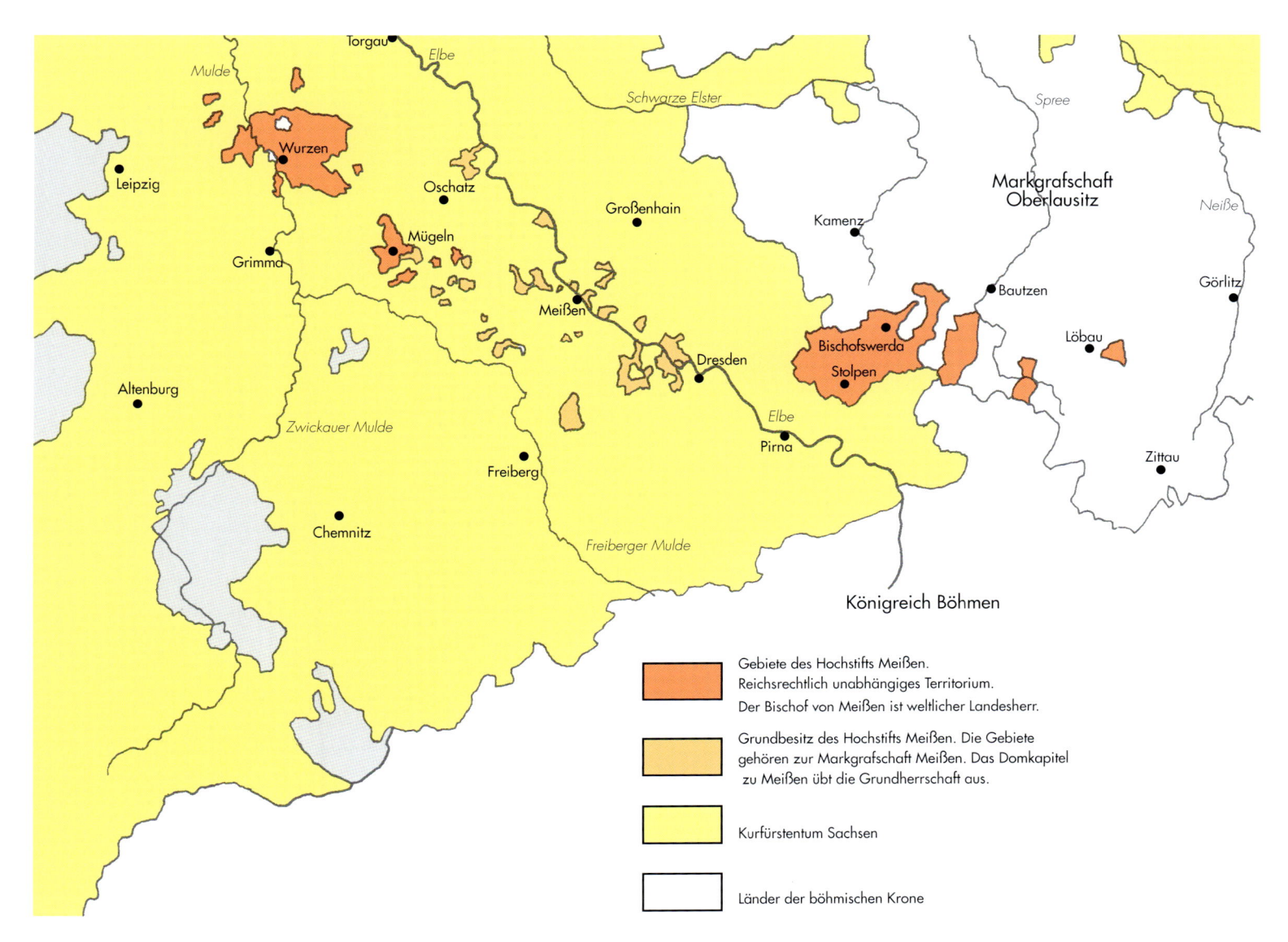

| Gebiete des Hochstifts Meißen.
Reichsrechtlich unabhängiges Territorium.
Der Bischof von Meißen ist weltlicher Landesherr.

| Grundbesitz des Hochstifts Meißen. Die Gebiete
gehören zur Markgrafschaft Meißen. Das Domkapitel
zu Meißen übt die Grundherrschaft aus.

| Kurfürstentum Sachsen

| Länder der böhmischen Krone

Karte der Stiftsgebiete und Grundherrschaften des Hochstifts Meißen

(1293–1296), war erst Dechant, später Propst des Meißner Kapitels. In Breslau leitete er die Kanzlei Herzog Heinrichs IV. von Schlesien, später trat er als Kanzler in den Dienst des böhmischen Königs Wenzel. Bernhard stiftete das Zisterzienserinnen-Kloster Marienstern in der Lausitz. Dort wird der 1296 verstorbene Bischof als Heiliger verehrt.

Das Meißner Domkapitel erlebte im 13. Jahrhundert eine bedeutende Aufwertung. Aus der Gemeinschaft der Kanoniker wurde eine selbstbewußte Institution mit eigenständigen Aufgaben und Rechten. Das 4. Laterankonzil 1215 hatte den Kapiteln das Recht übertragen, die Bischöfe zu wählen. In Meißen übten die Domherren das Wahlrecht erstmals 1228 aus, als Bruno II. (1209–1228) sein Amt aufgab und Heinrich (1228–1240) zum neuen Bischof bestimmt wurde. Während das Domkapitel bisher dem Bischof unterworfen war, konnte es nun, als selbständige Körperschaft, unabhängig Rechtsgeschäfte erledigen. Der Bischof mußte sogar für bestimmte Entscheidungen die Zustimmung der Domherren einholen. Die Kanoniker, die zugleich das Amt eines Archidiakons ausübten, überwachten in ihrem Amtsbezirk alle geistlichen und juristischen Angelegenheiten, ohne den Bischof einzubeziehen. Das Kapitel legte sich eigene Statuten zu. Als Zeichen der neuen Rechtsstellung führte das Kapitel ein eigenes Siegel. Das älteste Kapitelsiegel ist an einer Urkunde von 1233 angebracht. Der große Siegelstempel, der seit der Mitte des 13. Jahrhunderts verwendet wird und noch heute in Gebrauch ist, zeigt die Bistumsheiligen Johannes und Donatus.

Die Anzahl der Domherren war anfangs nicht festgelegt. Die Bestimmungen von 1307 sahen vierzehn Domherrenstellen vor. An der Spitze des Domkapitels stand der Propst. Dieser war für die Verwaltung des Stiftsvermögens zuständig. In Bistums- und Reichsangelegenheiten konnte er den Bischof vertreten. Unterstützend stand ihm der Dechant (oder Dekan) zur Seite. Im 14. Jahrhundert gewann das Amt des Dechanten immer mehr an Bedeutung. Als Geschäftsführer verwaltete er die inneren Angelegenheiten des Kapitels, führte die offizielle Korrespondenz und übte die Disziplinargewalt über die Kanoniker und Priester aus. Beim Tod des Bischofs übernahm der Dechant als Administrator die Leitung des Bistums. Die Domherren kamen regelmäßig zu Kapitelsitzungen zusammen. Als Kapitelsaal diente die 1296 geweihte Allerheiligenkapelle am Kreuzgang. Hier wurden alle wichtigen Entscheidungen getroffen.

Jedem Domherrn stand ein persönliches Einkommen zu, die Einnahmen aus einer Pfründe. Diese umfaßte in der Regel ein Dorf mit allen finanziellen Abgaben, materiellen Leistungen und Rechten. Pfründen waren nicht vererbbar, sie wurden innerhalb des Kapitels weitergegeben. Einen anderen rechtlichen Status besaßen die Obödienzen, die teils wie Privateigentum behandelt wurden. Dem Hochstift Meißen unterstanden vierzehn Obödienzen, verbunden mit unterschiedlichen finanziellen Einnahmen.

Im 13. Jahrhundert besaßen die Domherren längst Privateigentum. Die strengen Regeln vergangener Zeiten waren gelockert. Auch das gemeinsame Zusammenleben wurde aufgegeben. Jeder Domherr ließ ein eigenes Wohnhaus in der Nähe der Domkirche erbauen. In der zweiten Hälfte des 13. Jahrhunderts gab es bereits mehrere große Domherrenhöfe an der Südseite des Burgbergs.

Die Kanoniker konnten ihre Einkünfte noch weiter vermehren, indem sie mehrere geistliche Ämter und Pfründen übernahmen. Dies war nach dem Kirchenrecht eigentlich verboten, hatte sich aber im Alltag durchgesetzt. Auch das Meißner Domkapitel erlaubte die Mitgliedschaft in anderen geistlichen Einrichtungen. Die Kollegiatstifter im Meißner Land waren eng mit dem Meißner Kapitel verwoben. Die Pröpste zu Wurzen, Bautzen und Zscheila-Großenhain waren zugleich Meißner Domherren und Archidiakone im Bistum Meißen. Einige Meißner Domherren besaßen zusätzlich Kanonikate in Mainz, Magdeburg, Merseburg, Naumburg, Breslau oder Würzburg. Andere Domherren besaßen einträgliche Pfarrstellen, ohne daß sie tatsächlich als Pfarrer in diesen Orten wirken mußten.

Die Verbindung mehrerer geistlicher Ämter in einer Hand führte dazu, daß nur wenige Kanoniker in Meißen anwesend sein konnten. Weder Ermahnungen noch die offiziell geltende Residenzpflicht konnten diese Entwicklung verhindern. Mehr und mehr zogen es die Kanoniker vor, dem Chorgebet fernzubleiben. Stattdessen bezahlten sie aus eigenem Vermögen sogenannte Vikare, Priester, die als Stellvertreter die geistlichen Aufgaben übernahmen. Die Vikare (von lat. vicarius = Vertreter) hatten meist an der Meißner Domschule ihre theologische Ausbildung erhalten. Fast alle kirchlichen Aufgaben wurde von Vikaren ausgeführt. Nach den Kapitelstatuten von 1311 mußten die Domherren nur noch an fünf hohen Feiertagen im Jahr die Messe zelebrieren. Das Chorgebet leitete nun ein Vikar mit dem Titel Subcantor, und für die Verwaltung und Ordnung in der Domkirche sorgte ein Subcustos. Im späten Mittelalter wuchs die Zahl der Vikare schnell an, denn für jeden neugestifteten Altar mußten ein oder mehrere neue Priester angestellt werden.

Noch im 13. Jahrhundert wurden die Domherren nach ihren Fähigkeiten ausgewählt. Mit der Zeit wurde aber die adlige Herkunft eine grundlegende Voraussetzung für die Aufnahme in das Domkapitel. Davon konnte nur man nur abweichen, wenn der Anwärter einen akademischen Titel trug. Im ausgehenden 13. Jahrhundert gab es bereits

Siegelstempel (Typar) des Hochstifts Meißen

## Die Pfründen des Meißner Domkapitels

Abend (bei Nossen)
Domselwitz (bei Lommatzsch)
Großenhain
Großkagen (bei Lommatzsch)
Löbtau I (bei Dresden)
Löbtau II (bei Dresden)
Lützschnitz (bei Döbeln)
Pesterwitz (bei Dresden)
Roßthal (bei Dresden)
Rüsseina (bei Nossen)
Schwednitz (bei Mügeln)
Sörnewitz (bei Strehla)
Wolkau (bei Nossen)
Zschaitz (bei Döbeln)
Zschannewitz (bei Mügeln)

Domherren mit akademischer Ausbildung, beispielsweise Magister Dietrich von Torgau. Mit Dietrich von Goch, dem Leibarzt des Markgrafen Friedrichs II. von Meißen, wurde in der Mitte des 14. Jahrhunderts erstmals ein Professor aufgenommen. Allerdings verfügten nicht alle Kanoniker über eine umfassende Bildung. Einer Urkunde von 1358 ist zu entnehmen, daß fünf Domherren des Schreibens unkundig waren. Die Mitglieder des Domkapitels wurden anfangs vom Bischof bestimmt. Im 13. Jahrhundert erlangte das Kapitel das Recht, die nachrückenden Domherren selbst zu wählen. Schon frühzeitig wurden geeignete Personen vorgemerkt, die man zu gegebener Zeit berücksichtigen wollte. Diese auf eine Domherrenstelle wartenden Personen bezeichnete man als Expektanten. Das Prinzip der Anwartschaften auf eine Domherrenstelle wurde erst 1859 abgeschafft.

Eine Domherrenstelle, versehen mit umfangreichen Einkünften, war sehr attraktiv. Von den Einnahmen einer Pfründe konnte man ein wohlversorgtes Leben führen. Die Kanoniker lebten in eigenen Häusern, in den Domherrenkurien. Eine 1299 verfaßte Urkunde gibt interessante Einblicke in die Besitzverhältnisse. Magister Dietrich von Torgau, Domherr zu Meißen und Propst zu Bautzen, verteilte in seinem Testament die Ausstattung des Domherrenhauses. Wir erfahren, daß zum Hof ein Sommer-Refektorium, ein Winter-Refektorium, eine beheizbare Stube, Kapelle, Küche und Brauerei gehörten. Zwei Diener halfen dem Domherrn, Walter von Cossebaude und Heinrich. Von der Ausstattung des Hofes werden genannt: ein Tisch aus schwarzem Holz, sieben Tische und acht Betten verschiedener Größe, eine rauhe Bettdecke, ein silbernes Trinkgefäß mit Fuß, ein Glas, acht Flaschen aus Zinn, fünf Zinnkannen verschiedener Größe, dazu in Küche und Brauerei Fässer, Krüge, Tiegel, Pfannen, Töpfe sowie Schalen. Im Stall standen ein braunrotes und ein graues Pferd. Die Kleidung des Domherren ist aufgeführt: ein Obergewand, zwei Mäntel, gefüttert mit Luchsfell, ein Untergewand mit Marderpelz, Schuhe, ein silberner Gürtel, dazu eine Tasche aus Seide, eine weitere Tasche und zwei Ringe. Dietrich von Torgau besaß eine wertvolle Sammlung von theologischen und juristischen Büchern: ein Matutinale, drei Missale, insgesamt neun Rechtslehrbücher und Gesetzessammlungen. Zur Hauskapelle gehörten ein verziertes Meßgewand, eine gestreifte Kasel, eine weitere Kasel, ein Kelch, zwei Fläschchen sowie bemalte Tücher für die Feier des Abendmahls. Dietrich von Torgau konnte über eine ungewöhnlich reiche Ausstattung verfügen. Zu den größten Schätzen gehörten sicher die Bücher, die sich im 13. Jahrhundert nur große geistliche Einrichtungen leisten konnten.

Die Obödienzen des Meißner Domkapitels

Altfranken (bei Dresden)
Briesnitz (bei Dresden)
Cossebaude (bei Dresden)
Löbschütz (bei Lommatzsch)
Niederfähre (bei Meißen)
Rottewitz (bei Meißen)
Schirmenitz (bei Strehla)
Obedientia slavonica (Dobranitz, Köblitz, Cannewitz und Gnaschwitz bei Bautzen)
Bierzins
Frankenberg
Luppa (bei Oschatz)
Mügeln-Lehnfrau I
Mügeln-Lehnfrau II
Planitz (bei Lommatzsch)

Die Ämter und Rangstufen des Meißner Domkapitels

Propst: Vorsteher des Domkapitels
Dechant (Dekan): Zweiter Vorsteher des Domkapitels, seit dem 14. Jahrhundert geschäftsführender Leiter, Administrator des Bistums Meißen, wenn das Bischofsamt nicht besetzt ist
Senior: Ältester Domherr im Domkapitel
Propst von Bautzen: Vorsteher des Kollegiatstifts in Bautzen, Archidiakon in der Oberlausitz
Propst von Wurzen: Vorsteher des Kollegiatstifts in Wurzen, Archidiakon in der Propstei Wurzen
Propst von Zscheila-Großenhain: Vorsteher des Kollegiatstifts Zscheila-Großenhain, Archidiakon in der Propstei Großenhain
Archidiakon von Nisan: Archidiakon im Gau Nisan (um Dresden)
Archidiakon der Lausitz: Archidiakon in der Niederlausitz
Scholasticus: Leiter der Domschule
Cantor: Leiter des Chorgebets
Custos: Verwalter des Kirchenschatzes, Aufseher über Kirchenraum und liturgische Ordnung

# Der Hohe Chor

Noch vor der Mitte des 13. Jahrhunderts begannen die Planungen für einen umfassenden Neubau des Meißner Doms. Die alte romanische Kirche war zu klein, sie genügte längst nicht mehr den repräsentativen Ansprüchen des Meißner Domkapitels. Mit der zunehmenden Besiedelung des Meißner Landes im 12. und 13. Jahrhundert waren überall große Stadt- und Klosterkirchen entstanden, gegen die der alte Dom als Zeuge einer alten, längst vergessenen Zeit erscheinen mußte. An anderen mitteldeutschen Bistumssitzen, in Magdeburg, Halberstadt und Naumburg, hatte man bereits gewaltige Neubauten begonnen. Nun sollte auch in Meißen ein neuer Dom in zeitgemäßer Gestalt entstehen. Eine Bauzeit von mehreren Jahrzehnten mußte eingeplant werden. Unter diesen Voraussetzungen war es undenkbar, den alten romanischen Dom sofort abzureißen. Für eine Übergangszeit wurden die Messen und Chorgebete weiterhin im alten Dom gefeiert. Außerhalb des romanischen Bauwerks konnte man schon mit dem Neubau beginnen und dort einen ersten Teil des neuen Doms fertigstellen.

Der Meißner Dom um 1250

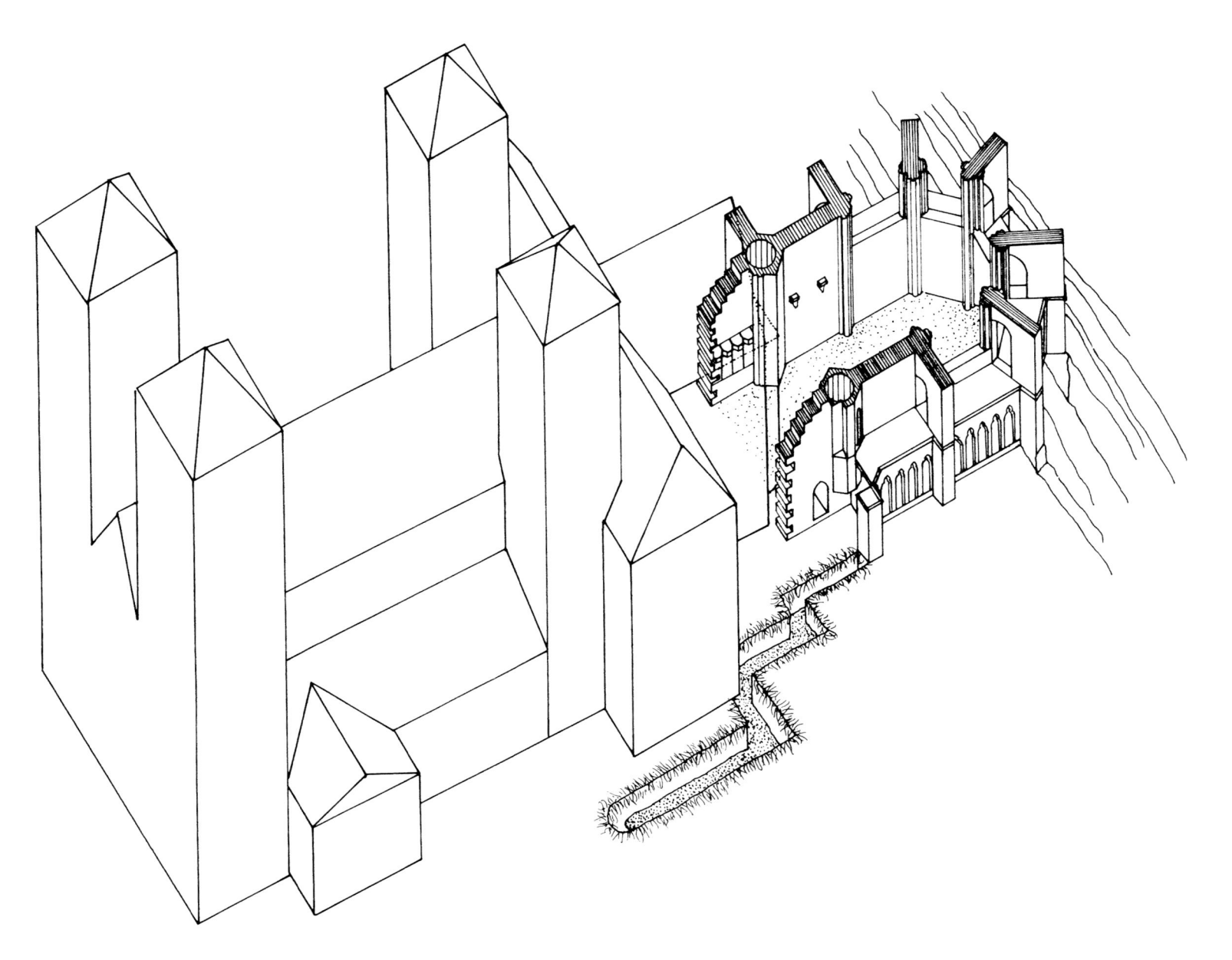

Hoher Chor von Westen

Der Hohe Chor ist der älteste Teil des gotischen Neubaus. Von Anfang an wurde der langgestreckte Chorbau in der heutigen Form geplant. Es lassen sich aber zwei Bauabschnitte voneinander trennen: Um 1250 entstanden östlich des romanischen Doms die ersten Außenmauern. In diesem Bereich fällt der Hang des Burgbergs zur Elbe ab. Um nun ausreichend Platz für den gotischen Chor zu gewinnen, mußten Unterbauten errichtet werden, die den Höhenunterschied ausgleichen. Zusammen mit diesen Substruktionen führte man die östlichen Teile des Chors auf. Die Bauleute errichteten auch schon das erste Teilstück des Sechsteiligen Jochs mit dem Chorgestühl der Domherren. Hier stieß das neue Mauerwerk direkt an den Chor des alten romanischen Doms.

Nachdem nun ein beträchtlicher Teil des neuen Chors aufgewachsen war, ließ sich der Abbruch des romanischen Doms nicht mehr vermeiden. Vorerst trug man nur die Ostteile der alten Basilika ab. Dagegen blieb die Westfront mit den Türmen noch über viele Jahrzehnte stehen. Im nächsten Bauabschnitt errichteten die Bauleute die westlichen Teile des Chors, die Osttürme und auch das Querhaus. Mit dem Südquerhaus waren auch der Achteckbau und ein Langhausjoch verbunden. Der Chorraum wurde eingewölbt. Wie wir aus den Quellen wissen, war der gotische Chor schon um 1265 benutzbar.

Der Hohe Chor ist ein langer saalartiger Raum. Im Osten schließt er mit einem Polygon, das fünf Seiten eines Achtecks umfaßt. Der unbekannte Baumeister schuf einen hoch aufragenden, äußerst schlanken Raum. Im Polygon ist die Wandfläche auf ein Minimum reduziert. Die Fenster nehmen die gesamte Breite eines Wandfelds ein. Als steinerne Struktur bleiben nur die vertikal aufstrebenden Dienstbündel, die das Gewölbe tragen. Die Last und Schwere des Steins scheint aufgehoben. Durch die Maßwerkfen-

Dorsale und Chorgestühl

ster flutet das Licht in den Innenraum. Die schmalen und gleichzeitig sehr langgezogenen Gewölbekappen schließen als Schattenzone den Raum ab. Diese hochgotische Wandstruktur wurde in den Jahren vor 1250 in der französischen Architektur entwickelt. Aus Frankreich kommt auch die Bauform des einschiffigen Saalchors mit polygonalem Abschluß. In Mitteldeutschland hat man diese Bauform gleichzeitig für den Westchor des Naumburger Doms gewählt, dort allerdings in einer schweren, gedrungenen Raumgestaltung mit weitgehend geschlossenen Wandzonen. Der Chor in Meißen, der deutlich modernere Züge aufweist, orientiert sich an französischen Bauten der 1240er Jahre. Das unmittelbare Vorbild war wohl die Achskapelle der Kathedrale von Amiens. Ausgehend von Meißen haben sich diese Formen weiter im mitteldeutschen Raum verbreitet. Die Templerkapelle in Mücheln an der Saale und auch die Hedwigskapelle des Zisterzienserklosters Trebnitz in Schlesien greifen die Meißner Chorform auf.

Gewölbe des Hohen Chors

Die Maßwerkfenster des Chors besitzen ganz eigene Strukturen, die in der gotischen Baukunst Deutschlands keine Parallelen haben, sondern wahrscheinlich auf englisches Maßwerk der zweiten Hälfte des 13. Jahrhunderts zurückgehen. Kleeblattbögen sind so übereinander gestapelt, daß sie ein teppichartiges Muster bilden. Ein zweites Maßwerkmuster setzt sich aus Rautenformen zusammen. Die Maßwerkglieder verbinden sich zu einem ornamentalen Rapport, der sich auch über die Fenster hinaus unendlich fortsetzen könnte.

Im Ostteil des Chors erhebt sich der Hochaltar, geweiht den Bistumsheiligen Johannes und Donatus. Dann folgt ein querrechteckiges Joch mit einer besonderen Gestaltung: Das Kreuzrippengewölbe ist mit ockerfarbenen Rippen ausgezeichnet. Die Maßwerkfenster setzen weit oben an, so daß unten geschlossene Wandzonen entstehen. Dort sind auf Konsolen vier Skulpturen aufgestellt, die beiden Stifter Otto und Adelheid, der Evangelist Johannes und der Bischof Donatus. Nach den Stifterbildern wird diese Raumzone »Stifterjoch« genannt. Das westlich anschließende, langgezogene »Sechsteilige Joch« schließt in einem sechsteiligen Rippengewölbe. Die Wände sind vollständig geschlossen, da sich hier – im Winkel von Chor und Querhaus – die Osttürme des Doms erheben. Vor den Wänden steht das Chorgestühl mit den Sitzen der Domherren. Die Rückwand des Chorgestühls, genannt Dorsale, ist mit einer Blendarkatur verziert: Über einem Sockel wachsen schlanke Säulen auf, die jeweils einen Spitzbogen mit eingeschriebenem Kleeblattbogen tragen. Im Rhythmus der Blendfelder sind über den Sitzen kostbar ausgezierte Baldachine angebracht. Mehreckige Baldachine mit hohen Giebeln wechseln mit Turmaufbauten, die mit ihrem Zinnenkranz an Burgen erinnern.

Die Wandgliederung des Dorsales wurde von einer Bildhauerwerkstatt ausgearbeitet, die auch am Westchor des Naumburger Doms tätig war. Auf diese Werkstatt gehen ebenso die Kapitelle und Schlußsteine des Chors zurück, die alle mit plastisch gebildetem Blattwerk verziert sind. Dabei kann man unterschiedliche Qualitäten ablesen: Einzelne Kapitelle zeigen eine gewisse Erstarrung der Blattformen, andere wiederum ein belebtes Spiel naturgetreu gestalteter Blätter. Die Schlußsteine gehen weit über das Naumburger Vorbild hinaus: Weinblätter, teilweise mit Ästen und Weintrauben, bilden ein dichtes, äußerst plastisches Blattnetz. Die Blattformen greifen in den Raum und überlagern sich in mehreren Schichten. Mit einer individuellen Gestaltung jedes einzelnen Weinblatts ist die lebendige Wirkung noch gesteigert.

Um den Hohen Chor wurde ein kompliziertes Raum- und Wegesystem angelegt. Der doppelgeschossige Umgang, der außen um den Chor herumläuft, ist ein außergewöhnliches Architekturmotiv. Zwischen dem Innenraum und dem schmalen Umgang gibt es keine räumliche Verbindung. Der untere Umgang öffnet sich mit schlanken Arkaden nach außen. Der obere Umgang ist vollständig offen, er verläuft über den Deckplatten des unteren Gangs und durchzieht die ausgestellten Chor-Strebepfeiler. In das Umgangssystem sind zugleich die Räume der Osttürme einbezogen. Wozu der durchgehende Umgang gedient hat, können wir nur teilweise erschließen. Der obere Umgang verknüpft die Räume im Obergeschoß der beiden Osttürme. Diese Umgangsebene war ursprünglich nur über die beiden Wendeltreppen erreichbar, die zwischen Chorpolygon und Stifterjoch aus der Chorwand auskragen. Die beiden Turmräume hat man als Sakristeien benutzt, hier wurden alle liturgischen Geräte und auch der Domschatz aufbewahrt. Über den oberen Umgang konnte man schnell von einer Sakristei zur anderen gelangen, ohne das Gebet im Hohen Chor zu stören.

An den Südostturm schließt sich ein kleiner zweigeschossiger Bau an, der in das Umgangssystem eingebunden ist. Der gewölbte Raum im Erdgeschoß, bestehend aus zwei Jochen, vermittelt zwischen dem unteren Umgang und dem Südostturm. Zudem öffnet sich hier eine Pforte in den Hohen Chor. Der kleine Raum lebt von den reich gegliederten Maßwerkfenstern und den ausgezierten Kreuzrippengewölben.

Das Obergeschoß des Südostturm-Anbaus beherbergt die Andreaskapelle. Die kleine Kapelle bildet eine Raumeinheit mit der Sakristei im Südostturm. Über viele Jahrhunderte wurden hier, in der Domschatzkammer, die kostbaren liturgischen Geräte des

Schlußstein im Chorpolygon

Chorumgang

Meißner Doms aufbewahrt. Von der Domschatzkammer geht eine ganz besondere Wirkung aus. Nur durch kleine Schlitzfenster dringt Licht ein. Diese Fenster wurden im 14. Jahrhundert mit armstarken Eisenstangen vergittert. Im Dunkel des Raumes fällt der Blick auf die mittelalterliche Ausstattung: Der 1269 geweihte Andreasaltar mit seiner steinernen Mensa und der Bogennische an der Rückseite ist unverändert erhalten geblieben. An der Wand steht ein spätgotischer Schrank, verziert mit eisernen Beschlägen und einer Schablonenmalerei. Im Schrank wurden einst Kelche und Reliquiare aufbewahrt. Der Boden in der Andreaskapelle ist mit Tonfliesen belegt, der erhöhte Teil im Südostturm zeigt dagegen einen rot leuchtenden Estrich. An den Wänden erkennt man die Weihekreuze des 13. Jahrhunderts. In keinem anderen Raum des Meißner Doms ist die mittelalterlicher Ausstattung so unmittelbar erlebbar. Man fühlt sich in eine weit zurückliegende und dennoch ganz nahe Welt zurückversetzt. Die innere Kraft mittelalterlicher Kunst und Liturgie wird spürbar. Andreaskapelle und Domschatzkammer wurden 1999/2000 behutsam restauriert. In Vitrinen werden hier Kelche, Kreuze und kostbare Bilder gezeigt, Teile des Meißner Domschatzes, die den Zerstörungen der Reformationszeit entgangen sind.

Chorumgang an der Südseite des Chors

Andreaskapelle (Domschatzkammer)

# Die Bildnisse der Stifter
# und Bistumsheiligen im Hohen Chor

Im Hohen Chor ist ein Raumabschnitt besonders ausgeziert, das Stifterjoch. Die Maßwerkfenster setzen erst weit oben an. Vor den glatten Wandflächen stehen auf Konsolen vier überlebensgroße Skulpturen: an der nördlichen Wand die Stifter des Bistums Meißen, Kaiser Otto I. und Kaiserin Adelheid, an der Südwand die Patrone von Bistum und Domkirche, Johannes der Evangelist und Donatus. Baldachine mit kleinen gotischen Architekturen bekrönen die Bildwerke. Auch in seiner Farbigkeit ist das sogenannte Stifterjoch hervorgehoben. Die Rippen des Gewölbes sind in leuchtendem Ockergelb gehalten, während alle anderen Rippen eine rote Fassung tragen. Das Gewölbefeld wirkt selbst wie ein kostbarer Baldachin.

Die vier Skulpturen im Stifterjoch gehören zu den großen Werken der Kunst des 13. Jahrhunderts. Die Kunstgeschichte hat sie dem »Naumburger Meister« zugeschrieben, dem Schöpfer der Stifterfiguren im Naumburger Dom. Unter dem Begriff »Naumburger Meister« ist aber nicht ein einziger Bildhauer zu verstehen, sondern eine ganze Werkstatt, die in der zweiten Hälfte des 13. Jahrhunderts in Mitteldeutschland tätig war.

Das Kaiserpaar an der nördlichen Chorwand wendet sich einander zu. Sanft lächelnd neigt Adelheid ihr Haupt. Mit ihrem eindringlichen, freundlichen Blick und der Gestik ihrer Hände beginnt sie den Dialog. Otto, dessen Mund leicht geöffnet ist, scheint darauf zu antworten. Der ernsthafte Blick und die unter der Krone kraftvoll hervorquellenden Haare machen die innere Energie des Kaisers deutlich. Otto trägt die kaiserlichen Insignien, Szepter und Reichsapfel. Wie auch Adelheid ist er in kostbare Gewänder gekleidet.

Im Gegensatz zum Kaiserpaar sind die beiden Bistumspatrone an der Südwand nicht aufeinander bezogen. Die Inschriften auf den Plinthen benennen die Heiligen: S • IOHANNES • EWANGELISTA und S • DONATVS EPISCOPVS. Der jugendliche Johannes blickt lächelnd in den Chorraum. In der linken Hand hält er das aufgeschlagene Evangelienbuch. Mit deutlicher Geste weist Johannes auf das Evangelium, die frohe Botschaft. Der rechte Zeigefinger ist auf den Text der Buchseiten gerichtet. In großen Buchstaben kann man hier den Beginn des Johannesevangeliums lesen: IN PRINCIPIO ERAT VERBUM. Bischof Donatus dreht sich von der Wand weg. Er schaut genau in die Richtung des Chorgestühls der Domherren im Sechsteiligen Joch. Mit der segnend erhobenen rechten Hand wendet sich der Bischof den Geistlichen zu. Aus dem Gesicht mit den verkniffenen Stirnfalten und den nach oben gezogenen Augenbrauen sprechen Ernst und Sorge. Der heilige Donatus trägt die Kleidung eines Bischofs aus dem 13. Jahrhundert: Über der Albe, dem Untergewand, sieht man Tunika und Dalmatika, zwischen diesen Gewändern schauen die Enden der bischöflichen Stola hervor. Ein ärmelloser Mantel, die Kasel, bildet das Obergewand. Zur Pontifikalkleidung gehören auch die Mitra, der Hirtenstab, der hier in einem lebendig wirkenden Blatt ausläuft, dazu Pontifikalhandschuhe und Bischofsring. In diesem Ornat haben die Meißner Bischöfe hier, im Hohen Chor, die festlichen Messen zelebriert.

Der Bildhauer der vier Skulpturen hat die Stilsprache der Naumburger Stifterfiguren in einer neuen Qualität fortgeführt. Die Lebensnähe der Figuren ist noch weiter gesteigert. Fast schon übertrieben wirken die Gesten und Blicke. Die kraftvollen, volumenreichen Körper verhaften nicht an der Architektur, sie bewegen sich hinein in den Raum. Besonders beeindruckend ist die Figur des Donatus. Energiegeladen wirkt der Stein, die innere Spannung hat einen Höhepunkt erreicht. Die Meißner Skulpturen stehen am Endpunkt der Entwicklung der Naumburger Werkstatt. Stilgeschichtliche und bauhistorische Gründe sprechen dafür, daß die Figuren in den Jahren um 1260 entstanden.

Johannes und Donatus

Otto und Adelheid

Die Sprache der Bildhauer wurde durch eine reiche Farbfassung ergänzt. Otto und Adelheid waren in goldene Untergewänder gekleidet, die mit aufgelegtem Preßbrokat eine besondere Verzierung besaßen. Blau und rot leuchteten die Mäntel, auf deren Innenseite ein Hermelinmuster aufgemalt war. Besonders kostbar wirkte die Bemalung der Pontifikalkleidung des Bischofs Donatus. Bei einer Neugestaltung der Figuren um 1500 wurde die ursprüngliche Farbigkeit teilweise übermalt. Die heute sichtbare Fassung mit leuchtenden Farben stammt von 1771. Die dicken Schmutzschichten über dieser Bemalung, die die Wirkung der Bildwerke beeinträchtigt haben, sind bei einer behutsamen Reinigung und Restaurierung 2001/2002 beseitigt worden.

Ungewöhnlich ist die Aufstellung der Bildwerke vor einer glatten, völlig ungegliederten Wand. Das hat die Kunsthistoriker lange Zeit irritiert. In den französischen Kathedralen würde man eine Einbindung der Skulpturen in ein Portal erwarten. Daher wurde lange Zeit gestritten, ob die Bildwerke im Stifterjoch und im Achteckbau nicht ursprünglich zu einer Portalanlage gehört haben könnten. Dabei wurde übersehen, daß die architektonische Gestaltung des Raumes von Anfang an die Aufstellung von Skulpturen voraussetzt. Stifterjoch und Stifterfiguren bilden eine untrennbare Einheit.

Weshalb aber hat man beim Bau des Meißner Doms in den Hohen Chor ein besonders gestaltetes Stifterjoch eingefügt? Welche Botschaft sollen die Bistumsheiligen und die Gründer von Bistum und Hochstift übermitteln? Der Hintergrund des Bildprogramms war wahrscheinlich der Streit zwischen dem Hochstift Meißen und Markgraf Heinrich dem Erlauchten in den Jahren zwischen 1250 und 1252. Der Meißner Markgraf bestritt das Recht des Meißner Bischofs, in den Stiftsgebieten den Zehnten zu erheben und die Gerichtsbarkeit auszuüben. Bischof Konrad führte dagegen die kaiserlichen Privilegien an, die er mit Abschriften der Gründungsurkunde von 968 belegen konnte. Unter Vermittlung der mitteldeutschen Bischöfe mußte Markgraf Heinrich schließlich einlenken, und er verpflichtete sich, die Rechte des Bischofs, des weltlichen Landesherrn der Stiftsgebiete, zu respektieren. Die Erinnerung an die Gründer des Bistums besitzt einen politischen Kontext. Mit den Bildwerken von Otto und Adelheid verweist das Hochstift auf die kaiserlichen Privilegien. Die Stifterfiguren erinnern nicht nur an die Gründung des Bistums, sondern auch an die von Otto I. verliehenen Vorrechte, und legitimieren damit die Ansprüche des Bischofs. Johannes und Donatus, die von Kaiser Otto ausgewählten Patrone der Meißner Kirche, sind als die himmlischen Schutzherren des Hochstifts zu verstehen. Die Bildwerke im Hohen Chor sind das visuelle Gegenstück zu den 1250/52 angefertigten Abschriften der kaiserlichen Urkunden des 10. Jahrhunderts, sie sind ein Zeugnis für die Hinwendung zur Vergangenheit, aus der man die Legitimation für die Zukunft bezog.

# Die Glasmalereien im Hohen Chor

Glasmalerei gehört untrennbar zur hochgotischen Architektur. Erst das Leuchten des farbigen Glases verleiht dem Raum seine besondere Stimmung. Die Lichteffekte der farbigen Fenster verstand man als Abglanz des göttlichen Himmelslichts. Die Verglasung des Hohen Chors wurde nach der Fertigstellung der baulichen Hülle um 1265 geschaffen. Aus dieser Zeit ist nur das Chorscheitelfenster erhalten geblieben. Die anderen Chorfenster besaßen ursprünglich eine Ornamentverglasung, von der jedoch nur wenige Felder die Jahrhunderte überdauerten. Rudolf und Otto Linnemann, die 1912 die heutigen Glasfenster herstellten, orientierten sich an den erhaltenen Fragmenten. Die qualitätvollen Glasmalereien des 20. Jahrhunderts lassen somit die Wirkung der mittelalterlichen Verglasung erahnen.

Das Chorscheitelfenster besitzt ein umfassendes christologisches Bildprogramm, das als Verknüpfung einer Wurzel-Jesse-Darstellung mit Bildfolgen des Alten und Neuen

Chorscheitelfenster, linke Fensterbahn, Erhebung der Hostie

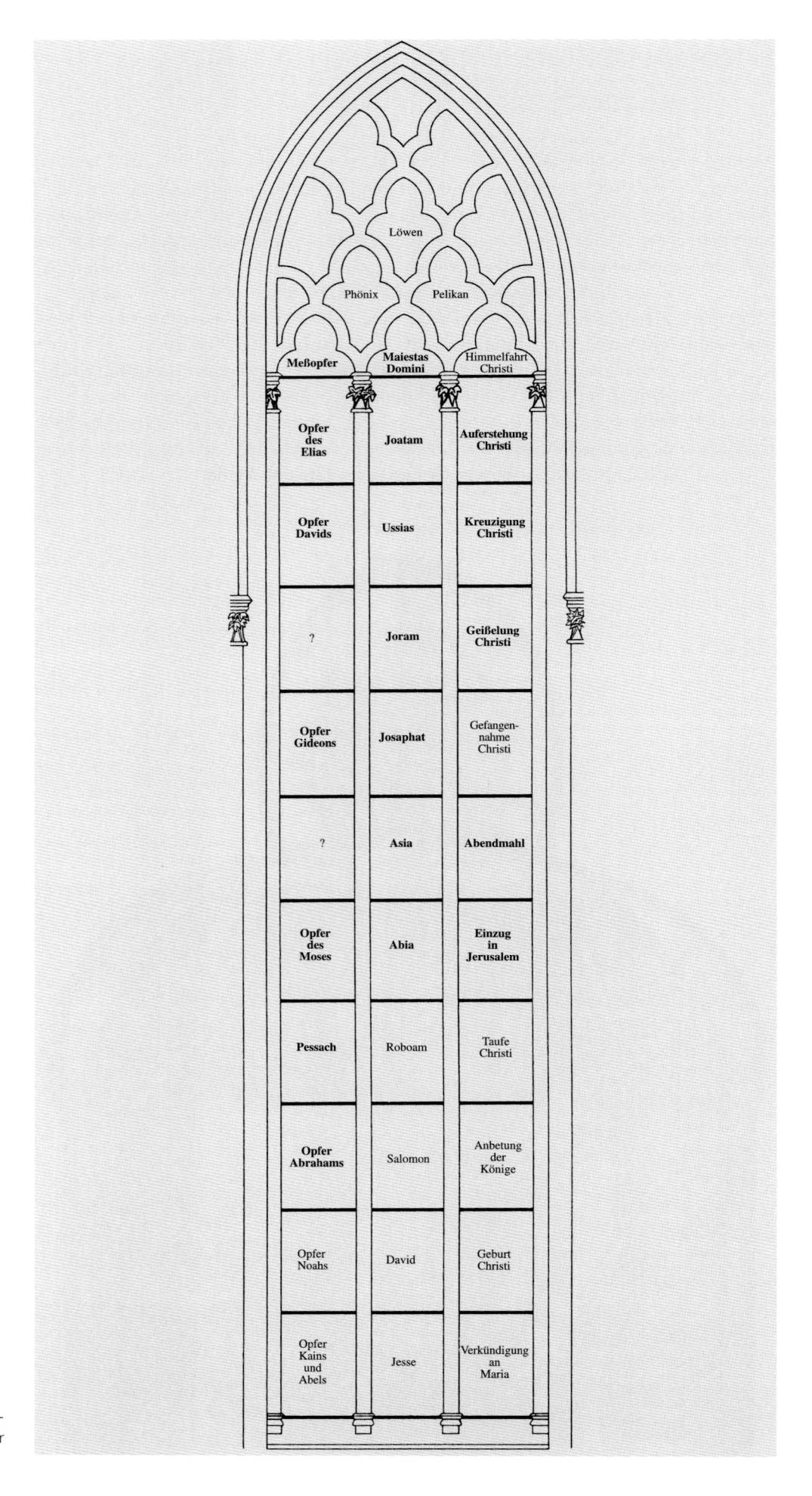

| Meßopfer | Maiestas Domini | Himmelfahrt Christi |
|---|---|---|
| Opfer des Elias | Joatam | Auferstehung Christi |
| Opfer Davids | Ussias | Kreuzigung Christi |
| ? | Joram | Geißelung Christi |
| Opfer Gideons | Josaphat | Gefangennahme Christi |
| ? | Asia | Abendmahl |
| Opfer des Moses | Abia | Einzug in Jerusalem |
| Pessach | Roboam | Taufe Christi |
| Opfer Abrahams | Salomon | Anbetung der Könige |
| Opfer Noahs | David | Geburt Christi |
| Opfer Kains und Abels | Jesse | Verkündigung an Maria |

Im Maßwerk: Löwen; Phönix, Pelikan.

Chorscheitelfenster. Rekonstruktion der ursprünglichen Anordnung. Die hervorgehobenen Felder sind erhalten.

Testaments zu verstehen ist. In der mittleren Bahn sieht man unter gotischen Baldachinen und Gehäusen die Könige von Juda als Vorfahren Christi, begleitet von jeweils zwei Propheten. Abgebildet ist der Stamm Davids in genealogischer Folge. Die Reihe bekrönt der thronende Christus im Bildtyp der »Maiestas Domini«, als Gott, der von Ewigkeit zu Ewigkeit regiert. In den beiden äußeren Bahnen sind übereinander Medaillons angeordnet, die durch ein durchgehendes Teppichmuster und seitliche Inschriftenbänder verbunden werden. Die Medaillons scheinen über dem Ornamentmuster zu schweben. Diese Gliederung ist in der Glasmalerei der 2. Hälfte des 13. Jahrhunderts weit verbreitet. Links erkennt man Opferszenen des Alten Testaments, rechts Darstellungen aus dem Leben Christi. In der Fensterbahn sind leider einige wichtige Bildfelder verlorengegangen, unter anderem die Geburt, die Anbetung der Könige und die Taufe. Die heutige Bildfolge beginnt erst mit dem Einzug in Jerusalem. Die nicht erhaltene Himmelfahrt Christi im Kopffeld bildete einst den Abschluß der Bildfolge. Von den alttestamentlichen Szenen kann man unter anderem die Opferung Isaaks, das Dankopfer Davids und das Opfer des Elias erkennen. Im Kopffeld dieser Fensterbahn sieht man einen Priester am Altar, der beim Meßopfer feierlich eine Hostie erhebt. Das Brot wandelt sich in den Leib Christi. Das in jedem Gottesdienst gefeierte Meßopfer ist hier als Voll-

Chorscheitelfenster, mittlere Fensterbahn, Maiestas Domini

endung der Opfer des Alten Testaments zu verstehen. Die Kirche stellt sich hier als »neues Israel«, als Nachfolger des Gottesvolks im Alten Testament dar. Die Erhebung der Hostie ist zugleich auf den Christuszyklus bezogen: Das Emporheben des Leibes Christi korrespondiert mit der Himmelfahrt des Gottessohnes.

Das Couronnement des Fensters ist mit einem farbigen Teppichmuster verziert. In den mittleren Feldern findet man in kreisförmigen Medaillons weitere Darstellungen, die das christologische Programm fortsetzen. Es handelt sich um Tiere, die nach dem Physiologus, einem theologischen Werk der Spätantike, auf Christus bezogen werden können. Der Pelikan, der seine Jungen mit dem eigenen Blut ernährt, erinnert an den Opfertod Christ. Auf die Auferstehung verweist der Löwe, der seine totgeborenen jungen Löwen mit Gebrüll zum Leben erweckt, und der Phönix, der sich selbst verbrennt und verjüngt aus der Asche emporsteigt. Von diesen drei Scheiben stammt nur noch das Feld mit den Löwen aus dem Mittelalter.

Das Glasfenster steht am Wendepunkt von der spätromanischen zur frühgotischen Kunst. Spätromanische Gestaltungsprinzipien prägen das Rahmen- und Gliederungssystem wie auch den Aufbau der Bildszenen. Andererseits sind bei den Architekturformen, bei den lebhaften Gesten der Figuren und auch bei der Gestaltung der Köpfe frühgotische Einflüsse sichtbar. Wahrscheinlich haben sich die Glasmaler an modernen französischen Verglasungen der Zeit um 1250 orientiert, während gleichzeitig noch Elemente des alten Zackenstils weiterlebten. In der Farbgebung dominieren Rot, daneben Weiß und das für das Meißner Fenster charakteristische helle Grün.

Die anderen Chorfenster erhielten im 13. Jahrhundert eine ornamentale Verglasung. Die Fensterbahnen mit ihrem teppichartigen Blattmuster wurden von verschieden gestalteten farbigen Ornamentstreifen eingefaßt. Davon sind nur einige wenige Felder überliefert.

Im frühen 14. Jahrhundert erhielt der Hohe Chor neue figürliche Glasfenster. Von einem Heiligenfenster der Zeit um 1310/20 blieben vier Fragmente erhalten, die Köpfe von Christus, Petrus, Paulus und einer weiblichen Heiligen (heute im Ostfenster der Allerheiligenkapelle). Da diese jedoch beschnitten wurden und zudem im Meißner Dom mehrfach ihren Platz wechselten, läßt sich ihr ursprünglicher Standort nicht mehr genau erschließen. Eine qualitätvolle Glasmalerei mit dem hl. Jakobus d. Ä., die in der gleichen Zeit geschaffen wurde, stammt wahrscheinlich aus einem Fenster des Chorpolygons.

Chorscheitelfenster, linke Fensterbahn, Opfer des Aaron

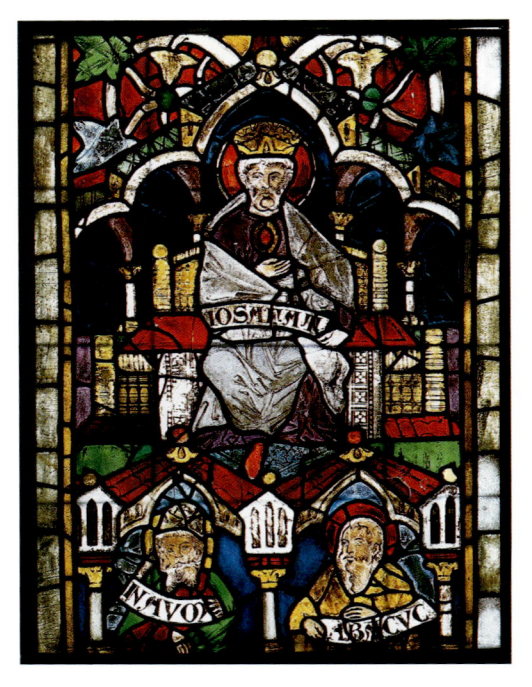

Chorscheitelfenster, mittlere Fensterbahn, König Josaphat und die Propheten Nahum und Habukuk

# Baubetrieb im Mittelalter

Staunend stehen die Besucher unserer Zeit vor den aufstrebenden Pfeilern des Meißner Doms, vor den schweren Steinmassen und dem kleinteiligen Maßwerk. Der Bau der gotischen Kathedralen gehört zu den herausragenden technischen Leistungen des Mittelalters. Wie kann man eine Vorstellung vom Dombau gewinnen? Nur wenige Schriftquellen berichten über das Baugeschehen im Mittelalter. Daher muß man auf andere Quellen zurückgreifen, man muß die alten Mauern, Gewölbe und Dächer beobachten, die von den technischen Prozessen vergangener Zeiten erzählen.

Am Anfang eines jeden Baus stand der Entwurf eines Architekten. Grundriß und Aufriß der Kathedrale wurden in großformatigen Zeichnungen festgehalten. Nur an wenigen Orten blieben diese Visierungen erhalten. In Meißen sind keine mittelalterlichen Bauzeichnungen überliefert. Man kann aber annehmen, daß schon mit dem Baubeginn am Hohen Chor um 1250 der Grundriß der gesamten Kathedrale festgelegt war. Ein Langhaus in der Form einer dreischiffigen Basilika und eine Westturmanlage waren in den Plänen vorgesehen. Auf dem Baugrund stand noch der alte romanische Dom, der so lange wie möglich intakt belassen wurde, um bis zu Fertigstellung der ersten Bauabschnitte einen Raum für Gottesdienste zu besitzen. Die Bauarbeiten durften die liturgischen Aufgaben nicht unterbrechen. Das erforderte eine genaue Logistik. Die neue Kathedrale entstand nicht in einem Zuge, sondern in mehreren getrennten Bauabschnitten. Der neue gotische Chor wurde östlich vom alten Bauwerk errichtet; romanische Bauteile wurde erst abgetragen, als der neue Chor schon weitgehend fertiggestellt war. Für diese Planungen war ein Werkmeister verantwortlich. Leider sind die Dombaumeister des 13. und 14. Jahrhunderts namentlich nicht bekannt. Erst für das späte 15. Jahrhundert sind Dombaumeister mit Namen überliefert. Zwischen 1471 und

Ritzzeichnung

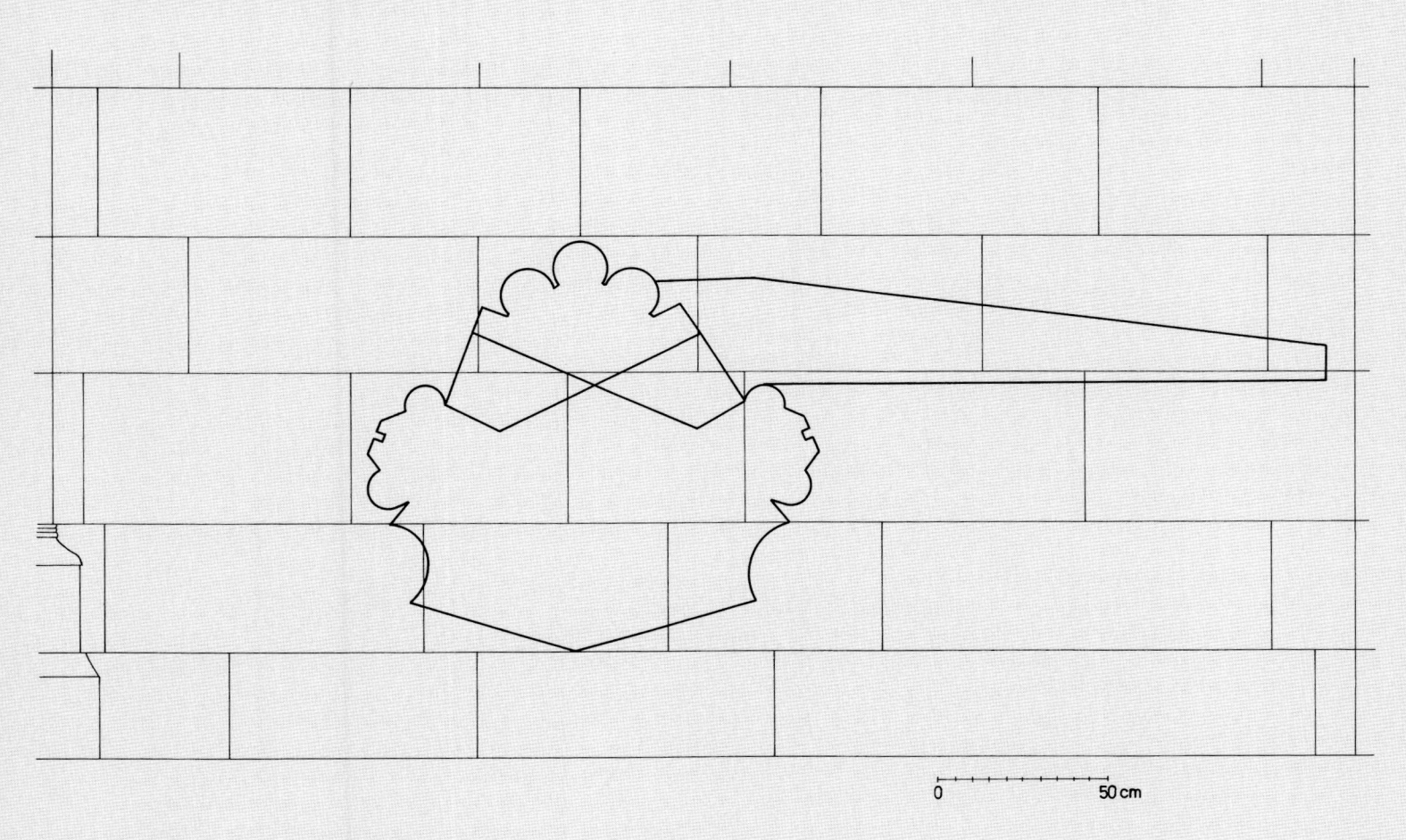

## Sandsteinarten

Der Sandstein aus dem Liebethaler Grund bildet mit der Zeit eine schützende grau-schwarze Patina. Durch seine grobkörnige Struktur ist dieser Stein sehr verwitterungsbeständig. Ganz andere Eigenschaften zeigt der gelbliche bis gelbbraune Sandstein, der partiell im Innenraum verbaut wurde. Das Baumaterial stammt aus den Steinbrüchen von Niederschöna in der Nähe von Freiberg. Die Blöcke mußten auf dem Landweg nach Meißen gebracht werden. Den aufwendigen Transport nahm man in Kauf, um die einzigartigen, gelblich leuchtenden Steinoberflächen zu erhalten, die das Bild des Meißner Doms bestimmen.

1482 leitete Arnold von Westfalen, zugleich sächsischer Landesbaumeister, die Bauarbeiten. Dombaumeister Klaus, ein Schüler Arnolds, war bis 1489 für die Baumaßnahmen verantwortlich.

Die Werkmeister nutzten auf der Baustelle ein eigenes Maßsystem. Grundlage war der sogenannte Fuß. Für diese Maßeinheit läßt sich am Meißner Dom eine Länge von 29,03 cm ermitteln. Alle wichtigen Maße am Bauwerk sind ganze Vielfache dieser Einheit. Die Joche im Mittelschiff umfassen beispielsweise 17 x 30 Fuß, die Joche im Seitenschiff 17 x 15 Fuß. Die Höhe eines Pfeilers bis zur Oberkante des oberen Kapitells beträgt genau 50 Fuß. Auf der Grundlage dieser Maße wurde der Grundriß der neuen Kathedrale im Gelände abgesteckt. Dann hob man die Fundamentgräben aus. Die Grundmauern setzte man auf den anstehenden Fels des Burgbergs. Die Bündelpfeiler des Langhauses stützen sich auf massive Punktfundamente. Teilweise konnte man dafür die Grundmauern des romanischen Doms weiter benutzen. Am Steilabhang zur Elbe mußten für den Chor hohe Unterbauten geschaffen werden. Diese Substruktionen, die teilweise sichtbar sind, erhielten eine Verblendung aus massiven Sandsteinblöcken.

Die Mauern des Meißner Doms weisen eine mehrschalige Struktur auf: Die sichtbaren Außenseiten sind aus Steinquadern zusammengesetzt. Zwischen den äußeren Mauerschalen besteht ein Zwischenraum, der mit Bruchsteinen, Ziegelstücken und Mörtel aufgefüllt wurde. Auch die Pfeiler besitzen einen Kern aus Mörtel und Bruchsteinen. Die Steinquader verbaute man nach dem Prinzip der Horizontalbauweise. Dabei wurden die Steine auf einem durchgehenden horizontalen Niveau versetzt, ohne daß innerhalb eines Bauabschnitts Brüche oder Sprünge feststellbar sind. Es entstanden gerade, durchlaufende Lagerfugen. In jeder Bauphase legte man andere Höhen der Lagerfugen fest. Dadurch bildeten sich Versprünge, die heute wichtige Dokumente für die Erforschung der Baugeschichte darstellen.

Als Baumaterial verwendete man den Sandstein des Meißner Landes. Die mineralogischen Untersuchungen deuten auf zwei verschiedene Steinbrüche: Die Quader am

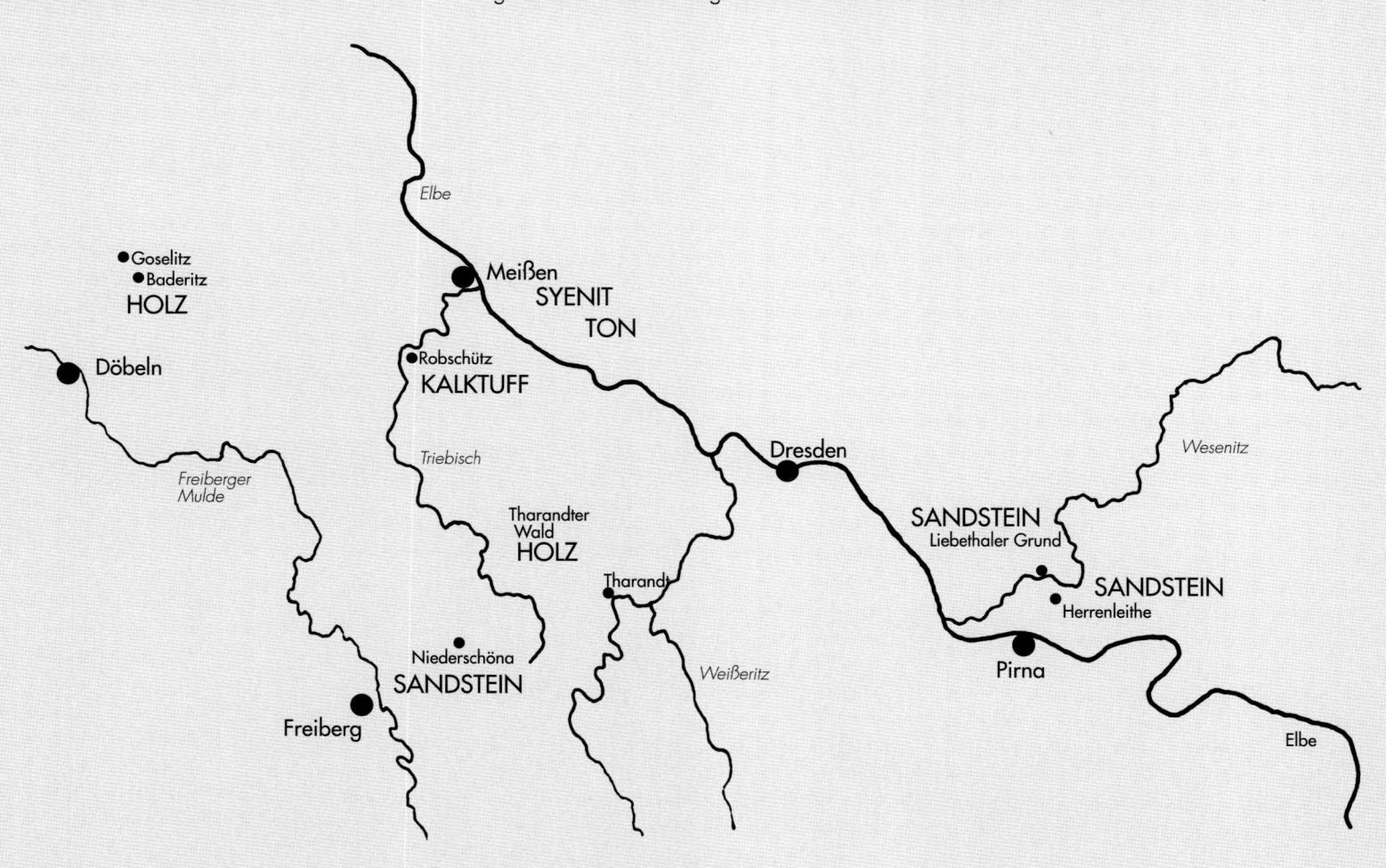

Herkunft der Baumaterialien

Außenbau des Meißner Doms, die unverwittert eine weiße bis hellgelbe Farbe aufweisen, stammen aus dem Liebethaler Grund in der Nähe von Pirna. Diese Steinbrüche gehörten im 13. Jahrhundert dem Hochstift Meißen. Auf dem Wasserweg konnten die Blöcke leicht nach Meißen geschafft werden. Mit Flößen transportierte man die Sandsteine auf der Elbe stromabwärts zum Meißner Burgberg. Im Innenraum des Meißner Doms verbaute man vor allem Sandsteinquader aus dem Steinbruch Niederschöna bei Freiberg. Die Sandsteine besitzen eine goldgelbe bis hellbraune Farbe.

Die groben Sandsteinblöcke wurden in Meißen von den Steinmetzen weiter bearbeitet. Mit Hilfe von Hiebwerkzeugen entstanden einzelne Quader mit geglätteten Oberflächen. Leichte parallele Hiebspuren, die in unregelmäßiger Weise waagerecht, senkrecht oder schräg eingehauen wurden, deuten auf die Glattfläche als Werkzeug zur Steinbearbeitung. Die Glattfläche ist ein Steinmetzgerät in der Form eines Doppelbeils, mit dem man sehr saubere Oberflächen erzeugen kann. Die nicht sichtbare Rückseite eines Quaders blieb unbearbeitet.

Von der Arbeit der Steinmetzen erzählen bis heute die Steinmetzzeichen, kleine Markierungen in der Oberfläche der Steinquader, die sich aus mehreren Linien zusammensetzen. Teilweise findet man Buchstaben oder einfache figürliche Bilder wie Kreuze, Sterne oder Blattformen. Als Abrechnungsmarken waren die Zeichen für die Entlohnung der Arbeiter und für die Qualitätskontrolle von großer Bedeutung. Jedoch tragen nicht alle Werksteine diese Markierungen. Das läßt sich mit dem Entlohnungssystem der mittelalterlichen Bauhütten erklären: Ein Teil der Arbeiter wurde nach Stücklohn bezahlt. Diese Steinmetzen mußten ihr individuelles Zeichen in den bearbeiteten Steinblock einarbeiten. Auf diese Weise konnte der Lohn entsprechend der Leistung ausbezahlt werden. Die Quader ohne Steinmetzzeichen wurden von Arbeitern behauen, die nach Tagelohn bezahlt wurden. Hier kam es nicht auf die individuelle Leistung, sondern auf die Arbeitszeit an; ein Steinmetzzeichen war nicht nötig.

Durch die systematische Erfassung aller Steinmetzzeichen am Innen- und Außenbau des Meißner Doms ergeben sich interessante Einblicke in den mittelalterlichen Baubetrieb: Die Steinmetzzeichen lassen sich in getrennte Gruppen einteilen, die den einzelnen Bauabschnitten entsprechen. In den östlichen Bereichen des Doms konnten 138 verschiedene Zeichen identifiziert werden, die auf die gleiche Zahl von Arbeitern mit Bezahlung im Stücklohn deuten. Wenn man die Gesamtzahl aller Arbeiter der Dombauhütte berechnen will, muß man noch die Zahl der Steinmetzen im Tagelohn hinzufügen, dazu Schmiede, Zimmerer, Maurer, Glaser, Haspelknechte und Hilfsarbeiter. Man muß von über 200 Arbeitern ausgehen, die auf der Baustelle tätig waren. In den westlichen Bereichen des Langhauses findet man 54 verschiedene Zeichen – in ganz anderer Form. Hier sind über 100 Arbeiter in der Dombauhütte zu vermuten.

Woher wußten die Steinmetzen, in welcher Form die Werksteine zugehauen werden müssen? Genaue Werkzeichnungen legten die einzelnen Maße, Höhen und Profile fest. Diese Zeichnungen – ausgeführt im Maßstab 1:1 meist auf hölzernen Reißböden – blieben nur in wenigen Fällen erhalten. Bei der Restaurierung des Meißner Doms wurde eine Werkzeichnung an der Wand des Stifterjochs im Hohen Chor entdeckt. Die eingeritzten Linien zeigen in originaler Größe das Profil eines Dienstes im Chorpolygon, verbunden mit den Fenstergewänden. Die Zeichnung bestimmt nicht nur wichtige Maße des Chors, sie definiert auch den Winkel des Chorpolygons und den Fugenschnitt im Pfeilermassiv zwischen den Fenstern. Mit Hilfe hölzerner Schablonen wurden die Maße von der Zeichnung auf die Werksteine übertragen.

Für den Versatz der Steinquader mußten um die Wände und Pfeiler hohe Gerüste aufgebaut werden. Ein ganzer Wald war für die Gerüstkonstruktionen aus Holz nötig: In Meißen verwendete man doppelte Stangengerüste, die aus zwei Reihen senkrechter Rüstbäume bestanden. Auf den einzelnen Arbeitsebenen waren die Stangen durch waagerechte Balken und Laufbretter verbunden. Mit dieser aufwendigen Technologie konnte man vermeiden, daß die waagerechten Balken in das Mauerwerk einbinden und so nach dem Abrüsten tiefe Löcher hinterlassen. Eine Urkunde von 1313 berichtet,

Steinmetzzeichen

Die Steinmetzzeichen veränderten sich im Lauf der Jahrhunderte. Die ältesten Zeichen, ungefähr 5–6 cm hoch, bestehen aus nur wenigen Linien. Im 14. Jahrhundert wurden die Zeichen mit nur noch 3–4 cm Höhe immer kleiner. Später wuchs die Zahl der Linien an; aus den bildlichen Zeichen entwickelten sich komplizierte geometrische Gebilde. Im 16. Jahrhundert wurden die Steinmetzzeichen zu einer Art Handwerkerwappen. Das sieht man an den Werksteinen der wiederaufgebauten Gewölbe im westlichen Langhaus von 1596–97. Die sehr großen Zeichen künden vom Qualitätsbewußtsein der Steinmetze. Werkmeister Melchior Brunner, der die Arbeiten leitete, fügte sein Steinmetzzeichen selbstbewußt in ein Wappenschild ein.

Aufbau des Mauerwerks. Unvollendeter Wandabschnitt an der Allerheiligenkapelle

daß Holz für die Bauarbeiten am Meißner Dom in einem Wald in Goselitz und Baderitz bei Zschaitz geschlagen wurde, in der Umgebung der Stadt Döbeln. Die Balken wurden auf dem Landweg nach Meißen gebracht. Auch die Hölzer, die man für den Bau der drei Turmspitzen der Westturmanlage 1501/03 benötigte, kamen aus der näheren Umgebung. Herzog Georg von Sachsen stellte für diese Arbeiten 500 Bäume aus dem Tharandter Wald zur Verfügung.

Auf der höchsten Arbeitsebene der Baustelle muß es einen Kran oder zumindest einfache Haspelkonstruktionen gegeben haben, um die schweren Werksteine mit möglichst geringem Kraftaufwand nach oben zu ziehen. Mittelalterliche Krananlagen sind in Meißen nicht erhalten geblieben. Jedoch gibt es im Dachstuhl des Langhauses, der nach 1547 aufgeführt wurde, eine Haspelwelle, die zum Antriebssystem eines Krans gehört. Ein weiteres vollständiges Antriebswerk aus der Zeit nach 1693 ist im Dach der Allerheiligenkapelle montiert. Auf einem Zapfen sitzt eine drehbare, vertikale Welle, verbunden mit einer großen hölzernen Trommel. Wenn die Welle über einen einfachen Balken in Bewegung gesetzt wurde, konnte ein Seil aufgewickelt werden, an dessen Ende eine Last befestigt war.

Der Steinquader mußte für den Transport am Ende des Aufzugsseils befestigt werden. Dazu kam am Meißner Dom vorrangig die Steinzange zum Einsatz. Die Steinzange besteht aus zwei S-förmigen gebogenen Schenkeln aus Eisen mit einem Gelenkpunkt in der Mitte. Durch ein Anziehen des Kranseils, daß durch die oberen Endigungen der Zange läuft, schließt sich die Zange scherenartig. Die unteren Endigungen pressen sich zusammen und können mittels Druck einen Stein festhalten. Um ein Abrutschen der Zangenenden am Stein zu verhindern, mußten an der Ansichts- und Rückseite des Quaders kleine Zangenlöcher eingearbeitet werden. Nach dem genauen Versatz wurde das Kranseil herabgelassen; die Zange konnte abgenommen werden. Von dieser durchdachten Technologie erzählen bis heute die kleinen Zangenlöcher, die man im Innen- und Außenbau an fast allen Steinblöcken finden kann. Außen hat man die Löcher oft mit Mörtel geschlossen.

Bei besonders gestalteten Werksteinen, deren Oberfläche nicht durch ein kleines Loch beschädigt werden durfte, wählte man die Befestigung mit dem sogenannten Wolf, einem Anker aus Eisengliedern. Für die Befestigung mit dem Wolf mußte auf der später unsichtbaren Oberseite des Steinblocks ein Loch eingearbeitet werden, das sich schwalbenschwanzartig erweiterte. In dieser Öffnung wurden drei flache Eisenglieder verkeilt und anschließend mit einem Splint und einer Öse für das Kranseil verbunden. Beim Anheben konnten die eisernen Verbindungsglieder durch die Keilwirkung nicht aus dem Wolfsloch herausrutschen. Wolfslöcher lassen sich an den profilierten Werksteinen der ältesten Teile des Lettners aus dem 13. Jahrhundert beobachten.

Die Maurer der Bauhütte setzten die schweren Steinblöcke schließlich auf der vorbereiteten Lagerfuge ab. Verbunden wurden die Quader durch Mörtel. Kleine schwarze Plättchen aus Gneisschiefer in der Lagerfuge sollten Unregelmäßigkeiten in der Versatzebene ausgleichen. Auch in den vertikalen Stoßfugen schloß man kleine Zwischenräume mit Schieferplatten. Der Mauerwerkskern zwischen den beiden äußeren Sandstein-Schalen wurde anschließend mit Bruchsteinen, Bauschutt und Mörtel aufgefüllt. Dazu waren große Mengen an Mörtel nötig. Während für die Verfugung hochfester Mörtel mit feinkörnigem Sand zum Einsatz kam, verwendete man für den Mauerkern einen grobsandigen und mageren Füllmörtel.

In statisch stark beanspruchten Bereichen des Meißner Doms wurden die Werksteine zusätzlich mit Eisenankern und Bleifugen gesichert. Dies betrifft die Steinglieder des Maßwerks, aber auch die Gewölbeanfänger über den Bündelpfeilern oder die hohen Giebel und Fialtürme. Ein Stift aus Eisen verbindet die bearbeiteten Quader. Über kleine Vergußkanäle wurde flüssiges Blei in die Fuge und in das Ankerloch gefüllt. Mit dem Erhärten des Bleis waren die Werksteine fest, aber dennoch elastisch miteinander verbunden.

Faszinierend ist der Aufbau der Gewölbe. Dünne Gewölbekappen schließen den gotischen Raum nach oben ab. Die Technik war im 13. Jahrhundert bereits so ausgereift, daß beim Bau dieser Kappen auf eine Stützkonstruktion verzichtet werden konnte. Lediglich für die Gewölberippen wurden Lehrgerüste eingezogen. Auf diese Gerüste hat man die Rippen-Werksteine aufgelegt und mit dem Einsetzen des Schlußsteins fest verbunden. Dann wurden die dünnen Kappen aus Ziegelsteinen freihändig gemauert. Dabei haben die Maurer die Ziegelsteine mit Mörtel hochkant an die schon aufgemauerten Ziegel angesetzt und bis zum Abbinden des Mörtels angedrückt. Auf der Unterseite erhielten die ungefähr 35 cm starken Kappen einen feinen Putz.

Eine straffe Organisation war nötig, um die Arbeiten auf der mittelalterlichen Großbaustelle Meißner Dom über Jahrzehnte kontinuierlich fortzuführen. Als Bauherr trat das Meißner Domkapitel auf. Zur Bauverwaltung und Baufinanzierung wurde ein eigenes Amt eingerichtet. Das Stiftsbauamt, die Fabrica, organisierte den Dombau. Die Bauverwaltung wird 1271 erstmals genannt. Die Aufsicht übte anfangs der Custos aus, ab dem 14. Jahrhundert wurden weltliche Beamte mit der Leitung der Bauverwaltung beauftragt. Der Beamte führte den Titel eines Magister fabricae. Eingesetzt wurde er von Propst und Dechant. Der Magister fabricae war gegenüber dem Kapitel zur jährlichen Rechnungslegung verpflichtet. Die mittelalterlichen Rechnungsbücher sind leider nicht erhalten geblieben; erst 1528 beginnen die Jahresrechnungen der Dombauverwaltung. Der Magister fabricae nahm die finanziellen Einkünfte für den Dombau entgegen und verteilte sie gemäß den Festlegungen. Steinmetze, Bauleute und Werkmeister mußten bezahlt und beaufsichtigt werden, Baumaterialien waren zu beschaffen. Mit den Stiftungen für den Dombau war häufig auch die Aufgabe verbunden, Seelenmessen und Jahrgedächtnisse für den Stifter zu finanzieren. Daher mußte der Vorsteher der Fabrica auch für liturgische Aufgaben Geld ausgeben, die mit dem Dombau nicht unmittelbar zu tun hatten. Einen Teil der Einnahmen konnte er selbst als Lohn behalten, beispielsweise gewährte eine Stiftung von 1395 jährlich sechs Hühner und drei Schock Eier.

Für die Finanzierung der Bauaufgaben standen verschiedene Einnahmen zur Verfügung. Im 13. Jahrhundert waren es vorrangig die Ablässe, die Geld für den Dombau einbrachten. Ein Ablaß, ein Nachlaß zeitlicher Sündenstrafen, wurde im Auftrag des Bischofs den Gläubigen erteilt, wenn sie den Meißner Dom zu bestimmten Festtagen besuchten und dabei nach ihren Möglichkeiten für den Dombau spendeten. Der bischöfliche Ablaß konnte die Sündenstrafen um höchstens 40 Tage verkürzen. Um diese Begrenzung zu umgehen, bemühte sich Bischof Withego I. um Sammelablässe. Auf Konzilien und Synoden bat er die versammelten Bischöfe um die Unterzeichnung der entsprechenden Ablaßurkunde. Jeder Bischof fügte weitere 40 Tage Ablaß hinzu. Beim Nationalkonzil in Würzburg 1287 waren es 29 Bischöfe, die Ablässe ausstellten. Damit ergab sich ein Zeitraum von 3 Jahren und 65 Tagen, ein ungewöhnlich großer Nachlaß an Strafen im Fegefeuer. Um so mehr Menschen wurden nach Meißen gelockt. Die Kassen der Dombauverwaltung füllten sich.

Im 14. Jahrhundert waren die jährlichen Zinseinkünfte aus Landbesitz die wichtigste Einnahme der Fabrica. Zahlreiche Meißner Domherren stifteten ihr gesamtes Vermögen der Fabrica, zumeist Dörfer und Weinberge. Der Magister fabricae mußte zweimal im Jahr die Geldbeträge und Naturalien der Bauern einsammeln. Obwohl ein Teilbetrag für die Messen zum Seelenheil der Verstorbenen ausgegeben wurde, war die Summe beachtlich. Hinzu kamen Spendensammlungen in den Kirchen des Bistums. Diese wurden bei besonderen Anlässen ausgeschrieben, zum Beispiel 1413 nach einem schweren Sturm, der Schäden am Dom anrichtet hatte. Kleinere Summen ergaben sich aus den Strafgeldern, die Priester im Meißner Dom zu bezahlen hatten, wenn sie ihren Verpflichtungen nicht ordnungsgemäß nachgekommen waren. Eine regelmäßige Einnahmequelle war die Aufnahmegebühr für neue Domherren. Sobald eine Domherrenstelle frei geworden war, mußte im folgenden Jahr die Hälfte aller Einkünfte an die Fabrica abgeführt werden.

Im 14. und 15. Jahrhundert förderten die meißnischen und sächsischen Landesherren den Dombau. Markgraf Wilhelm I. (1349–1407) und Herzog Albrecht von Sachsen (1443–1500) baten nicht nur beim Papst um ausgedehnte Ablässe, sondern stifteten selbst bedeutende Summen für den Dombau. Herzog Albrecht beispielsweise stellte 1489 für die Errichtung des Kapitelhauses und der Neuen Sakristei Geld zur Verfügung. Mit der Einführung der Reformation verringerten sich die Einnahmen der Dombauverwaltung. Das eingesammelte Geld war nicht mehr für den Bauunterhalt bestimmt, sondern mußte nach einem Vertrag von 1564 für das sächsische Schulwesen und andere baufremde Aufgaben aufgewendet werden. Als Einrichtung blieb die Stiftsbaumeisterei bis ins 19. Jahrhundert bestehen.

Sammelablaß von 1287
Auf dem Nationalkonzil in Würzburg stellen zwanzig deutsche Erzbischöfe und Bischöfe einen Sammelablaß für die Meißner Kirche aus. Alle Gläubigen, die den Meißner Dom besuchen und die Bauarbeiten unterstützen, sollen einen Nachlaß an Sündenstrafen erhalten. Jeder Bischof gewährt 40 Tage Ablaß. An farbigen Fäden sind die Siegel des Erzbischofs von Bremen und der Bischöfe von Konstanz, Metz, Merseburg, Naumburg, Prag, Passau, Olmütz, Regensburg, Straßburg, Trient, Basel und Verden angebracht.

# Die östlichen Teile des Langhauses

Mit dem Baubeginn am Hohen Chor um 1250 hatte man die Grundstrukturen der gotischen Kathedrale festgelegt. An das ausladende Querhaus sollte sich ein dreischiffiges Langhaus mit niedrigen Seitenschiffen und einem erhöhten Mittelschiff anschließen. Schon frühzeitig wurden die Fundamente der nördlichen Langhausfassade aufgeführt, soweit jedenfalls der romanische Dom dem nicht im Wege stand. Das Querhaus entstand in den Jahren bis 1270, zusammen mit den westlichen Teilen des Chors, den Osttürmen und dem Achteckbau. Gegenüber dem lichterfüllten Chorraum fallen die weitgehend geschlossenen Wände des Querhauses auf. Diese Gestaltung ist hauptsächlich durch die räumliche Situation bedingt: An die östlichen Wände schließt sich ein massives Turmpaar an, im Norden grenzte das Querhaus an die Burg der Meißner Markgrafen.

Nur an der südlichen Querhausfront, gegenüber den Kurien des Bischofs und der Domherren, konnte man eine große Fensteröffnung ausbilden. Das langgestreckte Südfenster zeigt ein eigenwilliges Maßwerk: Schmale und breite Fensterbahnen wechseln sich ab, oben zusammengefaßt von zwei Spitzbögen, die sich gegenseitig überschneiden. Die äußeren Fensterpfosten und der umfassende Bogen bilden eine S-förmig geschwungene Linie. Man hat hier verschiedene Maßwerkmotive der englischen Gotik wiederholt, diese aber in einer ganz eigenen Art und Weise kombiniert und – vielleicht etwas unbeholfen – verbunden. Großartig ist der Giebelaufbau über der südlichen Querhausfassade: Der Dreiecksgiebel ist zweischalig gebildet. Vor einer geschlossenen Rückwand und einem schmalen Zwischenraum wachsen neun schlanke Arkaden mit Kleeblattbogen-Abschluß auf. Die Giebelwand flankieren zweigeschossige Türme. Auf ein rechteckiges Geschoß mit Blendgliederungen folgt ein achteckiger

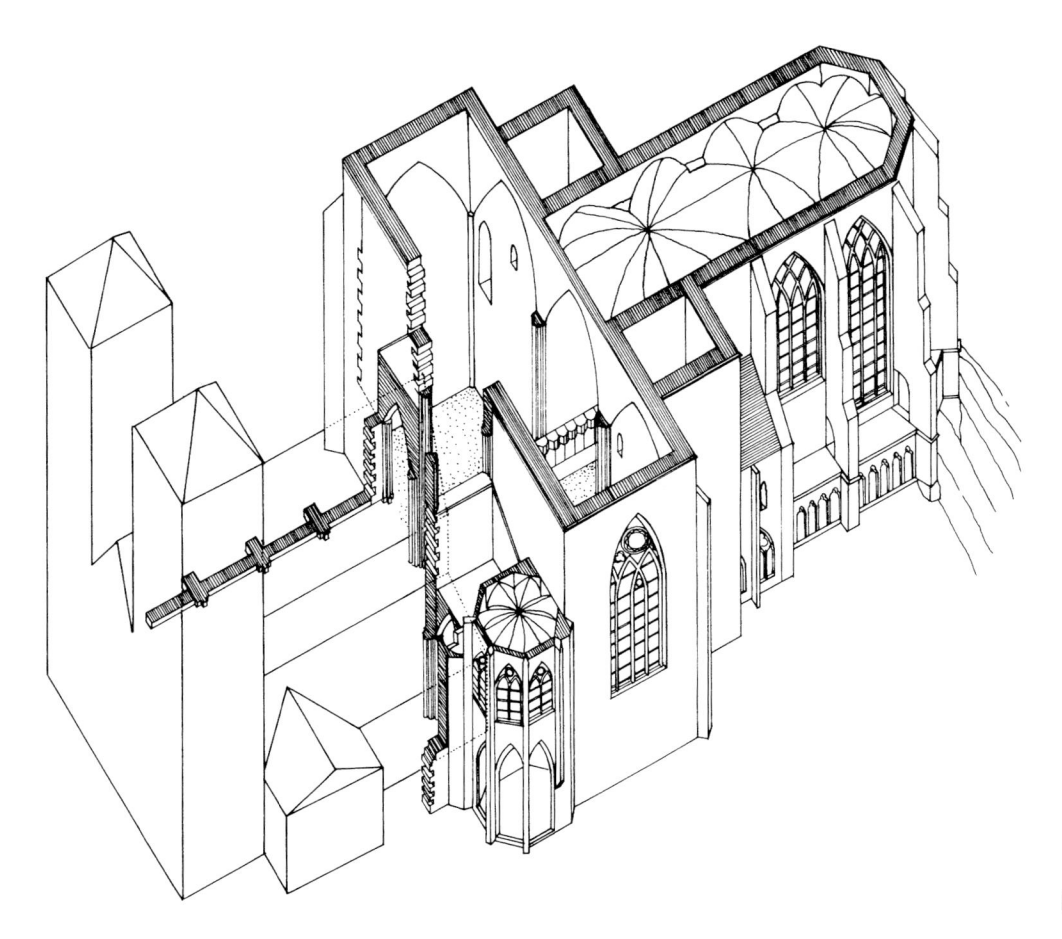

Der Meißner Dom um 1270

## Basilika

Unter einer Basilika ist eine Kirche mit einem erhöhten Mittelschiff und niedrigen Seitenschiffen zu verstehen. Daß in Meißen eine Basilika geplant war, kann man am ersten Joch des Südseitenschiffs ablesen. Das sogenannte »basilikale Joch« ist fensterlos, weil sich außen der Achteckbau als Eingangshalle anschließt. Über dem niedrigen Gewölbe war ein schräges Pultdach vorgesehen. In Verbindung mit dem Vierungspfeiler hatte man auch schon Teile des Obergadens errichtet. Diese geschlossene Wandzone über der Arkade zum Mittelschiff hätte das Pultdach verdeckt, darüber sollte ein relativ niedriges Obergadenfenster folgen. Das »basilikale Joch« deutet auf die Raumwirkung der geplanten Basilika. Geschlossene Wandzonen hätten den Kirchenraum geprägt, nur wenig Licht wäre bis zum Mittelschiff vorgedrungen. Eine Basilika mit diesen gedrückten Proportionen, mit der geringen Arkadenhöhe, erscheint dunkel und eng.

Aufbau und dann die hohe steinerne Turmspitze. Der mehrschichtige Giebel erinnert an die Querhausgiebel des Magdeburger Doms, die wahrscheinlich ebenfalls um 1270 geschaffen worden sind.

An das Querhaus schließt sich das Langhaus an, das drei Schiffe umfaßt. Den rechteckigen Jochen des Mittelschiffs sind in den Seitenschiffen annähernd quadratische Joche zugeordnet. Dieses Grundrißsystem, entwickelt in Frankreich, wurde in der Mitte des 13. Jahrhunderts für mehrere deutsche Kirchenbauten übernommen, nicht nur in Meißen, sondern auch am Straßburger Münster (vollendet 1275) und am Dom in Halberstadt (begonnen 1260/70). Die letztgenannten Kathedralen sind als Basiliken mit erhöhtem Mittelschiff angelegt. Auch für den Meißner Dom war ein basilikaler Aufbau vorgesehen. In den Bauperioden bis 1270 wurden bereits Teile der niedrigen Seitenschiffe errichtet. Das »basilikale Joch« im Südseitenschiff ist ein Überrest dieser ersten Planung.

In den Jahren um 1270 wurde eine Änderung des Bauplans beschlossen. Als Kirchenschiff war nun eine aufstrebende Halle vorgesehen. Das »basilikale Joch« im Südseitenschiff wurde vorerst unverändert gelassen, während man im Nordseitenschiff die bestehenden Ansätze der Basilika abbrach. Dort führte man vier Joche der neuen Hallenkirche auf. Die Bereiche des Meißner Doms, die 1290 fertiggestellt waren, erhielten eine einheitliche Farbgebung. Über den Wänden und Pfeilern aus Sandstein leuchten weiße Gewölbekappen. Alle Rippen und Gurtbögen – im Chor, im Querhaus, in den östlichen Jochen des Nordseitenschiffs und im »basilikalen Joch« – tragen eine eisenoxidrote Farbfassung.

Beim Bau der Hallenkirche wurden Grundriß und Pfeilerstruktur der älteren Planung einfach beibehalten, nur sollten nun die Seitenschiffjoche bis zur Höhe des Mittelschiffs reichen. Damit mußte eine veränderte Fassadenstruktur entwickelt werden. Der namentlich nicht bekannte Architekt übertrug den Aufriß des lichtdurchfluteten Hohen

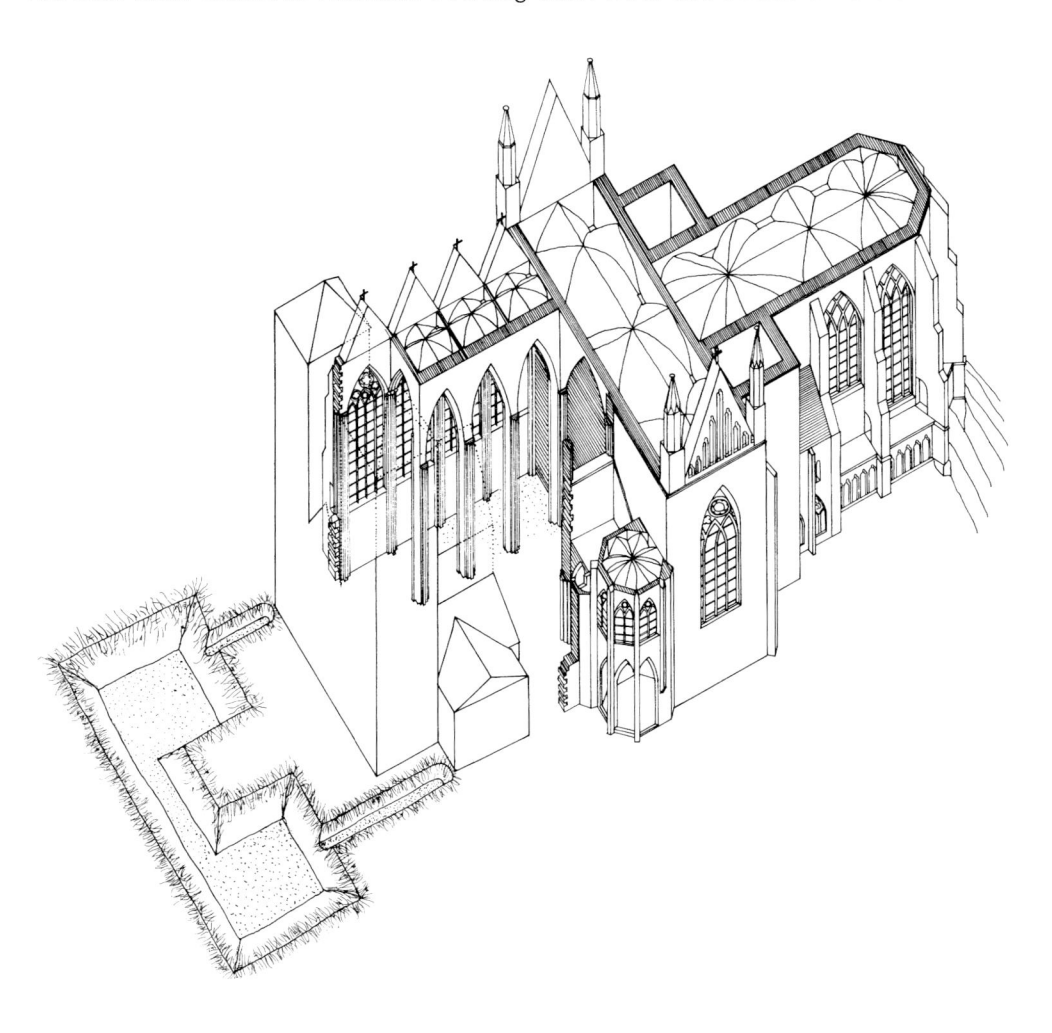

Der Meißner Dom um 1290

Innenansicht des Langhauses

Pfeiler im Südseitenschiff

Blick durch die Halle

Chors auf das Langhaus. Aufstrebende Fenster öffnen sich über die gesamte Höhe, sie reichen von Dienst zu Dienst, von der Fensterbank bis zur Gewölbekappe. Geschlossene Wandzonen hat man nur im unteren Wandbereich belassen. Damit ist die Mauermasse auf ein Minimum reduziert. Nur noch die tragenden Glieder, die Dienste und Pfeiler, bestehen aus Stein. Durch die weiten Fenster dringt das Licht ins Innere des Meißner Doms, es bringt die gelb-braunen Sandsteinquader zum Leuchten. Die Pfeiler und Dienstbündel gewinnen mit den verschatteten Kehlen eine starke plastische Wirkung.

Die Halle des Meißner Doms wird von den mächtigen Pfeilern geprägt. Dem rechteckigen Pfeilerkern sind einzelne Dienste vorgelegt. Die Seitenflächen aber sind weitgehend ungegliedert. Während die Dienste in Kapitellen enden, gehen die glatten Seitenflächen der Pfeiler bruchlos in die Arkade über. Es entsteht ein monumentaler, unprofilierter Bogen, der in seiner vertikalen Struktur den aufstrebenden Raumeindruck der Halle unterstützt. Trotz der geringen Höhe des Kirchenschiffes von nur 18 Metern erscheint der Raum sehr hoch. Die Hallenpfeiler stehen sehr eng beieinander. Blickt man von Osten oder Westen in das Mittelschiff, bilden diese Pfeilermassive eine scheinbar durchgehende Wand, die kaum Blicke in die Seitenschiffe freiläßt. Das von Westen nach Osten ausgerichtete Mittelschiff dominiert den Raum. Die kräftigen, tief ansetzenden Mittelschiff-Gurtbögen bewirken dagegen eine Querteilung. Auch das von den

Außenansicht des Nordseitenschiffs

Seiten einfallende Licht weicht die axiale Ausrichtung auf. Die abgeschirmten Seitenschiffe wirken wie eine zweite, begleitende Raumschicht. Die Seitenschiffjoche erscheinen noch schlanker als die Mittelschiffjoche, da die Raumbreite hier um die Hälfte reduziert ist. In den Seitenschiffen hat man auf massive Gurtbögen verzichtet, so daß ein langes zusammenhängendes Gewölbeband den Raum überzieht.

Im 13. Jahrhundert wurden ganz unterschiedliche Hallenräume entwickelt. In Westfalen entstanden Hallenkirchen mit weit geöffneten Arkaden. Für die Zisterzienser- Klöster in Bayern, Österreich und Böhmen wurden große Hallenchöre erbaut. Die Meißner Halle besitzt jedoch ein eigenes Gepräge, das an die Elisabethkirche in Marburg (nach 1235) und die Zisterzienser-Klosterkirche in Haina (Hallenbau nach 1250) erinnert. Die beiden hessischen Bauten zeigen einen vergleichbaren Grundriß mit einem breiten Mittelschiff und schmalen Seitenschiffen. Die mittlere Raumachse erlangt – wie in Meißen – durch die enge Pfeilerfolge ein deutliches Übergewicht, während die Seitenschiffe eine begleitende Raumschicht ausformen. Wahrscheinlich kam der Baumeister, der das Konzept für die Meißner Hallenkirche ausarbeitete, aus Hessen, vielleicht direkt aus Marburg.

In den vier östlichen Jochen des Nordseitenschiffs ist der hessische Einfluß an vielen Baudetails erkennbar. Dazu gehören die achteckigen Sockel der Pfeiler, die Blattmasken, die außen die Fensterbögen verzieren, vielleicht auch das Fenstermaßwerk, das man in ähnlicher Form am Westbau der Elisabethkirche in Marburg finden kann, das aber auch direkt auf französische Vorbilder der Zeit um 1260 zurückgehen könnte. Ein Marburger Baumotiv ist sicher der schmale Umgang, der außen vor den hohen Fensterbahnen des Nordseitenschiffs entlangläuft und die Strebepfeiler durchzieht.

Bei der Ausbildung der Gewölbe des Meißner Langhauses hat man das hessische Hallenkonzept jedoch entscheidend weiterentwickelt. An die Stelle der »gestelzten« Seitenschiffgewölbe in Marburg oder Haina, die alle auf einer Raumhöhe beginnen, treten natürlich geformte Gewölbebögen, die auch unterschiedliche Raumbreiten berücksichtigen. Die Kreuzrippengewölbe der schmalen Seitenschiffe beginnen auf einer deutlich höheren Ebene als die tief in den Raum schneidenden Gewölbe des Mittelschiffs. Die Schlußsteine wiederum schließen auf einer einheitlichen Höhe den Hallenraum ab.

Schlußstein im Südseitenschiff

Schlußstein im Südseitenschiff

# Der Achteckbau und seine Skulpturen

Einfallsreich und ungewöhnlich ist die Gestaltung des Achteckbaus. Das turmartige zweigeschossige Bauwerk vermittelt zwischen Querhaus und Südseitenschiff. Mit seinem wohldurchdachten Raumkonzept, den großartigen Skulpturen und der reichen Farbigkeit gehört der Achteckbau zu den schönsten Werken der gotischen Architektur in Deutschland.

Die Planung für den Achteckbau – mit einer Portalvorhalle im Erdgeschoß und einer Kapelle im Obergeschoß – geht auf die Zeit um 1250 zurück. Nach dem ursprünglichen Plan sollte das Gebäude wie ein Turm das niedrige Seitenschiff der Basilika überragen. Um 1270 waren beide Geschosse weitgehend fertiggestellt. Dann jedoch entschied man sich, das Kirchenschiff in den Formen einer Hallenkirche zu errichten. Die schon fertiggestellten Teile des Südseitenschiffs mußten an das neue Konzept angepaßt werden, und so war es erst 1291 möglich, die Kapelle im Obergeschoß des Achteckbaus zu benutzen, die Johannes dem Täufer und den Märtyrern Johannes und Paulus geweiht wurde.

Drei hohe Arkaden, die heute vermauert sind, führten in den achteckigen Zentralraum. Dieser hatte die Funktion einer Eingangshalle. Eine einfallsreiche Gliederung

Achteckbau. Außenansicht

Achteckbau. Blick ins Gewölbe der Eingangshalle

umfaßt den Raum: Wandfelder mit Skulpturen wechseln sich mit hohen Portalen ab. Durch die östliche Tür erreicht man das Querhaus, die nördliche Tür führt in das Kirchenschiff. An den drei geschlossenen Wandfeldern sieht man eine Blendarkatur, die mit ihren schlanken Säulen und den Blattkapitellen an das Dorsale im Hohen Chor erinnert. Über einem kräftigen Gesims stehen überlebensgroße Figuren, die vor der glatten Wandfläche frei agieren können. Gerahmt werden sie von einem Kleeblattbogen und feingliedrigen Diensten. Wie ein Baldachin umschließt das achtteilige Gewölbe den Raum. Die Wirkung des Zentralraums wurde durch die kostbare Farbfassung des 13. Jahrhunderts noch gesteigert: Dienste, Sockel, Rippen und die Wandflächen hinter den Skulpturen waren hellrot gefaßt. Die Kapitelle und die Blendarkaden beließ man dagegen steinsichtig. Die Gewölbekappen in leuchtendem Blau, gerahmt von schwarzen Bändern, bildeten einen besonderen Farbakzent. In der Mitte des 14. Jahrhunderts erhielt der Raum eine neue Farbfassung. Das Zusammenspiel der intensiv leuchtenden Farben wurde um einen hellen Grünton erweitert. Die Farbigkeit sorgte für eine Differenzierung der Architekturglieder. So wurden die Dienstbündel und Rippen im Wechsel von Rot und Grün gestaltet.

Achteckbau. Innenansicht

Engel (links), Maria mit Kind (Mitte) und Johannes der Täufer (rechts)

Die Kapelle im Obergeschoß des Achteckbaus ist sehr einfach gehalten. Man kann den Raum nur aus dem Südseitenschiff betreten. Ein kleiner Wendelstein, geschickt eingepaßt zwischen Achteckbau und Langhauswand, führt nach oben. Die glatten, ungegliederten Wandfelder werden von den Diensten und den Schildbögen des sehr tief ansetzenden Gewölbes gerahmt. In drei Wände sind schmale Fenster mit einem sehr schlichten Maßwerk eingeschnitten. Die Reduktion der Formen, die hier deutlich wird, sieht man auch an der unprofilierten Bogenöffnung, die über dem Altar an der Ostwand eine optische Verbindung zum Innenraum des Doms herstellt.

Die drei Figuren im Achteckbau wenden sich an die Eintretenden. Die Muttergottes vor dem mittleren Wandfeld hält das kleine Christuskind auf ihrem linken Arm. Der Mantel der Maria fällt in einer eindrucksvollen, kleinteiligen Faltenkaskade nach unten. Während Christus unbekümmert zur Seite blickt und wahrscheinlich mit dem nicht mehr erhaltenen Szepter der Muttergottes spielte, ruht der ernste Blick Marias auf dem Betrachter. In tiefer Verehrung wendet sich der Engel am linken Wandfeld der Muttergottes zu. Er ist ohne Flügel wiedergegeben, aber doch deutlich als Engel erkennbar. Mit einer eleganten Handbewegung schwenkt er ein Weihrauchfaß in Richtung des Christuskinds. Die stille Anbetung wird auch in dem jugendlichen, verklärten Gesicht des Engels deutlich. Johannes der Täufer – vor dem rechten Wandfeld – wendet sich von der Muttergottes und dem Engel ab. Stattdessen dreht er seinen Körper den Eintretenden zu. In deutlicher Geste verweist Johannes der Täufer auf das Lamm Gottes. Die Scheibe mit dem Lammrelief trägt er auf seinem rechten Arm.

Die reiche Farbfassung der Skulpturen ist nur teilweise erhalten geblieben. Vom goldenen Untergewand der Maria hob sich der tiefblaue Mantel und das rote Kleid des Christuskinds ab. Der Engel trug einen grünen Mantel mit rotem Innenfutter, Johannes der Täufer einen dunkelroten Mantel über einem goldenen Untergewand. Diese erste Farbigkeit der Zeit um 1270 wurde in der Mitte des 14. Jahrhunderts nochmals verändert. Die Muttergottes trägt nun einen roten statt einen blauen Mantel, Johannes der Täufer erhielt braunes Haar.

Die Skulpturen im Achteckbau unterscheiden sich sowohl im Stil als auch in den Größenverhältnissen von den Stifterfiguren im Hohen Chor. Schon deshalb ist es kaum möglich, daß alle sieben Bildwerke zu einem Figurenportal gehört haben. Vielmehr bilden die Figuren und die Architektur des Achteckbaus eine aufeinander abgestimmte Einheit. Die Gestaltung der Wandfelder – mit der Blendarkatur und den Skulpturen über einem horizontalen Gesims – ist wahrscheinlich von der Gliederung des kapellenartigen Raumes in der Mitte des Naumburger Westlettners abgeleitet. Die drei Bildwerke lassen den Stil der Naumburger Werkstatt anklingen, entstanden aber später als die Meißner Stifterfiguren. Die Gesichtszüge sind hier wieder mehr beruhigt, die Gewänder in kleinteilige Faltengebilde aufgelöst. Wahrscheinlich wurden die drei Figuren erst um 1270/1280 geschaffen.

Ein Bildprogramm, daß die Aufstellung der drei Skulpturen schlüssig erklärt, hat sich bisher nicht finden lassen. Wahrscheinlich hat es eine zusammenfassende Grundidee auch nie gegeben. Zwei Themenbereiche treffen im Achteckbau zusammen: Im Zentrum steht die Muttergottes mit dem Kind, die vom Wandfeld zwischen den beiden Portalen auf die Eintretenden schaut. Sie hat die gleiche Funktion wie die Madonna an Pfeilern der großen Figurenportale. Der Engel wendet sich verehrend an das Christuskind auf den Armen der Muttergottes. Ihm könnte theoretisch auch ein zweiter Engel gegenüberstehen. An dessen Stelle sieht man am rechten Wandfeld Johannes den Täufer, der sich den Eintretenden direkt zuwendet. Als Patron der Kapelle im Achteckbau wurde er der Muttergottes hinzugefügt.

Die Zentralbauform läßt sich nicht vom Thema der Taufe ableiten, denn der Achteckbau war niemals eine Taufkapelle. Die achteckige Grundgestalt kann man eher durch das räumliche Konzept erklären: Nur ein vieleckiger Eingangsbau hat die in drei Himmelsrichtungen weisenden Portale sinnvoll verknüpfen können. Genau die Schöpfung einer achteckigen Portalvorhalle ist es, die zu den großen Leistungen der hochgotischen Architektur in Meißen zählt.

Nur wenige Jahre wurde der Achteckbau tatsächlich als feierliches Portal benutzt. Mit dem Bau des neuen Südportals um 1310/20 nur wenige Meter neben dem Achteckbau benötigte man die Eingangshalle nicht mehr. Aus dem Innenraum wurde eine Marienkapelle. Die drei nach außen weisenden Bogenöffnungen erhielten in der Mitte des 14. Jahrhunderts eine Vermauerung, bei der man die innere Blendarkaden auch an den neuen Wänden weiterführte. Dombaumeister Hugo Hartung ließ den ursprünglichen Zustand 1910 wiederherstellen. Die Öffnung der Vorhalle brachte aber in nicht einmal neunzig Jahren erhebliche Schäden für die Skulpturen und die mittelalterliche Farbfassung. Um für einen dauerhaften Schutz der kostbaren Ausstattung zu sorgen, wurde die Vermauerung des 14. Jahrhunderts 1999–2000 wieder errichtet. Auf der Grundlage historischer Aufnahmen und unter Verwendung der alten Kapitelle entstanden neue Wände in gotischen Formen, die die Arkaden verschließen. Die Farbigkeit des 14. Jahrhunderts wurde freigelegt und vorsichtig retuschiert. Der Achteckbau ist heute nicht mehr als Portal und Eingangshalle erlebbar. Dafür ist im Meißner Dom ein Raum wiedergewonnen, in dem der Besucher das Zusammenspiel mittelalterlicher Architektur und Skulptur, den Klang der leuchtenden Farben erfahren kann.

# Allerheiligenkapelle

Über dem steilen Hang des Meißner Burgbergs thront die Allerheiligenkapelle. Der rechteckige Bau, einst Kapitelsaal des Meißner Domkapitels, schließt sich an den Ostflügel des Kreuzgangs an. Beeindruckend ist die Schauseite mit Giebel und Giebelkreuz, die zum Elbtal hin ihre Wirkung entfalten kann. Domherr Conrad von Boritz stiftete die Allerheiligenkapelle im ausgehenden 13. Jahrhundert. Der Altar wurde 1296 wurde geweiht. Bis ins späte Mittelalter versammelten sich hier die Meißner Domherren, um Beschlüsse über die Verwaltung des Hochstifts Meißen zu treffen und Urkunden auszustellen. Nach der Reformation stand der Kapitelsaal leer. Gleichzeitig fehlte ein Ort, um das Getreide aus den Dörfern des Hochstifts Meißen zu lagern. Daher wurde die Allerheiligenkapelle einfach in einen Getreidespeicher umgewandelt. Hölzerne Einbauten teilten den Innenraum in mehrere Schüttböden. Erst bei der Restaurierung 1866/67 wurden diese Einbauten wieder beseitigt.

Die Allerheiligenkapelle umfaßt zwei Geschosse. Das tonnengewölbte Kellergeschoß muß die Höhenunterschiede am Berghang ausgleichen. Das Bauwerk stand ur-

Allerheiligenkapelle. Außenansicht

Allerheiligenkapelle. Blick nach Osten

Allerheiligenkapelle. Gewölbe

Allerheiligenkapelle. Gewölbe, Schlußstein mit einer Darstellung der Maiestas Domini

Allerheiligenkapelle. Gewölbe, Schlußstein mit der Taube des Heiligen Geistes

sprünglich an allen Seiten frei. Nur der nordwestliche Strebepfeiler schließt an den Hohen Chor an. Die Westwand ist mit Flügelmauern verbunden, die über die Breite der Kapelle hinausreichen. Hier sollte sich ein zweistöckiger Kreuzgangflügel anschließen. Der heutige Kreuzgang mit nur einem Geschoß wurde erst 1490 erbaut.

Der Innenraum der Allerheiligenkapelle erscheint schlicht, aber doch elegant. Glatte, unverzierte Wände umschließen den rechteckigen Saal. Die eingeschnittenen Fenster sind sehr schmal, sie besitzen nur einfaches Maßwerk. Auffallend ist die Dominanz der ungegliederten Wandflächen. Die östliche Wand, gelegen gegenüber dem Eingang, ist besonders gestaltet. Dort öffnet sich ein riesiges vierbahniges Maßwerkfenster. Die drei Gewölbefelder mit Kreuzrippengewölbe scheinen über dem Raum zu schweben, denn sie werden nicht von Diensten, sondern von Konsolen weit oben an der Wand getragen. Dieser Eindruck wird durch die Raumfarbigkeit des 13. Jahrhunderts verstärkt, die 1997/98 wiederhergestellt wurde: Die Wandflächen sind steinsichtig belassen. Darüber spannen sich weiß gefaßte Gewölbekappen mit dunkelroten Rippen.

Die edle Raumwirkung wird von der eigenwilligen Architektur bestimmt. Im 13. Jahrhundert war die Bauform des rechteckigen Saales kaum verbreitet. Ungewöhnlich ist auch der Verzicht auf gliedernde Dienste. Der unbekannte Baumeister nahm sich wahrscheinlich Refektorien und Kapitelsäle der Zisterzienserklöster zum Vorbild. Beispielsweise wurden die Refektorien der Klöster Heilbronn (Württemberg) und Hohenfurth (Böhmen) als Saalbauten errichtet. Vergleichbar ist auch die Allerheiligenkapelle im böhmischen Zisterzienserkloster Sedletz. Im Meißner Land wurde nach 1268 für das Klarissenkloster Seußlitz ein einfacher, allerdings ungewölbter Saalraum errichtet.

Andere Einflüsse zeigt das Maßwerk des gewaltigen Ostfensters. Maßwerkformen, die vom Mittelrhein und aus Hessen stammen, wurden hier in kühner Weise variiert und vereinfacht.

Die Allerheiligenkapelle besitzt ein durchdachtes theologisches Bildprogramm. Die acht Konsolen des Gewölbes und die drei Schlußsteine sind mit Reliefs verziert. Die Bauornamentik geht auf Bildhauer des späten 13. Jahrhunderts zurück, die noch von der Naumburger Werkstatt geprägt worden sind. Leider wurden die Konsolen beschädigt und teilweise zerstört, als man die Allerheiligenkapelle in nachreformatorischer Zeit als Getreidespeicher nutzte. Die Darstellungen beziehen sich auf biblische Texte aus der Offenbarung des Johannes, die zur Liturgie des Hochfests Allerheiligen am 1. November gelesen werden. Die Maiestas Domini auf dem mittleren Schlußstein bildet den Mittelpunkt des Bildprogramms. Der von Ewigkeit zu Ewigkeit regierende Gott sitzt auf einer gotischen Thronarchitektur. Die rechte Hand ist segnend erhoben, links hält er das Buch des Lebens. In der Raumzone unter der Maiestas Domini sind auf den Konsolen die vier Wesen der Vision des Johannes abgebildet, die mit den Evangelisten gleichgesetzt werden: Löwe, Stier, Adler und Engel. Nach der Offenbarung des Johannes tragen die vier Wesen den Thron Gottes. An den vier Ecken der Erde wiederum stehen vier Engel, die alle vier Winde halten. Dieser kosmologische Gedanke wurde an den Eckkonsolen umgesetzt. Dort sieht man die Personifikationen der vier klassischen Elemente: »Feuer« mit einer Flammenschale, »Wasser« mit einem Krug, aus dem Wasser läuft, »Erde« mit einem Gesteinsbrocken und »Luft« mit einem Blasebalg. Im Zusammenspiel mit der Vision des Johannes bedeuten diese Bilder, daß Gott ewig über das gesamte Universum herrscht.

# Bistum und Hochstift Meißen
# im 14. Jahrhundert

Das Bistum Meißen erlebte in der ersten Hälfte des 14. Jahrhunderts einen langen Zeitraum friedlicher Entwicklung. Umsichtig förderten die Bischöfe Albert III. von Leisnig (1296–1312) und Withego II. von Colditz (1312–1342) das geistliche Leben. Gegenüber dem Domkapitel, das im 13. Jahrhundert weitgehende Rechte in der Verwaltung des Bistums erlangt hatte, konnten die Bischöfe ihre Position wieder stärken. Der Einfluß der Archidiakone, der geistlichen und juristischen Vertreter des Bischofs in den kirchlichen Amtsbezirken, wurde beschnitten. Es entstanden zentrale bischöfliche Ämter. Die geistliche Gerichtsbarkeit im Bistum übertrug der Bischof einem Offizial. Ein solcher juristischer Vertreter wird erstmals 1316 genannt. Bis zur Reformation hatte der Offizial eine bedeutsame Stellung in der Verwaltung der Diözese.

Bischof und Domkapitel, die noch im 13. Jahrhundert ihre Eigenständigkeit auch als weltliche Grund- und Landesherren behaupten konnten, gerieten immer mehr unter den Einfluß der Meißner Markgrafen aus dem Haus Wettin. Bereits 1240 wurde ein Wettiner zum Dompropst gewählt, Heinrich, der Halbbruder Markgraf Heinrichs des Erlauchten. Im Jahr 1329 stiftete Markgraf Friedrich II. von Meißen eine fünfzehnte Domherrenstelle, die er und seine Nachfolger selbst besetzen konnten. Auf Empfehlung der Wettiner nahm das Domkapitel enge Vertraute und Hofbeamte auf. Einige von ihnen stiegen in höhere Ämter auf. Die Bischöfe Withego I. (1266–1293) wie auch Johannes I. von Eisenberg (1242–1370) und Konrad II. von Kirchberg (1371–1375) arbeiteten vor ihrem Amtsantritt in der markgräflichen Kanzlei. Dies hinderte die Bischöfe jedoch nicht, im Interesse des Bistums auch gegen die Wettiner zu agieren.

Als der böhmische König Karl IV. aus der Dynastie der Luxemburger 1349 zum deutschen König und später zum Kaiser aufstieg, blieb das für das Meißner Bistum nicht ohne Folgen. Zwar waren die böhmischen Könige als Herrscher in der Lausitz schon seit langer Zeit mit der Meißner Diözese verbunden. Auf das Bistum hatten sie im Unterschied zu den Wettinern bisher kaum Einfluß genommen. Mit Karl IV. sollte sich dies ändern. Energisch verfolgte der König den Ausbau seiner Hausmacht im Reich. Ausgehend von Böhmen mit der Metropole Prag konnte er weitere Gebiete im Reich erwerben. Auch das nördliche Nachbarland, die Markgrafschaft Meißen, sollte in den luxemburgischen Herrschaftsbereich eingegliedert werden. Ohne Rücksicht auf Bündnisverträge mit den Wettinern nahm er zahlreiche kleinere Gebiete im Meißner Land in Besitz. An der Elbe entstand eine Kette luxemburgischer Besitzungen, die in Hirschstein, wenige Kilometer nördlich vom Meißner Dom, ihren Anfang nahm. Die Kontrolle über das Hochstift Meißen war ein Baustein der politischen Bestrebungen. Mit päpstlicher Bestätigung vergab Karl IV. mehrere Domherrenstellen an böhmische Adlige, an seine Vertrauten am Prager Hof. Auf das Bischofsamt konnte der König vorerst keinen Einfluß nehmen, da der 1342 gewählte Johannes I. von Eisenberg sehr lange am Leben blieb. Die Kirchenorganisation ließ sich aber in seinem Sinne verändern. Karl IV. erwirkte 1365 bei Papst Urban V. die Berufung des Prager Erzbischofs zum apostolischen Legaten für die Diözesen Meißen, Regensburg und Bamberg. Mit dem Titel des Legaten war das Recht verbunden, Provinzialkonzilien einzuberufen, die kirchlichen Gesetze zu überwachen und Visitationen abzuhalten. Der Bischof von Meißen sollte von der Gerichtsbarkeit, Hoheit und Gewalt des Magdeburger Erzbischofs befreit sein. Diese Entscheidung hatte aber nur geringe Auswirkungen. Die alten Bindungen zu Magdeburg erwiesen sich als stärker.

Nach dem Tod Johannes I. von Eisenberg 1370 konnten die Wettiner die Bischofswahl in ihrem Sinne beeinflussen. Die Domherren wählten den markgräflichen Protonotar, Konrad II. von Kirchberg, zum Bischof. Bereits 1376 verstarb er. Kaiser Karl IV. setzte nun einen eigenen Kandidaten gegen das Meißner Domkapitel durch. Der Papst ernannte den böhmischen Adligen Johannes von Jenzenstein zum neuen Bischof. Johannes II. von Jenzenstein war sicher der bedeutendste Theologe und Politiker auf dem Meißner Bischofsstuhl. Als Neffe des Prager Erzbischofs hatte er enge Beziehungen zum kaiserlichen Hof. Jenzenstein hatte die Universitäten zu Prag, Padua, Bologna, Paris und Montpellier besucht. Von 1375 bis zu seiner Berufung nach Meißen weilte er in Paris. Die Amtszeit des Bischofs dauerte nur vier Jahre, sie war von ständigen Spannungen mit dem Domkapitel geprägt. Die einheimischen Domherren betrachteten Johannes II. von Jenzenstein mit unverhohlener Mißgunst. Ein Brief aus dem umfangreichen Schriftwechsel zeigt, wie der Bischof gegen den verschwenderischen Lebensstil einzelner Domherren ankämpfte. 1379 wurde Johannes II. von Jenzenstein auf Wunsch des Kaisers zum Erzbischof von Prag ernannt. In seiner Meißner und Prager Zeit verfaßte Johannes zahlreiche theologische Schriften. Der tiefe Glaube, die innige Verehrung der Gottesmutter Maria hat viele Zeitgenossen beeindruckt. Weniger ruhmvoll ist freilich, daß der Erzbischof von Prag den Märtyrertod seines Generalvikars Johann Nepomuk nicht verhindern konnte. Nach der Erhebung zum Kardinal ging Johannes von Jenzenstein nach Rom an die päpstliche Kurie, dort verstarb er im Jahr 1400.

In Meißen folgten keine weiteren böhmischen Bischöfe, dennoch blieb der Einfluß des Prager Hofs erdrückend. Das Wahlrecht war dem Kapitel entzogen. 1379 bestimmte der Papst einen Dominikaner aus dem Meißner Land, Nikolaus I., zum Meißner Bi-

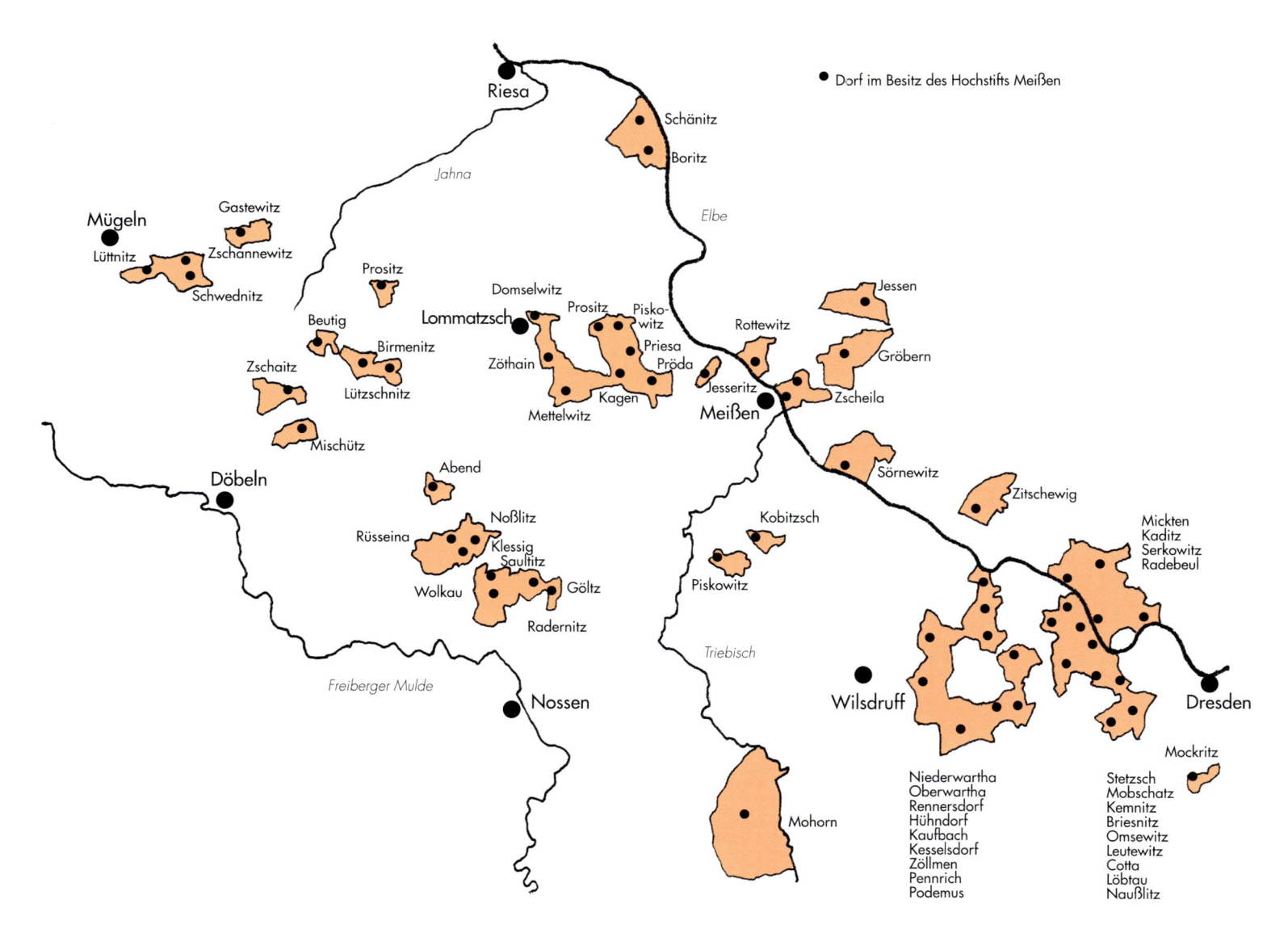

Grundbesitz des Hochstifts Meißen zwischen Elbe und Mulde, um 1500

schof. Nikolaus war zuvor Weihbischof in der Diözese Naumburg und Bischof von Lübeck gewesen. Der luxemburgischen Partei stand er fern. Nach dessen Tod setzte die römische Kurie den bisherigen Bischof von Lebus in das Meißner Bischofsamt ein. Johannes III. von Kittlitz (1393–1399) gehörte zu den Vertrauten des Königs Wenzel von Böhmen. 1399 gab er das Bischofsamt zugunsten seines Vetters Thimo von Colditz (1399–1410) auf. Auch die Herren von Colditz waren mit dem Prager Hof verbunden. Bereits 1368 hatten sie das Colditzer Land unter die Oberhoheit des Königs von Böhmen gestellt und damit die luxemburgische Erwerbungspolitik gefördert.

Mit dem Tod Karls IV. veränderte sich die politische Landschaft. Der neue böhmische König Wenzel unternahm wenig, um die Eingliederung des Bistums Meißen in den Machtbereich der Luxemburger zu verstärken. Diese Gelegenheit nutzte der Meißner Markgraf Wilhelm I. Der Wettiner hatte von der Politik Karls IV. viel gelernt. In nur wenigen Jahren gelang es ihm, das Bistum Meißen seiner eigenen Landesherrschaft unterzuordnen. Die Bischöfe von Meißen – als Reichsfürsten eigentlich dem Markgrafen gleichgestellt – erkannten den Wettiner als Schutzherrn der Meißner Kirche an. Wilhelm I. ging sehr geschickt vor. In einem bisher unbekannten Ausmaß förderte der Markgraf den Dom zu Meißen. Die Bauarbeiten wurden massiv vorangetrieben, bis das

Urkunde vom 12. Dezember 1399
Papst Bonifaz IX. erneuert auf Bitten des Meißner Markgrafen Wilhelm die Exemtion des Bistums Meißen. Die Diözese wird unmittelbar dem päpstlichen Stuhl unterstellt. Die Urkunde wurde in Rom ausgefertigt. An einem Faden aus roter und gelber Seide ist das Bleisiegel des Papstes befestigt.

## Weihbischöfe im Bistum Meißen

Franko
Titularbischof von Lero
Weihbischof in Meißen 1352–1379

Johannes
Titularbischof von Maieria
Weihbischof in Meißen 1380–1381

Nikolaus Platow
Titularbischof von Constantia
Weihbischof in Magdeburg 1375–1380
Weihbischof in Meißen 1381–1391

Nikolaus
Titularbischof von Cathosia
Weihbischof in Meißen 1392–1422

Heinrich Holleyben
Titularbischof von Cathosia
Weihbischof in Meißen 1422

Nikolaus
Titularbischof von Gardina
Weihbischof in Meißen 1424

Augustinus
Titularbischof von Thalona
Weihbischof in Meißen nach 1427–1445

Heinrich Ribegerste
Titularbischof von Verna (Dionysiopolis)
Weihbischof in Meißen 1447

Andreas
Titularbischof von Cythera
Weihbischof in Meißen 1485–1487

Peter Heller
Titularbischof von Cythera
Weihbischof in Meißen 1488–1498

Johannes Fischer
Titularbischof von Milo
Weihbischof in Merseburg und Naumburg 1492–1510
Weihbischof in Meißen 1498–1510

Bartholomäus Höne
Titularbischof von Callipolis
Weihbischof in Naumburg und Meißen 1510–1518

gotische Langhaus vollendet war. 1401 konnte die Schlußweihe des Doms vollzogen werden. Wilhelm I. gründete selbst fünf neue Altäre in der Domkirche, er erwirkte bedeutende Ablässe. Von all diesen Stiftungen leitete der Landesherr das Recht ab, in die Politik des Hochstifts Meißen einzugreifen. Seit 1384 mußten die neugewählten Bischöfe einen Schutzvertrag mit Markgraf Wilhelm I. abschließen und geloben, dem Schutzherrn jederzeit beizustehen. Eine Veränderung von Eigentum und Rechten des Hochstifts war nur noch unter Zustimmung des Markgrafen möglich. Wilhelm I. verstärkte zugleich seinen Einfluß auf das Domkapitel. Dabei nutzte er seine engen Beziehungen zu Papst Bonifaz IX. in Rom. Dieser sprach 1399 dem Wettiner und seinen Nachfolgern das Recht zu, vier Domherrenstellen und Pfründen zu besetzen. Die überwiegende Zahl der Meißner Domherren gehörte in dieser Zeit dem wettinischen Hof an. Die Pfründen wurden vor allem an Notare und Beamte in der Kanzlei übertragen.

Die vorausschauende Kirchenpolitik Wilhelms I. brachte die geistliche Gewalt in Abhängigkeit von der weltlichen Herrschaft. Der Landesherr förderte die Meißner Kirche, beanspruchte zugleich aber die Schutzherrschaft über die Diözese. Auf diese Weise entstand schon im 14. Jahrhundert ein landeskirchliches System. Die Meißner Diözese wurde zum Landesbistum der Wettiner. Im Jahr 1399 konnte Markgraf Wilhelm I. eine richtungsweisende Entscheidung erwirken. Papst Bonifaz IX. erneuerte die Exemtion des Bistums Meißen, er gliederte die Diözese aus dem Magdeburger Metropolitanverband aus und unterstellte sie unmittelbar der römischen Kurie. Die Exemtion richtete sich vor allem gegen den Erzbischof von Magdeburg, aber auch gegen den Erzbischof von Prag, der als apostolischer Legat Rechte in Meißen beansprucht hatte. Die Meißner Kirche erlangte auf diese Weise eine Sonderstellung. Man verstand die Exemtion gleichsam als Neugründung des Bistums.

Die Bischöfe sahen nur eine Möglichkeit, dem immer stärker werdenden Druck des Landesherrn auszuweichen. Sie verließen den Meißner Burgberg und zogen sich seit dem späten 14. Jahrhundert auf die Burg Stolpen zurück, die inmitten der eigenen Stiftsgebiete lag. Damit war die räumliche Nähe zwischen weltlicher und geistlicher Macht aufgehoben, die den Meißner Burgberg geprägt hatte. Johannes III. von Kittlitz und Thimo von Colditz residierten als erste Bischöfe ausschließlich in Stolpen. Bischof Thimo unternahm den Versuch, auch das geistliche Zentrum nach Stolpen zu verlagern. Er stiftete auf der Burg das Kollegiatstift St. Barbara und St. Erasmus mit sieben Stiftsherren und der Burgkapelle als »Ersatzkathedrale«. Die Verlegung des geistlichen Gerichtshofs nach Stolpen sollte die bischöfliche Residenz aufwerten. Nun aber griff Markgraf Wilhelm I. ein. Beim Papst erwirkte er die Rücknahme der Entscheidung. Das Kollegiatstift in Stolpen wurde unmittelbar nach dem Tod des Bischofs 1410 aufgelöst.

Die Verlegung der bischöflichen Residenz nach Stolpen führte dazu, daß die Bischöfe nicht mehr persönlich den geistlichen Pflichten im Dom und in Bistum nachkommen konnten. Weihbischöfe übernahmen diese geistlichen Aufgaben. Die Weihbischöfe waren kirchenrechtlich den Diözesanbischöfen gleichgestellt, sie leiteten aber kein eigenes Bistum. Nur dem Namen nach war ihnen ein unbesetztes Bistum übertragen, das sogenannte Titularbistum, das meist in den Ländern um das Mittelmeer lag, in Gebieten, wo sich der islamische Glaube oder die griechisch-orthodoxe Kirche durchgesetzt hatte. Ein Weihbischof spendete Sakramentalien, weihte Kirchen und Altäre, predigte und visitierte die Gemeinden. Auf die Leitung der Diözese hatte er dagegen keinen Einfluß. Dem Bistum Meißen wurde erstmals 1352 ein Weihbischof zugeordnet.

# Markgraf Wilhelm I. von Meißen

Mitten im Hohen Chor liegen zwei Grabplatten. Das überrascht, denn vor dem Hochaltar einer Kirche durften nur ausnahmsweise Bestattungen vorgenommen werden. Markgraf Wilhelm I. und seine Gemahlin Elisabeth ruhen hier, umgeben von den Bildwerken der Stifter und Bistumsheiligen. In der sächsischen Geschichte sind sie fast vergessen. Dabei war Wilhelm I. sicher einer der mächtigsten Herrscher aus dem Haus Wettin. 1401 erreichte er die Vollendung des gotischen Doms. Bistum und Hochstift Meißen hat er entscheidend geprägt. Mit Recht wurde Wilhelm I. als zweiter Stifter der Meißner Kirche verehrt.

Nach dem Tod Markgraf Friedrichs II. im Jahr 1349 einigten sich seine drei Söhne auf eine gemeinsame Herrschaft in Meißen und Thüringen. Wilhelm, der jüngste der drei Brüder, war damals erst sechs Jahre alt. Seine Jugend verbrachte er am Hof Karls IV. in Prag. Der deutsche und böhmische König wurde zu einem väterlichen Freund. Wilhelm verlobte sich in Prag 1358 mit Elisabeth, der Tochter des Markgrafen Johann von Mähren, einer Nichte des Königs. Auf Kriegszügen und diplomatischen Missionen begleitete er Karl IV., so daß er aus nächster Nähe die Politik des Herrschers studieren konnte. Diese Lehren prägten sein Leben. Die Wettiner bewahrten ihre freundschaftlichen Beziehungen zum böhmischen König, auch wenn dieser im Meißner Land immer mehr Gebiete erwarb und die Machtstellung der Markgrafen aushöhlte. Die Gefahr war jedoch gebannt, als Karl IV. 1378 starb und sein Sohn Wenzel IV. den böhmischen und deutschen Thron bestieg. Wenzel erwies sich als ein unfähiger Herrscher, der sein Erbe verspielte. Die wettinischen Brüder entschlossen sich nun zu einer Teilung ihrer Länder. Wilhelm, der jüngste, bekam das Meißner Gebiet, das Kernland der Markgrafschaft Meißen. Die kluge Politik Wilhelms I. war darauf ausgerichtet, die an Böhmen verlorengegangenen Territorien zurückzugewinnen. Er nutzte die internen Streitigkeiten im Nachbarland aus, um wichtige Orte an Elbe und Mulde wieder in Besitz zu nehmen.

Markgraf Wilhelm I. war eng mit dem Meißner Dom verbunden. Mit ungewöhnlich reichen Stiftungen förderte er die Hauptkirche seines Landes. Im ausgehenden 14. Jahrhundert setzte er sich für den Dombau ein. Mit Unterstützung des Landesherren konnten 1401 die Bauarbeiten am Langhaus und am Südostturm abgeschlossen werden. Das von Kaiser Otto dem Großen begonnene Werk wurde durch Wilhelm I., den zweiten Stifter der Kathedrale, vollendet. Die Förderung des Doms war dabei keine selbstlose Leistung, sondern eine politische Handlung. Wilhelm erweiterte auf diese Weise seinen Einfluß auf die Kirche. Die Schlußweihe des Meißner Doms im Jahr 1401 gab den Bestrebungen des Wettiners einen sakralen Rahmen, sie war das sichtbare Zeichen für die Einheit von Land und Landesbistum.

Selbstbewußt richtete der Markgraf seine Grablege im Hohen Chor der Meißner Kirche ein. Ein Vorbild war offenbar das Hochgrab Kaiser Ottos des Großen im Magdeburger Dom. Der Begräbnisort verweist auf mehrere Bedeutungen. Einerseits sind die Grabplatten vom Chorgestühl der Domherren umgeben. Die Gegenwart des Grabmonuments erinnerte die Geistlichen, für das Seelenheil des Stifters zu beten. Mit Absicht liegt das Grab im Stifterjoch des Hohen Chors. Die Stifter des 10. und des 15. Jahrhunderts sind damit an einem Ort vereint. In der Nähe der Bildwerke von Otto und Adelheid erhält das Grabmonument eine kaiserliche Aura.

Elisabeth von Mähren starb 1401, Wilhelm I. ruht seit 1407 neben seiner Frau. Die Ehe war kinderlos, daher starb die wettinische Nebenlinie aus. Die nachfolgenden Landesherren ließen die Fürstenkapelle als Grablege errichten. Die Erinnerung an Wilhelm I. verblaßte in nachmittelalterlicher Zeit. Im Dreißigjährigen Krieg gingen die kostbaren Metallreliefs verloren, die in die Grabplatten eingelegt waren. Nur ein braunroter Stein blieb erhalten, der bis heute auf den machtbewußten Herrscher und Stifter verweist.

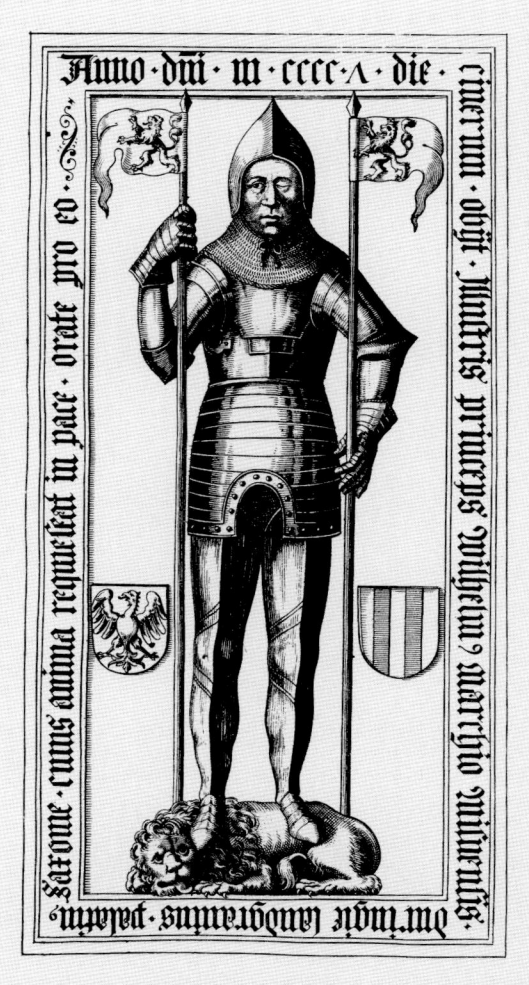

Grabplatte von Markgraf Wilhelm I., Kupferstich des 17. Jahrhunderts

# Das Langhaus und die unteren Geschosse der Westturmanlage

Im 14. Jahrhundert wurde am Meißner Dom schrittweise weitergebaut. Mehr als einhundert Jahre vergingen, bis der Kirchenraum fertiggestellt war. Das Hallenkonzept aus der zweiten Hälfte des 13. Jahrhunderts wurde dabei unverändert fortgeführt. Nur an den Baudetails, an Sockeln und Kapitellen, an Maßwerkfenstern und Schlußsteinen, lassen sich die Wandlungen der Stilformen verfolgen. In unserer schnellebigen Zeit kann man nur die Konsequenz bewundern, mit der man unbeirrt am Ziel festhielt. Heute ist es unvorstellbar, daß mehrere Generationen an einem Bauwerk arbeiten, ohne die Vollendung zu erleben.

In den Jahren zwischen 1310 und 1320 errichtete man die Joche 2 bis 4 im Südseitenschiff mit dem Südportal. Das »basilikale Joch« wurde nicht abgerissen, sondern in die Hallenkirche integriert, indem man auf das niedrige Gewölbe noch ein Oberge-

Der Dom zu Meißen um 1310

schoß aufsetzte. Der so entstandene Raum wirkt wie eine Empore. Die grundlegenden Strukturen des Hallenplans wurden beibehalten, aber einige Details an das veränderte Stilempfinden angepaßt, beispielsweise die Profile der Pfeiler oder auch die Blätter der Kapitelle. Für die Zeit nach 1320 läßt sich folgendes Bild des Langhauses rekonstruieren: Bis hinter das vierte Joch von Osten waren die Außenwände bereits errichtet. Im Mittelschiff standen die ersten vier Pfeilerpaare, während die Pfeiler der fünften Achse noch fehlten. Dementsprechend besaßen nur die ersten drei Langhausjoche ein Gewölbe. Das Areal des vierten Joches konnte nicht überbaut werden. An jener Stelle erhob sich der Westbau des romanischen Domes, der vorerst noch erhalten blieb. Seit 1270 befand sich in diesem Westbau das Hochgrab des Bischofs Benno. Die Gläubigen der Meißner Diözese pilgerten zu dieser Grabanlage.

Die historischen Quellen weisen darauf hin, daß in der Zeit um 1320 mit dem Bau der Westturmanlage westlich der alten romanischen Kirche begonnen wurde. Vorerst errichtete man nur das erste Geschoß des Nordwestturms. Die Grundform der Meißner Westturmfront orientiert sich am Turmmassiv des Magdeburger Doms aus dem 13. Jahrhundert. Zwei geschlossene Turmblöcke, der Nord- und der Südwestturm, umschließen eine mittlere Turmhalle, die das Mittelschiff des Langhauses nach Westen verlängert. Prägend für die Meißner Westturmanlage sind die Lisenen, mit denen die

Der Dom zu Meißen um 1370

geschlossene Turmwand untergliedert wird. Angesichts der modernen Bauformen des Hohen Chors und der Hallenkirche überrascht die konservative Turmgestaltung, denn man hätte durchaus eine aufgelöste, filigrane Turmfassade wie am Straßburger Münster errichten können. Wahrscheinlich wurde bewußt auf die veraltete blockhafte Turmgestaltung zurückgegriffen. Vielleicht sollte die neue Westturmfront an die romanische Kathedrale anknüpfen. Das Phänomen begegnet im 14. Jahrhundert jedenfalls nicht nur in Meißen, sondern auch in anderen Orten der Region. An der Marienkirche in Wittenberg und an der Nikolaikirche in Dresden entstanden nach 1300 mächtige Zweiturmfronten, die gleichfalls auf ältere Gestaltungen verweisen. An der Meißner Turmanlage ist die Ausbildung der Lisenen durchaus modern und im Sinne der Zeit: Die profilierten Lisenen umrahmen zusammen mit den Gesimsen große, wohlproportionierte Rechteckfelder. Diese ausgewogene Gliederung schwächt die blockhafte Ausstrahlung des Turmmassiv und bildet zugleich mit dem Mauerwerk eine aufeinander abgestimmte Einheit.

Nachdem ein Teil des Nordwestturmes aufgeführt worden war, wandte man sich wieder dem Langhaus zu. Ein Weiterbau war aber erst nach dem Abbruch der letzten Teile des romanischen Doms möglich. Die alten Westtürme des 12. Jahrhunderts wurden

Der Dom zu Meißen um 1380

abgetragen. In schneller Folge führte man nun die Joche 5 und 6 an beiden Langhausseiten zusammen mit den zugehörigen Pfeilern auf. Bereits in den Jahren nach 1340 konnte man die Langhausjoche liturgisch nutzen, wie Altarweihen und Bestattungen belegen. Zur Vollendung des Hallenbaus fehlten nun nur noch die oberen Wandzonen des 7. Jochs und die Gewölbe im gesamten westlichen Langhaus.

Im Bauabschnitt nach 1360 wurden die Arbeiten an der Westturmanlage weitergeführt. Bisher war nur das Erdgeschoß des nördlichen Turmes emporgewachsen. Nun errichtete man den gegenüberliegenden Südwestturm. Die beiden Kapellen im Inneren der Türme erhielten um 1370 ihre Gewölbe. Mit der Überschneidung der Profile von Schildbögen und Rippen werden bereits spätgotische Bauformen sichtbar. Diese Motive gehen vielleicht auf Einflüsse aus Prag und damit auf das Umfeld des Prager Dombau-

Der Dom zu Meißen zur Schlußweihe 1401

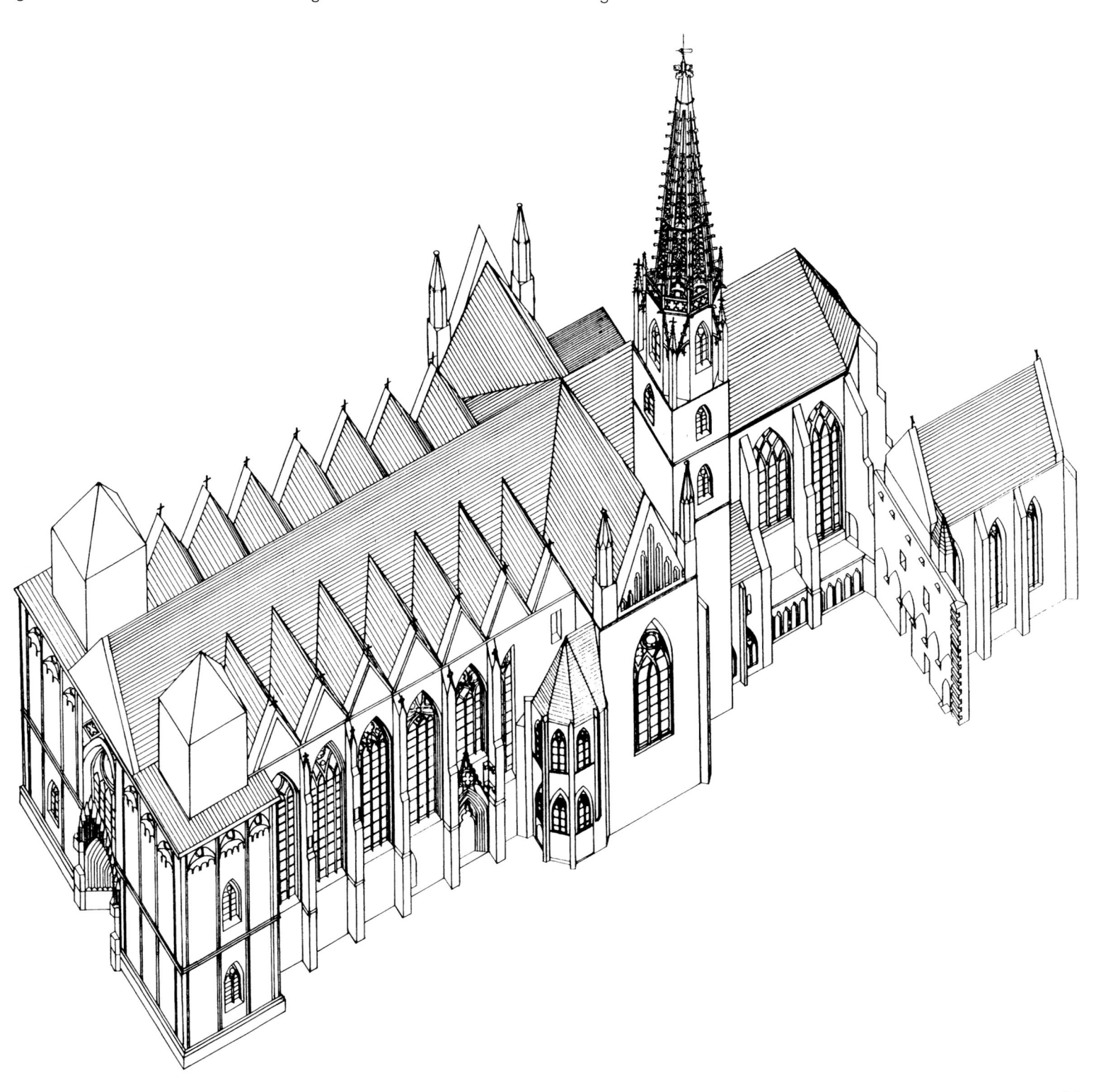

meisters Peter Parler zurück. An mehreren Bereichen des Meißner Domes, die dem ausgehenden 14. Jahrhundert entstammen, lassen sich Bauformen der Bauhütte Peter Parlers erkennen, so am Lettner und im Achteckgeschoß des Höckrigen Turms. Auch die Gewölbekonsolen in der Südwestturm-Kapelle deuten auf einen Prager Einfluß. Kleine Figuren stützen mit aller Kraft den Konsolkörper in der Raumecke. Am Konsolstein im Südwesten sieht man zwei Engel, die auf einer Teufelsfratze knien, in der gegenüberliegenden Ecke einen Kopf mit mürrischen Gesichtszügen, aus dem Blattformen herauswachsen.

Die Kapelle im Südwestturm erlebte mehrere Veränderungen. Ursprünglich war der Raum mit einer hohen Bogenöffnung an das Südseitenschiff angeschlossen. Um 1400 hat man jedoch einen unteren Raum abgeteilt und damit eine Zwischendecke eingezogen. Eine spätgotische Treppenanlage, verziert mit einem filigranen Torbogen und einer Maßwerkbrüstung, führt in den oberen Kapellenraum. Die räumliche Beziehung zum Südseitenschiff ist heute nicht mehr zu erkennen. Die Bogenöffnung wurde – wohl aus statischen Gründen – in nachmittelalterlicher Zeit vermauert.

Nach der Fertigstellung der beiden Turmkapellen konnten sich die Bauleute um 1370 dem zweiten Geschoß der Westturmanlage zuwenden. Die Lisenengliederung des unteren Turmblocks wurde weitergeführt. Die rechteckigen Rahmen erhielten jedoch ein kleinteiliges Blendmaßwerk als oberen Abschluß. Eindrucksvolle Maßwerkmuster beleben die Turmfassaden. In einen Spitzbogen wurden Kreissegmente eingeschrieben, die dazwischenliegenden Flächen sind mit Fischblasen und Paßformen gefüllt. Diese Maßwerkmuster gehen auf die Prager Dombauhütte zurück. An den Strebepfeilern des Prager Veitsdoms findet man ähnliche Blendmaßwerke. Verwandt sind auch die Maßwerkfenster am Chor des Aachener Münsters, errichtet nach 1355 im Auftrag Kaiser Karls IV. Wahrscheinlich kam um 1370 eine ganze Gruppe von Steinmet-

Südseitenschiff, Außenansicht, Maßwerkfenster

Westlicher Teil des Langhauses mit Empore im Nordseitenschiff

Schlußstein im 3. Joch des Mittelschiffs

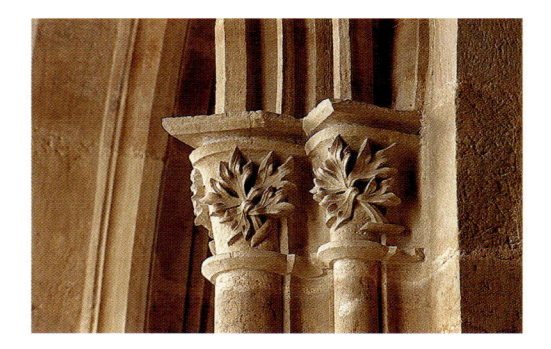

Kapitelle am 3. Pfeiler der Südseite

Kapitelle am 6. Pfeiler der Nordseite

zen und Bildhauern von Prag nach Meißen. In diesen Jahren versuchte Kaiser Karl IV. mit allen Mitteln, das Meißner Land in seinen Machtbereich einzugliedern. Der Meißner Bischof Johannes II. von Jenzenstein, der Neffe des Prager Erzbischofs, hat den künstlerischen Austausch mit Prag gefördert. Bis in das späte 14. Jahrhundert waren die Prager Stilformen am Meißner Dom bestimmend.

Mit dem zweiten Geschoß der Westturmanlage wurden Flügelmauern errichtet, die eine Verbindung des Langhauses mit der Westturmanlage vorbereiteten. Zwischen diesen Mauern und den fertiggestellten Bereichen des Langhauses verblieb nur eine kleine Lücke, die nun geschlossen werden konnte. Im 7. Joch des Nordseitenschiffs baute man eine kleine Empore ein. Wahrscheinlich sollte sie als Orgelempore genutzt werden. Eine durchbrochene Maßwerkbrüstung in phantasievollen Formen begrenzt den Emporenraum. Das Bogenfeld unter der Brüstung ist reich verziert. Auf Konsolen ruht ein profilierter Bogen, aus dem dann eine schlanke Kreuzblume emporwächst. Auch diese Formen des späten 14. Jahrhunderts lassen sich von Prager Vorbildern ableiten.

Um 1380/90 erhielt das westliche Langhaus in einem Zuge seine Gewölbe. Mit den einfachen Kreuzrippengewölben wurde das im 13. Jahrhundert eingeführte System fortgesetzt. Die Farbgestaltung ist freilich verändert: Während die Rippen in den östlichen Jochen des Nordseitenschiffs in einem roten Farbton gefaßt wurden, beließ man hier alle Gewölbebögen in der natürlichen Farbe des Sandsteins. Die Schlußsteine waren nicht mit den Rippen verbunden, sondern an eisernen Ankern abgehängt. Leider wurden diese Schlußsteine, die wahrscheinlich Wappendarstellungen trugen, später zerstört. Fein ausgearbeitete Wappenreliefs sind an den Strebepfeilern des Südseitenschiffs zu sehen. Die Wappen der wettinischen Länder, der Markgrafschaften Meißen und Landsberg und der Landgrafschaft Thüringen, erinnern an den Förderer des Dombaus, Markgraf Wilhelm I.

Mit den einzelnen Bauabschnitten wurde das gotische Langhausdach schrittweise fertiggestellt. Es sah im 14. Jahrhundert allerdings anders aus als heute. Die alte Gestaltung läßt sich noch im Dachraum ablesen: Nur das Mittelschiff besaß ein längsgerichtetes Satteldach. Über den einzelnen Seitenschiffjochen ragten Querdächer mit Giebeln auf. Die belebte Dachlandschaft setzte die vertikale Struktur des gotischen Bauwerks fort. Die Giebel betonten die jochweise Gliederung der Langhausfassaden, zugleich vereinten sie sich zu einer eindrucksvollen Giebelreihe.

Die Formenvielfalt der mittelalterlichen Kunst ist an der Bauornamentik des Meißner Langhauses erkennbar. Auch wenn man am einheitlichen Plan unbeirrt festhält, lassen sich doch an Sockeln und Kapitellen, Schlußsteinen und Fenstermaßwerken die stilistischen Wandlungen eines Jahrhunderts nachvollziehen. Die Kapitelle in den östlichen Jochen von Mittelschiff und Seitenschiff zeigen abstrahierte Blätter, die aus kleinen Aststücken hervorwachsen. Mit ihren groben Blattformen sind diese Kapitelle weit von den naturgetreuen Gestaltungen des 13. Jahrhunderts entfernt. Von hoher Qualität sind allerdings die Schlußsteine im Mittelschiffs, die um 1320 ausgearbeitet wurden. Aus einem gebogenen Ast, gefaßt in einem dunkelbraunen Farbton, wachsen feine Wein- oder Ahornblätter hervor, die golden vor dem hellblauen Hintergrund aufscheinen. Auch die Kapitelle im westlichen Langhaus sind mit Blattwerk verziert. Nach der Mitte des 14. Jahrhunderts setzten sich plastische, schwellende Formen durch. Mit wulstartigen Wölbungen drehen sich die Blätter aus dem Kapitellkörper heraus. Bei einzelnen Kapitellen wurde auf Blätter verzichtet. Dort sind es übereinandergesetzte profilierte Platten, die zwischen Dienst und Gewölbebogen vermitteln.

Im ausgehenden 14. Jahrhundert konnten die Bauarbeiten am Langhaus abgeschlossen werden. Der gesamte Kirchenraum stand nun dem Gottesdienst zur Verfügung. 1401 vollzog der Meißner Bischof die Schlußweihe. In 150 Jahren war ein gewaltiges Bauwerk entstanden. Über dem lichterfüllten Chor, über der weiten Halle ragte der Südostturm in das umgebende Land. Die Westturmanlage erhielt provisorische Turmhelme aus Holz, die aber schon 1413 von einem Sturm zerstört wurden. Die Vollendung der Westturmfront sollte späteren Generationen vorbehalten bleiben.

# Das Südportal

Nur wenige Meter neben dem Achteckbau führt das wimperggeschmückte Südportal in den Meißner Dom. Über Jahrhunderte befand sich hier der festliche Haupteingang für Bischof und Domkapitel. Das Südportal, erbaut um 1310/1320, zeigt sehr feine, lebendige Architekturformen. Auf einem zweistufigen Unterbau ruht das reich profilierte Gewände, das schwungvoll – ohne Unterbrechung durch Kapitelle – in den spitzen Bogen übergeht. An Stelle eines Bogenfelds ist ein feingliedriges Hängemaßwerk ausgebildet. Die herabhängenden Maßwerkglieder verweisen auf die großartige gotische Steinmetzkunst. Über dem Portal erhebt sich ein steiler Wimperg, dessen Fläche ursprünglich mit einem Blendmaßwerk verziert war. Ausgehend von den Ecken des Wimpergs strebten drei Maßwerk-Blasen auf einen mittleren Vierpaß zu. Das Meißner Wimpergportal läßt sich mit dem um 1310 geschaffenen Westportal des Magdeburger Doms vergleichen.

Südportal

Obwohl das Portal von den Strebepfeilern bedrängt wird und kaum Platz zur Entfaltung besitzt, hatte man schon im frühen 14. Jahrhundert ein Skulpturenprogramm vorgesehen. Die Portalfiguren sollten auf der Ebene des Wimpergs die Eingangszone umrahmen. Für insgesamt sechs Skulpturen wurden links und rechts vom Wimperg sowie an den Seitenfronten der Strebepfeiler Konsolen und Baldachine angebracht. Aber erst um 1390 hat man die Bildwerke ausgeführt. Seitdem wacht eine Heiligenschar über den Domeingang. Ganz außen stehen die beiden Bistumsheiligen und Patrone des Meißner Doms, Johannes und Donatus. Sie werden von den vier heiligen Jungfrauen Barbara und Dorothea, Agnes und Katharina begleitet. Eine siebente Skulptur, die Muttergottes mit dem Christuskind, verziert das Giebelfeld des Wimpergs. Dazu mußten Konsolen und Baldachin in das ältere Blendmaßwerk eingebrochen werden. Die zarten, schlanken Figuren am Südportal strahlen eine lyrische Stimmung aus. Beeindruckend ist der gefühlvolle, verträumte Kopf des Johannes. Die Gewandfalten und die geschwungenen Körper lassen den »Schönen Stil« der Zeit um 1400 anklingen. Der Meister, der die Skulpturen um 1390 schuf, kam wohl aus Südböhmen, er wurde von der Formenwelt der nachparlerischen Kunst in Böhmen, aber auch vom westlich-französischen Skulpturenstil beeinflußt. Die Figur des Donatus hat man im 18. Jahrhundert barock überarbeitet.

Bei der Restaurierung des Meißner Doms 1910 hat man die alten Skulpturen des Südportals durch etwas grobe und deutlich vergrößerte Kopien ersetzt. Die originalen Figuren wurden ausgelagert und gerieten in Vergessenheit, einige Köpfe wurden sogar gestohlen und auf dem Kunstmarkt verkauft! Die Wiederentdeckung des entwendeten Johanneskopfs lenkte die Aufmerksamkeit wieder auf die Bildwerke. Die Skulpturen wurden restauriert, sie stehen heute auf der Lettnerbühne im südlichen Querhausarm.

Südportal. Skulpturen

# Das Westportal

Das Westportal war nur für wenige Jahre der Haupteingang des Meißner Doms. Dem Portal, das ursprünglich unmittelbar zum Domplatz wies, wurde im 15. Jahrhundert die Fürstenkapelle vorgesetzt. Das hatte einige Veränderungen zur Folge. Mit dem Absenken des Fußbodens und dem Abbruch der alten Türschwelle mußten die Unterbauten links und rechts vom Durchgang nach unten verlängert werden. Dadurch verschoben sich die Proportionen des Westportals. Auch der Mittelpfosten, der die Portalöffnung in zwei getrennte Durchgänge teilte, wurde beseitigt.

Die Baugeschichte des Westportals ist kompliziert. Die Anlage vereint Bauglieder unterschiedlicher Zeiten. Um 1340 wurden die Figurensockel und Baldachine links und rechts vom Durchgang geschaffen. Eine erste Portallösung war vielleicht schon vollendet. Aber um 1370, nach einem Planwechsel, entstand ein neues Westportal. Der Baumeister fügte den älteren Unterbauten eine Bogenöffnung und ein Tympanon hinzu. Auch an der Bekrönung des Portals wurde gearbeitet. Ein treppenförmiger Aufbau mit Skulpturen und hohen Baldachinen sollte entstehen. Dabei hatte man vorgesehen, hinter dem gestaffelten Figurenschmuck eine geschlossene Turmwand – ohne Fenster – zu errichten. Doch als man die vorgefertigten Werksteine bald nach 1370 versetzte, hatte sich das Konzept abermals geändert: An Stelle der geschlossenen Wand bildete man eine Nische aus, überfing die Nische mit einem Spitzbogen und legte tief hinter dem treppenartigen Aufbau ein Westfenster an.

Westportal. Tympanon

Westportal

Das Westportal besitzt kein einheitliches Bildprogramm. Drei Themenkreise, die voneinander unabhängig erscheinen, wurden im Portal zusammengefaßt: In den Tabernakeln links und rechts des Durchgangs stehen die Bistumsheiligen Johannes und Donatus. Die Heiligen segnen und beschützen die eintretenden Gläubigen und die Meißner Kirche. Das Tympanon ist der Muttergottes gewidmet. Im unteren Register ist links die Geburt Christi dargestellt; rechts treten die Heiligen Drei Könige vor die thronende Muttergottes. Die Reliefs sind äußerst fein ausgearbeitet. Überall sieht man eine Fülle kleiner Details. Bei der Geburtsdarstellung ruht Maria mit einem faltenreichen Gewand auf einem Lager; ein Engel mit einem Spruchband naht von oben. Dahinter erscheinen die Köpfe von Ochs und Esel in einem liebevoll wiedergegebenem Stall. Selbst die Dachziegel sind genau zu erkennen. Ein zweiter Engel wendet sich an Joseph, der zustimmend seine rechte Hand erhebt. Ein eleganter Bart, dazu Hut und Stock, zeichnen ihn aus. Im oberen Register hat der Bildhauer die Marienkrönung dargestellt. Christus und Maria thronen nebeneinander, und ein Engel setzt der Muttergottes die Krone auf.

Bildthema der Portalbekrönung ist das Jüngste Gericht. Die Figuren staffeln sich treppenartig nach oben. Am höchsten Punkt sitzt der segnende und richtende Christus. Johannes der Täufer und Maria treten bittend an ihn heran. Dieses Bildthema nennt man Deesis. Als Beisitzer des Jüngsten Gerichts begleiten die zwölf Apostel die mittlere Skulpturengruppe. Die Apostelreihe wird von kleinen anbetenden Engeln getragen. Über den seitlichen Massiven kann man erkennen, wie Engel mit Trompeten das Jüngste Gericht ankündigen und die Toten auferstehen. Eine Baldachinreihe, bekrönt von betenden Engeln, bildet den oberen Abschluß des treppenartigen Aufbaus.

Die Bildwerke des Westportals lassen sich in den sogenannten Magdeburg- Halberstädter Kunstkreis der zweiten Hälfte des 14. Jahrhunderts einordnen. Manche Stilformen deuten auf einen Einfluß der Bildhauerschule Peter Parlers. Wahrscheinlich wurden die Bildwerke um 1370 geschaffen.

Im Innenraum der Fürstenkapelle war das Westportal vor der Witterung geschützt. Die kostbare mittelalterliche Farbigkeit blieb erhalten, allerdings unter dicken, immer wieder erneuerten Farbschichten. Die Farbfassungen hat man bei langjährigen Restaurierungsarbeiten untersucht und teilweise freigelegt. Die erste farbliche Gestaltung wurde um 1370 ausgeführt. Die Rücklagen waren mit einem roten Farbton vom hellen Sandstein der Architekturglieder abgesetzt. Heute ist die Farbfassung von 1420 erlebbar. Die Portalarchitektur ist hellrot abgefärbt. Vor dem blauen Fond der Bildfelder sieht man rot und blau leuchtende Gewänder. Einzelne Teile der Reliefs sind vergoldet, beispielsweise Stall und Krippe in der Geburtsszene.

# Der Lettner

Der Hohe Chor wird von einer steinernen Schranke, dem Lettner, verschlossen. Dieser Einbau trennt den Chor, den Raum der Priester, vom Bereich der Laiengemeinde. Lettner gab es einst in allen Kathedralen, Stifts- und Klosterkirchen, nur wenige sind aber erhalten geblieben. In den katholischen Kirchen wurden die Lettner in nachmittelalterlicher Zeit beseitigt, um der Gemeinde den Blick auf das heilige Sakrament am Hochaltar zu ermöglichen. Lettner leitet sich vom lateinischen Begriff »lectorium« ab, denn die Lettnerbühne wurde auch als Lesekanzel genutzt.

Der Lettner im Meißner Dom hat zahlreiche Umbauten und Erweiterungen erlebt. Die Spuren der komplizierten Baugeschichte lassen sich bis heute ablesen. Gewölbefelder, Wappen, Skulpturen und Farbfassungen erzählen von einer langen, wechselvollen Geschichte.

Aus der Zeit um 1270 stammt der mittlere Abschnitt. Die steinerne Lettnerwand ragt in das Querhaus hinein. Fünf Blendarkaden gliedern die westliche Front. Wandfelder mit Blendmaßwerk und Durchgänge in den Hohen Chor wechseln sich ab. An den beiden seitlichen Fronten sieht man doppelte Blendarkaden. Säulenbündel mit schönen Laubwerk-Kapitellen tragen die profilierten Bögen. Die Farbigkeit des 13. Jahrhunderts unterstreicht die Wirkung der Architektur. Die aufgelegten Gliederungen heben sich mit einer roten Fassung vom steinsichtigen Grund ab. Die Formenwelt der Blendarkaden leitet sich vom Westlettner des Naumburger Doms ab. Auch das belebte, naturgetreue Blattwerk einiger Kapitelle deutet auf die Naumburger Bildhauerwerkstatt, während andere Kapitellgruppen aus seltsam erstarrten, schematischen Blattformen bestehen. Die Blätter lassen sich botanisch genau bestimmen. Man sieht vor allem Weinlaub, daneben aber auch Efeu, Eichenlaub, Beifuß und Zaunrübe. Zum Lettner des 13. Jahrhunderts gehörte ein dreiseitiges Kanzelziborium, das den Kreuzaltar überspannte. Dieser

Lettner. Rekonstruktion mit dreiseitigem Kanzelziborium

Lettner

Vorbau wurde schon im 14. Jahrhundert zerstört. Unter dem Fußboden der Lettnerbühne wurden jedoch bedeutsame Fragmente des Ziboriums, teilweise mit der ursprünglichen Bemalung, entdeckt. Das Kanzelziborium geht auf die Grundform des Kanzellettners zurück, wie sie um 1235 in Freiberg und Wechselburg geschaffen wurden. Ein ähnlicher Lettner mit vorgelegtem Kanzelziborium ist in der Marienkirche in Gelnhausen (Hessen) zu sehen.

 Schon der erste Lettner besaß eine begehbare Lettnerbühne. Um mehr Platz für die Aufstellung von Altären zu gewinnen, hat man diesen erhöhten Raumbereich in mehreren Abschnitten erweitert. Bischof Johannes I. von Eisenberg, der 1357 zwei neue Altäre stiftete, ließ an die Seitenfronten des Lettners schmale Gewölbefelder anfügen. Diese Erweiterung reichte aus, um im Süden den Bartholomäus-Alexius-Altar und im Norden den Basilius-Barbara-Altar aufzustellen. Das Kanzelziborium wurde abgebrochen, und die Lettnerbühne erhielt eine umlaufende Maßwerkbrüstung. Interessant ist die Architektur der beiden seitlichen Gewölbefelder. Die Grundform des 13. Jahrhunderts wurde weitergeführt, aber durch neue Motive ergänzt, zum Beispiel durch die eleganten Fial-

Lettner, Details. Kapitellgruppe an der südwestlichen Seite (links) und Konsole der Lettnererweiterung (rechts)

türme, die vor den schlanken Pfeilern aufwachsen. Die 1357 neugeschaffene Brüstung ist in quadratische Felder mit Blendmaßwerk unterteilt. In der Mitte der vielgestaltigen Vierpaßformen sieht man Rosetten, Masken und – auf den Sandstein aufgemalt – das Wappen des Bischofs Johannes von Eisenberg. Zwei Bildwerke, getragen von Konsolen, sind in die Brüstung eingepaßt: Die hl. Barbara und der hl. Bartholomäus verweisen auf die Altäre der Lettnerbühne. Die heute wieder sichtbare Farbfassung des Lettners, freigelegt in den Jahren 2000–2002, geht auf die Umgestaltung des 14. Jahrhunderts zurück. Die Wandfelder über den Arkaden leuchten im kostbaren Azurit-Blau, in den Brüstungsfeldern sind farbige Wappenschilde aufgemalt.

Im späten 14. Jahrhundert vergrößerte man die Lettnerbühne bis in die Querhausarme. Anlaß waren die umfangreichen Altarstiftungen des Meißner Markgrafen Wilhelm I. Die nördliche Erweiterung, bestehend aus drei Gewölbejochen, wurde schon 1386 fertiggestellt. An der Ostwand des Querhausarms standen der Georgsaltar und der Ottilienaltar. Die Gewölbe im Südquerhaus wurden erst einige Jahre später geschaffen. Hier fällt auf, daß die äußeren Joche ein deutlich höheres Gewölbe besitzen. Die Rippen, die sonst steinsichtig erscheinen, tragen dort eine farbenreiche Bemalung. Ein Schlußstein und die Brüstung über dem Gewölbefeld sind mit dem Wappen der Markgrafschaft Mähren verziert. Wahrscheinlich sollte unter dem südlichen Gewölbe die Grabkapelle für Elisabeth von Mähren eingerichtet werden, die Gemahlin Wilhelms I. Elisabeth wurde jedoch 1401 im Hohen Chor bestattet. Auf der Lettnerbühne erhoben sich einst der Nicasius-Katharinen-Altar und der Kreuzaltar. Die Gewölbekonsolen faszinieren jeden Besucher des Meißner Doms: Die gewaltigen fratzenartigen Masken mit ihren riesigen Ohren und den aufgerissenen Augen wirken wie teuflische Gestalten. Das Böse wurde symbolisch in den Kirchenbau eingebunden und damit bezwungen. Die Bildhauer dieser Konsolen kamen wahrscheinlich aus der Dombauhütte in Prag.

Die Altäre auf dem Lettner wurden mit der Einführung der Reformation beseitigt. Die liturgische Nutzung der steinernen Schranke kann man sich heute nur noch schwer vorstellen. Nichts erinnert mehr an die feierlichen Prozessionen der Domherren in den Chor, an die Messen am Kreuzaltar oder an die Gebete für das Seelenheil Wilhelms I. Heute steht die Orgel des Meißner Doms auf der Lettnerbühne, wo sie die Worte Gottes in der Sprache der Musik zum Erklingen bringt.

Lettner. Erweiterung, Gewölbe im südlichen Querhausarm

# Der Höckrige Turm

Der Südostturm des Meißner Doms wird seit alters her Höckriger Turm genannt. Der Name leitet sich von dem ungewöhnlichen Knick des Turmhelms ab. Bis zum Bau der Westtürme im frühen 20. Jahrhundert war der Höckrige Turm die höchste Turmspitze des Meißner Burgbergs. Obwohl der Südostturm zu den großen Werken der gotischen Baukunst gehört, steht er unbeachtet im Schatten der mächtigen Westturmfront. Der Südostturm hat aber mehr Aufmerksamkeit verdient, immerhin gehört er zu den ältesten Türmen, die einen steinernen Helm mit durchbrochenen Maßwerkflächen besitzen.

Der geschlossene, beinahe fensterlose Unterbau des Südostturms entstand zusammen mit Chor und Querhaus zwischen 1250 und 1270. Ein kompliziert angelegter Aufgang erschließt den Turmschacht. Von der Lettnerbühne im Innern des Meißner Doms betritt man eine schmale Treppe, die in der Mauerstärke des Turms nach oben führt, bis sie im 3. Turmgeschoß in den offenen Schacht mündet. Dort beginnt eine hölzerne Treppe.

Im ausgehenden 14. Jahrhundert hat man den Südostturm vollendet. Auf den älteren Unterbau wurden zwei massive Turmgeschosse aufgesetzt, die ein achteckiges Stockwerk tragen. Hohe Fialen an den Ecken leiten zum Achteck über. Während die diagonal ausgerichteten Wände des Achteckgeschosses geschlossen sind, öffnen sich in den Hauptwänden langgezogene Maßwerkfenster mit mehrfach abgestuften Gewänden. Innen ist das Achteckgeschoß als edler, äußerst schlanker und lichter Raum erlebbar. Ein achtteiliges Rippengewölbe überfängt den Turmschacht. Die Rippen ruhen auf Konsolen, die mit fratzenartigen Masken verziert sind. Die Fabelwesen mit ihren verzogenen Gesichtern, mit ihren wulstigen Nasen und Ohren erinnern an die Masken am Obergaden des Prager Doms. Offensichtlich waren hier Bildhauer aus der Prager Bauhütte beteiligt.

Über dem Achteckgeschoß liegt die Turmplattform, umgeben von einer Maßwerkbrüstung und reich verzierten Fialen. Hinter der Brüstung wächst der aufstrebende Turmhelm empor. Die steinerne Spitze besteht aus acht Rippen mit durchbrochenen Turmflächen. Die Rippen sind mit Krabben verziert, ganz oben thront eine hohe Kreuzblume. Fischblasen und tropfenförmige Öffnungen formen ein Maßwerkmuster, ein durchgehendes Ornamentband. Markant ist der höckerartige Knick im unteren Drittel des Turmhelms. Ähnliche Motive findet man auf Bauzeichnungen des späten 14. Jahrhunderts, zum Beispiel auf dem Riß A des Ulmer Münsters oder auf dem Berner Riß des Straßburger Münsters. Die geplanten Türme wurden nicht ausgeführt, im Gegensatz zum Höckrigen Turm, der bei der Schlußweihe 1401 offenbar schon vollendet war.

Durch Brandeinwirkung und Verwitterung entstanden im Lauf der Jahrhunderte erhebliche Schäden, die durch falsche Konservierungsmethoden sogar verstärkt wurden. Daher mußte die gesamte Turmspitze 1909 abgetragen und aus neuen Sandsteinblöcken wiederaufgebaut werden. In den Jahren 2000–2002 wurde der Turm umfassend gesichert und restauriert.

Höckriger Turm. Gesamtansicht

Höckriger Turm. Innenansicht des Turmhelms

# Bistum und Hochstift Meißen im 15. und frühen 16. Jahrhundert

Die Entwicklungen im südlichen Nachbarland Böhmen bestimmten auch im 15. Jahrhundert das Schicksal des Meißner Landes. Der tschechische Nationalismus und die Kriegszüge der Hussiten blieben nicht ohne Einfluß auf das Hochstift Meißen. Als König Wenzel 1408/09 die Ordnungen der Universität Prag zugunsten der böhmischen Nation änderte, verließen zahlreiche deutsche Magister und Studenten die Prager Bildungsstätte. Unter ihnen war auch der Dekan der Philosophischen Fakultät, Johannes Hofmann. Der begabte Theologe überzeugte die Meißner Markgrafen Friedrich IV. und Wilhelm II., eine neue Lehranstalt in Leipzig einzurichten. Die Wettiner erkannten die Chance, die sich ihnen mit der Gründung einer eigenen Landesuniversität bot. Der Lehrbetrieb an der Universität Leipzig konnte mit päpstlicher Bestätigung am 2. Dezember 1409 feierlich aufgenommen werden. Johannes Hofmann lehrte an der Theologischen Fakultät; 1413 übernahm er das Amt des Rektors, bald darauf wurde er Meißner Domherr und Propst des Stiftskapitels von Zscheila-Großenhain. Nach einer Neuregelung der Meißner Kapitelstatuten wurden zwei Domherrenstellen an Professoren der Universität Leipzig übertragen. Über Jahrhunderte blieb die Hochschule, das geistige Zentrum des Landes, mit dem Meißner Domkapitel verbunden.

Während der Amtszeit des Bischofs Rudolf von der Planitz (1411–1427) verurteilte das Konzil von Konstanz die Lehren des Jan Hus, die auf eine Reform der Kirche ausgerichtet waren. Im Bistum Meißen wurden alle Anhänger des tschechischen Theologen mit einem Lehrverbot belegt. Dies betraf unter anderem Magister Peter, der an der Dresdner Kreuzschule für die hussitischen Gedanken warb. Die Verbrennung von Jan Hus 1415 führte zu einem Aufstand seiner Anhänger in Böhmen. An den Kriegszügen gegen die Hussiten waren auch Meißner Truppen beteiligt, die 1421 in Brüx einen ersten Sieg errangen.

Den besonderen Einsatz Markgraf Friedrichs IV. in den Hussitenkriegen vergaß Kaiser Sigismund nicht: Als das Herzogtum Sachsen-Wittenberg nach dem Aussterben der Askanier an das Reich zurückfiel, belehnte der Kaiser 1423 den Meißner Markgrafen mit diesem Territorium. Damit war eine gewichtige Rangerhöhung verbunden. Als Erbe des Wittenberger Landes erhielt Markgraf Friedrich den Titel eines Kurfürsten. Damit zählte der Wettiner nun zu den sieben mächtigsten Reichsfürsten, denen das Recht der Königswahl zustand. Mit dem neuen Titel änderte sich auch der Landesname: Der Begriff »Sachsen«, der vor 1423 nur das Gebiet um Wittenberg bezeichnet hatte, wurde auf das Meißner Land übertragen.

Der neue Kurfürst fühlte sich verpflichtet, im Dienste des Reichs die Kämpfe gegen die Hussiten fortzuführen. In der Schlacht von Aussig 1426 erlitten die sächsischen Ritter eine bittere Niederlage. Auch der letzte Burggraf von Meißen, Heinrich II., fiel in den Kämpfen. Das war zugleich ein Glücksfall für den Kurfürsten. Der Besitz der ausgestorbenen Familie der Meinheringer, die Burggrafschaft Meißen und die Grafschaft Hartenstein im Erzgebirge, fielen an den Landesherrn. Ein Konkurrent um die Macht auf dem Meißner Burgberg war ausgeschaltet. Die Fürstenkapelle am Meißner Dom zeigt die gestiegene Macht der Wettiner. Markgraf Friedrich IV. stiftete die fürstliche Begräbniskapelle noch vor der Belehnung mit dem Kurfürstentum Sachsen. Als Kurfürst wurde er 1428 in der Kapelle beigesetzt. Auch die vier nachfolgenden Generationen der fürstlichen Familie ließen sich hier bestatten. Die Grablege in Meißen macht deutlich, daß der Meißner Dom den Mittelpunkt des sächsischen Landes bildete.

Der Leipziger Professor Johannes Hofmann übernahm 1427 das Meißner Bischofsamt. Das Domkapitel wählte mit ihm einen führenden Kopf im Kampf gegen die Hussi-

Holzschnitt aus dem *Viaticus secundum rubricam ecclesiae misnensis*, gedruckt von Melchior Lotter, 1502

Wappen des Bischofs Johannes VI. v. Salhausen, gehalten von den Bistumspatronen Johannes und Donatus, oben Siegel des Domkapitels, umgeben von den Wappen der Domherren. Von rechts oben im Uhrzeigersinn: Dechant Dr. Ulrich von Wolfersdorf, Johannes von Schleinitz, Dr. Günter von Bünau, Caspar von Salhausen, vier unbekannte Domherren, Ernst von Schleinitz, Sigismund Pflug, unbekannt, Senior Otto von Weißenbach, Propst Melchior von Meckau

ten, einen Geistlichen, der mit Wort und Feder in die theologische Auseinandersetzung eingriff. Hofmann wandte sich in seinen wissenschaftlichen Büchern gegen die Einführung des Laienkelchs, gegen Reformen, die er als Umsturz und Abschaffung altbewährter Einrichtungen empfand. Damit zog der Meißner Bischof den Haß der Hussiten auf sich. In den Jahren 1429/30 fiel das Heer der tschechischen Hussiten mehrfach in Sachsen ein. Städte und Dörfer wurden zerstört und niedergebrannt. Der Bischof selbst konnte 1429 gerade rechtzeitig nach Hildesheim fliehen. Erst nach dem Waffenstillstand von 1433 erlebte das Bistum wieder ruhigere Zeiten.

Johannes IV. Hofmann war der letzte Geistliche bürgerlicher Herkunft auf dem Meißner Bischofsstuhl. Nach seinem Tod übertrug das Kapitel das Bischofsamt ausschließlich an einheimische Adlige, die eine fundierte akademische Ausbildung besaßen. Zwei Brüder lenkten in den folgenden Jahren die Geschicke des Bistums. Auf Caspar von Schönberg (1451–1463) folgte Dietrich IV. von Schönberg (1463–1476), der seine Ausbildung in Italien erhalten hatte. Von dort brachte er eine bedeutende Büchersammlung mit nach Meißen.

Caspar und Dietrich von Schönberg mußten sich den drängenden geistlichen Fragen ihrer Zeit zuwenden. Wie überall in der spätmittelalterlichen Welt vertieften sich die Menschen mit gesteigerter Frömmigkeit in ihren Glauben. Die Frage nach der Gnade Gottes, nach der Gewißheit des Heils ergriff und bewegte sie von ganzem Herzen. Als der italienische Wanderprediger Johannes von Capistrano 1452 durch Sachsen zog, strömten Menschenmengen zu seinen Predigten, in denen er mit flammenden Worten zur Buße und persönlichen Umkehr aufrief. In Meißen sprach Johannes von Capistrano vom Dach eines Hauses am Markt, weil alle Straßen und Plätze überfüllt waren. Brettspiele, Karten, Würfel und kostbare Kleidung wurden als Zeichen eines von Gott abgewandten Lebens verbrannt. Der Prediger gehörte zu den Observanten im Franziskanerorden, die für eine umfassende Reform der Klöster kämpften. Denn gerade in den Klöstern hatten sich Anspruch und Wirklichkeit weit voneinander entfernt. Das Armutsgebot wurde kaum mehr beachtet, die strenge Ordnung war gelockert. Für die Bischöfe Caspar und Dietrich von Schönberg war die Beseitigung der Mißstände in den Klöstern ein inneres Anliegen. Die Chorherren von St. Afra in Meißen und die Benediktiner in Chemnitz wurden bei Visitationen 1452 und 1464 zur strengen Einhaltung der Regeln gemahnt.

Im Lauf des 15. Jahrhunderts erlangten die sächsischen Landesherren eine weitgehende Kontrolle über das Meißner Domkapitel. Bereits 1399 hatten die Wettiner das Recht erhalten, vier der fünfzehn Domherrenstellen zu besetzen; 1422 wurde dieses Präsentationsrecht auf zwei weitere Kanonikate erweitert. Im späten 15. Jahrhundert konnten die beiden fürstlichen Brüder, Kurfürst Ernst und Herzog Albrecht, diesen Einfluß noch weiter ausdehnen. Papst Sixtus IV. erteilte 1476/81 den Wettinern das Vorrecht, alle höheren Würden im Kapitel und dazu fünf weitere Domherrenstellen zu besetzen. Diese Bestimmungen erstreckten sich nicht nur auf Propst und Dechant, sondern auch auf die Vorsteher der Kollegiatkapitel von Bautzen, Wurzen und Zscheila-Großenhain, damit letztlich auf nahezu alle Archidiakone im Bistum Meißen. Eine Politik gegen die Interessen der Landesherren war damit ausgeschlossen. Alle geistlichen und wirtschaftlichen Angelegenheiten im Bistum konnten nur noch im Einvernehmen mit den Wettinern geregelt werden.

Der Machtverlust von Bischof und Kapitel brachte den Wettinern eine hohe Verantwortung für die Meißner Kirche. Vorbildhaft setzten sich die Landesherren für das geistliche Leben im Bistum und besonders im Meißner Dom ein. Bei einer Neuordnung der Liturgie in der Domkirche richteten Kurfürst Ernst und Herzog Albrecht das »Ewige Chorgebet« ein, eine ununterbrochene Folge von Gottesdiensten und Gebeten, die sich zu einem endlosen Lob Gottes zusammenfügten. Die neuen Stiftungen der Landesherren beförderten auch den Weiterbau am Meißner Dom. Die Vollendung der Westturmfront war ein ehrgeiziges Ziel. Der Bau der Türme kam nur schrittweise vorwärts, dagegen wurden in kurzer Zeit neue Räume für das Domkapitel geschaffen.

Während die Landesherren in ihrem Schloß neben dem Meißner Dom residierten und schon daher ein besonderes Interesse an der prächtigen Ausstattung der Kathedrale hatten, hielten sich die Domherren nur selten in Meißen auf. Einige Kanoniker bezogen die finanziellen Einkünfte, ohne ihren geistlichen Verpflichtungen nachzukommen. Deutlich wird das bei den Dompröpsten, den nominellen Leitern des Kapitels. Nahezu alle Pröpste im 15. und 16. Jahrhundert hatten gleichzeitig andere geistliche oder politische Ämter inne. Melchior von Meckau beispielsweise, Meißner Dompropst von 1476 bis 1509, war Bischof von Brixen und Kardinal, er residierte in Rom, Innsbruck und Brixen. Damit das Kapitel überhaupt funktionsfähig blieb, mußte sich der Dechant nach einer Verordnung von 1472 verpflichten, in Meißen zu wohnen. Von liturgischen

Aufgaben war der Dechant jedoch weitgehend befreit; diese übernahm stellvertretend ein Vikar, der die Amtsbezeichnung Oculus Decani (»Auge des Dekans«) trug. Der Propst wurde im Gottesdienst vom Oculus Praepositi (»Auge des Propstes«) vertreten.

Die sächsischen Landesherren konnten ihre Rechte bei der Besetzung der Domherrenstellen so weit ausnutzen, daß sie auch auf die Wahl der Bischöfe Einfluß nahmen. Die Bischöfe Johannes V. von Weißenbach (1476–1487) und Johannes VI. von Salhausen (1487–1518) gehörten zu den Vertrauten der Wettiner, ließen sich aber im Interesse ihrer eigenen Machtstellung nicht in alle Angelegenheiten hineinreden. Vor einer weiteren Einflußnahme boten nur die Stiftsgebiete des Hochstifts Meißen eine gewisse Sicherheit. Johannes von Weißenbach ließ die Burg Stolpen in spätgotischen Formen als prächtige bischöfliche Residenz ausbauen. Mit dem Neubau eines Bischofsschlosses auf dem Meißner Burgberg sollte demonstriert werden, daß man keineswegs bereit war, die Residenz in Meißen ganz aufzugeben. Aus finanziellen Gründen wurde das Schloß erst im frühen 16. Jahrhundert vollendet. Johannes von Salhausen baute ein spätgotisches Schloß in Wurzen, seiner bevorzugten Residenz. Die Bischöfe verfügten nun über drei moderne Wohnsitze: Stolpen, Wurzen und Meißen.

Sachsen erlebte im späten 15. Jahrhundert tiefgreifende wirtschaftliche und auch politische Wandlungen. Das Land stieg zu einem der führenden Mächte im deutschen Reich auf. Basis dieser Entwicklung war der neue Reichtum aus den Silbergruben des Erzgebirges. In Schneeberg waren 1470 ertragreiche Erzvorkommen entdeckt worden. Die Ausbeutung des Silbers und der damit verbundene Handel führten zu neuen modernen Wirtschaftsformen. Die Städte in Sachsen blühten auf. Zu den aufstrebenden Zentren gehörte die Bergstadt Freiberg. Auf Initiative der Landesherren, Kurfürst Ernst und Herzog Albrecht, und der Bürgerschaft der Stadt Freiberg richtete Papst Sixtus IV. an der Stadtkirche St. Marien 1480 ein Kollegiatstift ein. Das neue Stift hatte nicht nur die geistliche Versorgung Freibergs zur Aufgabe, es diente auch der Repräsentation des ganzen Landes. Von den Silberfunden profitierten die beiden Brüder Ernst und Albrecht, die ab 1464 an gemeinsam über Sachsen herrschten. 1485 entschlossen sich die Landesherren zu einer Teilung, die für die Geschichte Sachsens unheilvolle Folgen haben sollte. Das Kerngebiet, die Mark Meißen, ging dabei an den jüngeren Bruder, Herzog Albrecht, der zum Begründer der albertinischen Linie des Hauses Wettin wurde.

Der Sohn Albrechts, Herzog Georg, wurde schon 1488 mit den Regierungsgeschäften in Meißen betraut. Über 50 Jahre prägte Georg die Entwicklung des Herzogtums Sachsen. Der tief fromme Mensch verstand sich nicht nur als weltlicher Landesherr, sondern verspürte auch eine besondere Verantwortung für die Kirche. Georg hatte eine theologische Ausbildung genossen, denn seine Mutter hatte ihn für eine geistliche Laufbahn bestimmt. Die Mißstände in der Kirche blieben dem Landesherrn nicht verborgen: Priester lebten mit Frauen zusammen, Klosterregeln wurden verletzt, Sakramente verkaufte man gegen Geld. Davon ausgehend plante Herzog Georg eine Reform aller Klöster des Landes, erhielt jedoch vom Papst keine Bewilligung. Auch Bischof Johannes von Salhausen, der für die geistliche Aufsicht über die Klöster zuständig war, versagte dem Landesherrn die Unterstützung. Herzog Georg versuchte nun allein, ohne geistliche Autorität und ohne Konzil, eine Kirchenreform in Sachsen durchzusetzen. Er gab den Befehl zur Visitation mehrerer Männer- und Frauenklöster. Vom Papst erbat er sich die Strafgewalt über die Geistlichen in der Diözese Meißen. 1523 erhielt der Landesherr das Recht, unwürdige Priester ihres Amtes zu entheben – letztlich unter Umgehung der kirchlichen Gerichtsbarkeit. Neue Regelungen für Beichte, Prozessionen und Predigten wurden erlassen. In der Geschichte des Bistums Meißen waren diese Eingriffe in kirchliche Belange etwas Neues. Der Landesherr fühlte sich nicht nur als weltlicher Schutzherr, sondern beanspruchte auch bischöfliche Aufgaben und Befugnisse.

Für Herzog Georg waren die Fragen der Kirche eine Sache des Herzens. Um die Reformen weiter zu unterstützen, stiftete Georg aus seinem eigenen Vermögen neue Klöster strenger Observanz in Königstein und Annaberg, und die Universität Leipzig richtete auf seine Anregung zwei neue Lehrstühle für die Sprachen der Bibel, Griechisch

Herzog Georg von Sachsen. Holzschnitt von Hans Brosamer vor 1534, nach einer Vorlage von Lucas Cranach

und Hebräisch, ein. Er selbst führte ein sittenstrenges Leben, das seinem Umfeld als Beispiel für eine christliche Lebensweise dienen sollte.

Es gehört zu den tragischen Entwicklungen der Geschichte, daß Herzog Georg und Martin Luther zu unerbittlichen Gegnern wurden. Der Professor an der sächsischen Universität Wittenberg hatte 1517 mit seinen Thesen auf sich aufmerksam gemacht. Das Evangelium, die gute Botschaft Jesu Christi, bildeten für Martin Luther den Kern des Glaubens. Er lehrte, daß Gnade und Barmherzigkeit Gottes, die man nur durch Glauben erlangen kann, Gesetz und Gericht überstrahlen. Mit den »guten Werken«, die im Zentrum der spätmittelalterlichen Frömmigkeit standen, lasse sich dagegen keine Gnade gewinnen. Herzog Georg stand diesen Gedanken anfangs aufgeschlossen gegenüber. Zu einem Bruch kam es jedoch bei der Leipziger Disputation, einem theologischen Streitgespräch in der Pleißenburg zu Leipzig. Als Luther für das Abendmahl mit Brot und Wein eintrat, wurde Georg an seinen Großvater erinnert, den böhmischen König Georg von Podiebrad, der zu den Hussiten gehört hatte. Von diesem Umsturz kirchlicher Lehren wandte sich Georg voller Unmut ab. Der Landesherr betrachtete nun den Kampf gegen die Reformation als seine Lebensaufgabe.

Bereits um 1520 verbreiteten sich Luthers Gedanken in Leipzig und Freiberg. Das neue Medium des Drucks ermöglichte ein schnelles Verteilen reformatorischer Flugblätter und Schriften. Herzog Georg begann einen erbitterten Kampf gegen die Ausbreitung dieser Ideen. Angesichts der Nähe zum Kurfürstentum Sachsen, wo Friedrich der Weise die reformatorische Botschaft duldete, war dieses Vorgehen freilich zum Scheitern verurteilt. Georg verbot die Schriften Luthers, er gab selbst theologische Streitschriften heraus, die gegen die Gedanken der Reformation gerichtet waren, insbesondere gegen das Abendmahl mit Brot und Wein. Die Anhänger Luthers brauchten jedoch nur über die nahe Landesgrenze wechseln, um den Verfolgungen zu entgehen. Mit Restriktionen waren die neuen Ideen nicht zu bekämpfen. Georg blieb nur die Möglichkeit, mit Briefen, Mahnschreiben und theologischen Abhandlungen für den Glauben zu werben. Dabei wurde er von den Geistlichen am Dresdner Hof unterstützt, von Hieronymus Emser und Johannes Cochläus, und auch vom Meißner Bischof Johannes VI. von Schleinitz (1518–1537). Der Streit mit den Anhängern der Reformation, ja mit Luther selbst, war so aufgeheizt, daß die Schriften mit Beschimpfungen und Beleidigungen angefüllt waren.

In den späten 1520er Jahren wurde deutlich, daß die Reformation im Herzogtum Sachsen kaum einzudämmen war. Priester waren von der alten Lehre abgefallen, eine Flucht aus den Klöstern setzte ein. In Meißen verließen 13 Chorherren das Kloster St. Afra. 1527 sagten sich die Erzpriester in Görlitz und Reichenbach vom Meißner Bischof los und schafften die bisherige Liturgie ab. Hilflos mußte Johannes VI. von Schleinitz den Visitationen im Kurfürstentum Sachsen zusehen, die Kurfürst Johann der Beständige 1529 angeordnet hatte. Der nordwestliche Teil des Bistums Meißen, die Gebiete um Torgau, Eilenburg und Leisnig, waren nun evangelisch. Herzog Georg und Bischof Johannes VI. von Schleinitz setzten nunmehr eigene Visitatoren ein, um die Mißstände in den Klöstern zu beseitigen. Die verweltlichte Kirche sollte zu ihren eigentlichen Aufgaben zurückfinden. Herzog Georg machte 1538 sogar den Vorschlag, unter bestimmten Bedingungen Priesterehe und Abendmahl mit Brot und Wein zuzulassen. Aber auch dieses Entgegenkommen konnte keinen Umschwung mehr bewirken.

Herzog Georg mußte in der eigenen Familie schwere Rückschläge erdulden. Bereits 1525 war seine Tochter Christina, Gemahlin des Landgrafen Philipp von Hessen, vom alten Glauben abgefallen. Auch der jüngere Bruder, Herzog Heinrich, folgte den Ideen Luthers. 1537 führte er in den Ämtern Freiberg und Wolkenstein im Erzgebirge die Reformation ein. Zu Georg hielten nur noch die beiden Söhne. Herzog Johann aber starb schon 1537, und auch der geistig behinderte Friedrich überlebte seinen Vater nicht. Nach der Erbfolge mußte das Land nun an Herzog Heinrich fallen. Das Ende des katholischen Herzogtums Sachsen war besiegelt; die Reformation ließ sich nun nicht mehr verhindern.

# Fürstenkapelle

Von besonderer Schönheit ist die im 15. Jahrhundert errichtete Begräbniskapelle der Kurfürsten und Herzöge von Sachsen aus dem Haus Wettin. Bauwerk und Ausstattung erzählen von 150 Jahren sächsischer Geschichte. Der Stifter der Kapelle war Markgraf Friedrich IV. von Meißen, genannt der Streitbare. Nach dem Tod Wilhelms I. übernahm er die Herrschaft in der Mark Meißen. Die Planungen zur Errichtung einer fürstlichen Begräbniskapelle begannen bald nach 1407. Als Friedrich der Streitbare 1423 die Würde eines Kurfürsten und Herzogs von Sachsen erhielt, waren schon große Teile des Bauwerks fertiggestellt. Der Kurfürst wurde 1428 in seiner neuen Kapelle beigesetzt. Nach einer Änderung des ursprünglichen Bauplans erhielt der Raum nach 1430 sein Maßwerkgewölbe. Die liturgische Nutzung ist erstmals 1432 bezeugt. Seit 1445 waren in der Kapelle sieben Priester, genannt Schotten, angestellt, die für das Chorgebet und die Seelenmessen zu sorgen hatten. Kurfürst Friedrich II. und seine Söhne Ernst und Albrecht statteten die Fürstenkapelle mit reichen Stiftungen aus. Die Reformation beendete 1540 das gottesdienstliche Leben. Chorgebet und Seelenmessen wurden eingestellt. Seither galt die Fürstenkapelle nur noch als dynastisches Monument des sächsischen Herrscherhauses. Kurfürst Johann Georg II. ließ den Bau 1668–1672 in Erinnerung an seine Vorfahren neu ausstatten.

Die Fürstenkapelle ist als Westchor an die ältere Westturmanlage angesetzt. Der schlanke Saalraum schließt mit fünf Seiten eines Achtecks. Das Westportal aus der Zeit um 1370 wurde in die Fürstenkapelle einbezogen; es ist nun nicht mehr der Haupteingang, sondern vermittelt zwischen dem Langhaus und dem Kapellenbau. Die reich gegliederten Außenseiten bilden eine prächtige Schaufassade aus. Um die Strebepfeiler legt sich kleinteiliger Maßwerkschmuck. Der untere Pfeilerabschnitt läuft in kleinen Wimpergen aus, in der darüberliegenden Ebene ist der Pfeiler über Eck gestellt, und aus den gekehlten Seitenflächen wachsen Kielbögen und hohe Fialen. Es öffnen sich schlanke Maßwerkfenster. Beeindruckend ist die Rose über dem Westportal. In einem großen Vierpaß umschlingen sich Fischblasen. Das Maßwerk scheint sich um die eigene Achse zu drehen. Die reiche Fassadengestaltung leitet sich von der Baukunst des späten 14. Jahrhunderts in Prag ab. Vorbild waren die Chorfassaden der Allerheiligenkapelle in Prag und der Sebalduskirche in Nürnberg. In Sachsen hat man im frühen 15. Jahrhundert die Schloßkapelle in Altenburg und den 1760 zerstörten Chor der Dresdner Kreuzkirche mit ähnlichen Chorfassaden versehen.

Innen bietet die Fürstenkapelle einen überwältigenden Raumeindruck. Die letzte Restaurierung 1998–2000 hat die spätgotische Gestaltung wieder sichtbar gemacht. Dreiteilige Dienstbündel gliedern die Wände, die heute wieder steinsichtig sind. Das Licht, das durch die Maßwerkfenster ins Innere fällt, bringt die Sandsteinquader zum Leuchten. Hellbraun und goldgelb schimmern die Steine. Das Gewölbe ist in die Raumwirkung eingebunden, denn auch die Rippen tragen keine Bemalung, sondern erstrahlen in den gelbbraunen Tönen des Sandsteins. Nach der ersten Planung hatte man wahrscheinlich ein Netzgewölbe mit parallelen Rippen vorgesehen. Um 1430 wurde jedoch ein zierreiches Maßwerkgewölbe eingebaut. Die Rippenanfänger sind phantasievoll gestaltet. Aus den Diensten wachsen gebogene Glieder hervor, die sich frei in den Raum hinein drehen und dort in einem Blatt enden. Die Maßwerkformen, eingebunden in ein Gewölbenetz, gaben diesem Maßwerkgewölbe den Namen. Gewagt war die Idee, die großen Vierpässe mit ihren lilienartigen Spitzen einfach offen zu lassen. Die ersten Gewölbe dieser Art wurden im frühen 15. Jahrhundert in Kleinräume eingebaut. Ein frühes Beispiel ist das Gewölbe in der Nordvorhalle von St. Bartholomäus in Frankfurt am Main.

Fürstenkapelle, Hochgrab Friedrichs des Streitbaren

Fürstenkapelle. Außenansicht

Fürstenkapelle. Innenraum, Blick nach Westen

Fürstenkapelle. Maßwerkgewölbe

Eine Reihe von Heiligenfiguren umgibt den Innenraum der Fürstenkapelle. Um die Bildwerke aufstellen zu können, hat man um 1430 Konsolen und Baldachine in die Dienste eingefügt. Es wurde jedoch keine einheitliche Bildfolge geschaffen. Im Raum sind Skulpturen verschiedener Künstler und Zeitstufen vereint. Darauf deuten nicht nur die unterschiedlichen Materialien (Stein, Holz und Ton), sondern auch die Qualitätsunterschiede. Das älteste Werk ist die Skulptur des hl. Petrus, die wohl um 1425 entstand. An den westlichen Diensten stehen die aus Ton gebrannten Skulpturen der Ritterheiligen Viktor und Mauritius. Sie waren genau gegenüber dem 1445 gestifteten Viktor- Mauritius-Altar angeordnet. Auf das Patrozinium der Fürstenkapelle verweisen die Heiligen Drei Könige, die sich anbetend der Muttergottes mit dem Christuskind zuwenden. Die Figuren zeigen noch Anklänge des »Schönen Stils«. In der gleichen Werkstatt entstanden auch der hl. Paulus und der hl. Jakobus der Ältere an der Südseite der Kapelle. Die Figuren scheinen zu einer Apostelgruppe zu gehören, für die vielleicht ein anderer Standort vorgesehen war.

In der Fürstenkapelle kann man bis heute erahnen, wie man sich die mittelalterliche Ausstattung des Meißner Doms vorstellen muß. Der Boden ist dicht mit den Grabplatten der wettinischen Fürsten bedeckt, so daß kaum ein freier Raum verbleibt. Die Altäre, der Dreikönigsaltar, der Viktor-Mauritius-Altar und der Hieronymusaltar, sind nicht erhalten. Für das Chorgebet gab es ein Chorgestühl. An der Westwand klebte eine Schwalbennestorgel, mit der die liturgischen Feiern musikalisch begleitet wurden.

Das Hochgrab Friedrichs des Streitbaren (†1428), geschaffen um 1435, bildet den Mittelpunkt der Kapelle. Die Grabanlage, ein herausragendes Beispiel für die Kunst des Metallgusses im späten Mittelalter, geht auf eine unbekannte Nürnberger Gießhütte zurück. Der kastenförmige Unterbau und die Deckplatte sind aus Messingplatten zusammengesetzt. Friedrich der Streitbare ist im Hochrelief wiedergegeben. Als Zeichen seiner kurfürstlichen Würde trägt er Kurhut und Kurschwert. Der Herrscher scheint auf dem fein gravierten Teppichgrund des Grabes zu liegen, gleichzeitig aber steht er auf zwei kleinen Löwen. Die Deckplatte wird von Blendarkaden getragen. Engel sowie Männer und Frauen in zeitgenössischer Tracht halten die Wappen der wettinischen Herrschaften.

Um das Hochgrab herum sind die Wettiner der nachfolgenden drei Generationen beigesetzt. Grabplatten mit einem Bild der Verstorbenen kennzeichnen den Bestattungsort. Jedes Grabmonument besteht aus mehreren Platten, die aus Messing gegossen wurden. Das Bildnis der Verstorbenen ist in die Platten graviert oder im Flachrelief wiedergegeben; die umlaufenden Inschriften nennen Namen und Titel. Ein Großteil der Grabmonumente stammt aus der Gießhütte Vischer in Nürnberg, die in der zweiten Hälfte des 15. Jahrhunderts die mitteldeutschen Kirchen mit Messingwerken ausstattete. Die jüngeren Grabmonumente kommen aus der Gießhütte Hilliger in Freiberg, die auch die Grabplatten der Wettiner im Freiberger Dom gegossen hat.

## Grabmonumente in der Fürstenkapelle

Kurfürst Friedrich I., genannt der Streitbare (†1428)
Hochgrab mit Messingreliefs einer Nürnberger Werkstatt, um 1435

Kurfürst Friedrich II., genannt der Sanftmütige (†1464)
Gravierte Grabplatte aus der Werkstatt von Hermann Vischer d. Ä. in Nürnberg

Herzog Sigismund, Bischof von Würzburg (†1471)
Grabplatte im Flachrelief aus der Werkstatt von Hermann Vischer d. Ä. in Nürnberg

Kurfürst Ernst (†1486)
Gravierte Grabplatte aus der Werkstatt von Peter Vischer d. Ä. in Nürnberg

Herzog Albrecht (†1500)
Gravierte Grabplatte aus der Werkstatt von Peter Vischer d. Ä. in Nürnberg

Herzogin Amalie (†1502)
Gravierte Grabplatte aus der Werkstatt von Peter Vischer d. Ä.

Herzogin Sidonie (†1510)
Gravierte Grabplatte aus der Werkstatt von Peter Vischer d. Ä., Nürnberg, wahrscheinlich nach einer Visierung von Albrecht Dürer

Herzog Friedrich, Hochmeister des Deutschen Ordens (†1510)
Gravierte Grabplatte aus der Werkstatt von Peter Vischer d. Ä., Nürnberg, wahrscheinlich nach einer Visierung von Lucas Cranach d. Ä.

Herzog Johann (†1537)
Gravierte Grabplatte aus der Hilliger-Hütte in Freiberg

Herzog Friedrich (†1539)
Gravierte Grabplatte aus der Hilliger-Hütte in Freiberg

Grabplatte Herzog Albrechts
des Beherzten in der Fürstenkapelle

# Kirchliches Leben und Liturgie im mittelalterlichen Dom

Der Meißner Dom ist als steinerne Hülle für das ewige Lob Gottes zu verstehen, als Ort für Chorgebete, Gottesdienste, Seelenmessen und Prozessionen. Alte Urkunden und Meßbücher berichten von einem vielfältigen kirchlichen Leben, das mit der Reformation im 16. Jahrhundert ein Ende fand. Im Mittelpunkt der kirchlichen Liturgie stand die tägliche Messe am Hochaltar im Hohen Chor. Ursprünglich wurde sie vom Bischof zelebriert, später übernahmen untergeordnete Priester diese Aufgabe. Die Sprache des Gottesdienstes war generell Latein. Die Festtage der Heiligen und die Kirchenfeste wurden besonders feierlich gestaltet. Durch Stiftungen erhielten bestimmte Heiligenfeste eine besondere »Ausstattung«: Zur Ehre des Heiligen wurde die Orgel gespielt, und eine große Anzahl an Priestern mußte bei der Messe anwesend sein. Höhepunkte in der jährlichen Liturgie am Meißner Dom waren die großen Kirchenfeste, die Festtage der Patrone des Meißner Doms und andere besondere Feiertage. Zu Ostern, Pfingsten und Weihnachten, am Donatustag und zu Mariä Himmelfahrt zelebrierte ausnahmsweise der Bischof die Hauptmesse, begleitet von mindestens vier Domherren.

Mit der Gründung des Bistums Meißen hatte sich das Domkapitel der Kathedrale gebildet. Zu den Verpflichtungen der Domherren gehörten die Stundengebete (Horen) im Hohen Chor. Zu festgelegten Tageszeiten versammelten sich die Kanoniker vor dem Hauptaltar, nahmen im Chorgestühl Platz und stimmten Gebete an. Meist wurden Psalmen im Wechselgesang vorgetragen. Das gesungene Chorgebet leitete ein Domherr mit der Amtsbezeichnung Cantor. Vom frühen Morgen bis nach Mitternacht wurden sieben Stundengebete ausgeführt.

Im gotischen Dom nimmt das Sechsteilige Joch des Hohen Chors das Chorgestühl auf. Während die Blendarkaden an der Rückseite des Gestühls noch aus dem 13. Jahrhundert stammen, hat man die hölzernen Sitzbänke später mehrfach erneuert. Das spätgotische Gestühl, das heute zu sehen ist, wurde 1529 geschaffen. Jeweils zwei Sitzreihen auf der Nord- und Südseite bieten Platz für insgesamt 52 Priester.

Im 13. Jahrhundert setzte ein weitgehender Rückzug der Domherren von den geistlichen Verpflichtungen ein. Fest angestellte Priester übernahmen die bisherigen Aufgaben der Kanoniker. Diese Priester werden als Vikare bezeichnet (lateinisch vicarius = Stellvertreter). Für die Teilnahme an den Messen und Stundengebeten erhielten die Vikare sogenannte Präsenzgelder. Ein Vikar begegnet uns erstmals in einer Stiftungsurkunde des Domherrn Eberhard von 1239. Gegen eine Entlohnung übernahm der Vikar die Vertretung des Domherrn im Chor und feierte jede Woche drei Messen für das Heil des Meißner Kapitels. In den folgenden Jahrzehnten schlossen fast alle Kanoniker ähnliche Verträge ab. Einige Domherren gaben ihre Anwesenheit in Meißen ganz auf. Die wenigen Domherren, die weiterhin in Meißen residierten, nahmen oft nur noch zu hohen Feiertagen an den Chorgebeten teil. An die Stelle des Cantors trat ein Vikar mit der Amtsbezeichnung Succentor, der für die Ordnung der Gebete und Gesänge zuständig war. Mit besonderen finanziellen Anreizen hat man versucht, die Kanoniker dennoch zur Teilnahme an den liturgischen Feiern zu bewegen. Bei feierlichen Gottesdiensten und Seelenmessen erhielten die anwesenden Domherren sehr hohe Präsenzgelder, die die Stifter aus ihrem Vermögen zur Verfügung stellten. Auch an die Vikare wurden bei besonderen Festtagen hohe Geldsummen ausbezahlt. In der zweiten Hälfte des 14. Jahrhunderts waren die Einkünfte einzelner Vikare bereits so angestiegen, daß auch sie die Ausführung ihrer liturgischen Aufgaben an minder bezahlte Vertreter übertragen konnten.

### Stundengebete

Matutin (auch Laudes genannt), Prim, Terz, Sext, Non, Vesper, Komplet.

## Offitium

**R**equiem eternam dona eis domine et lux perpetua luceat eis. Te decet hymnus deus in syon et tibi reddet votū in ierusalē exaudi orationē meā ad te omnis caro veniet. Re.

Notenblatt aus *Vespere et vigilie defuncto(rum) secundum rubricam ingenue Misnen(sis) Ecclesie*, gedruckt von Melchior Lotter in Stolpen, 1519

Urkunde vom 23. März 1513
Herzog Georg von Sachsen stiftet mit seiner Gemahlin Barbara von Polen 2000 Gulden für liturgische Feiern in der Karwoche: Am Gründonnerstag soll ein geistliches Spiel im Hohen Chor aufgeführt werden, bei dem die Vikare als Jünger Jesu Christi auftreten und mit geistlichen Gesängen das Geschehen nachstellen. Die Stiftungsurkunde ist mit dem Siegel Georgs von Sachsen versehen und eigenhändig von Herzog Georg, Bischof Johannes VI. von Salhausen und Domdechant Johannes Hennig unterzeichnet.

## Markgräfliche Melodien

Der Meißner Markgraf Heinrich der Erlauchte komponierte selbst Melodien für das Kyrie eleison und das Gloria in excelsis Deo im Gottesdienst. Papst Innozenz IV. bestimmte 1254 auf Bitten des Landesherrn, daß diese Gesänge in allen Kirchen des Meißner Landes verwendet werden sollen. Die Noten sind leider nicht überliefert.

## Altäre und Vikare

Im frühen 15. Jahrhundert gab es im gesamten Meißner Dom 27 Nebenaltäre, bis zur Mitte des 16. Jahrhunderts kamen 11 weitere Altäre hinzu. Das geistliche Personal wuchs immer mehr an. Die evangelischen Visitatoren zählten 1540 insgesamt 82 Vikare und Kapläne.

Sakramentshaus im Hohen Chor. Lithographie von 1835

Der geistliche Nachwuchs für den Meißner Dom und die Leitungsämter im Bistum wurde in der Domschule herangezogen. Unter Leitung des Scholasticus – vertreten durch einen Vikar, den Rector scolarium – erlernten die jüngeren Chorknaben und die älteren Chorschüler die lateinische Sprache als Grundlage der Gottesdienste und die liturgischen Gesänge. Chorknaben und Chorschüler waren an den Stundengebeten und an den festlichen Messen beteiligt. Fast alle liturgischen Texte im Gottesdienst wurden gesungen.

Die Texte für die einzelnen Gottesdienste im Kirchenjahr hielt man in liturgischen Büchern fest. Großformatige Meßbücher mit Noten waren auf Buchständern im Hohen Chor aufgebaut, so daß alle Zelebranten die Texte und Gesänge vor Augen hatten. Zwei Buchständer, wahrscheinlich aus dem 15. Jahrhundert, sind im Meißner Dom erhalten geblieben, wenngleich mit veränderten Aufsätzen. Ursprünglich trugen die aus Holz geschnitzten Beine ein Bücherpult. Durch ein Schraubgewinde konnte es in der Höhe verstellt werden. Die beiden Buchständer sind mit groben Masken geschmückt, sie enden unten in Pferdehufen. Diese Gestaltung soll verdeutlichen, daß das Böse besiegt ist und nun Gottes Wort zu tragen hat.

Mit der Erfindung des Buchdrucks konnten die Meßbücher, die Ordnungen der Gottesdienste und die liturgischen Texte in einheitlicher Form im gesamten Bistum verbreitet werden. Bischof Johannes V. von Weißenbach nutzte das neue Medium und gab bereits 1485 das »Missale Misnense« in gedruckter Form heraus. Buchdrucker Peter Schöffer aus Mainz erhielt für die Herstellung der ersten 30 Bücher ein reiches Honorar. Nachdem sich der Buchdruck auch in Sachsen verbreitet hatte, erschienen zwischen 1494 und 1520 zahlreiche verbesserte und erweiterte Auflagen. Die Bücher enthalten die Meßtexte und Gebete, geordnet nach dem kirchlichen Kalender, ergänzt um Texte für besondere Votivmessen. Gedruckt wurde auch das »Benedictionale«, ein Gebetbuch, das Segnungen und Weihegebete umfaßt. Die Priester im Bistum fanden hier die Agende für die Weihe von Salz, Wasser, Kerzen und Wachs, Brunnen und Kräutern, dazu Gebete für den Lebenslauf der Gläubigen von der Taufe bis zum Tod.

Im Querhaus und Langhaus des Meißner Doms, in den kleinen Kapellenräumen des Domkomplexes wurden seit dem späten 13. Jahrhundert zahlreiche neue Altäre eingerichtet. Stifter waren Domherren, Bischöfe, Adlige des Meißner Landes und auch die Markgrafen von Meißen. Mit jeder Altarstiftung war die Anstellung eines Vikars verbunden. Die gestifteten Vermögenswerte, meist Dörfer mit regelmäßigem Zinsertrag, mußten ausreichen, um den Vikar auf »ewige Zeiten« zu entlohnen. Der Priester hatte die Verpflichtung, an dem Altar regelmäßig Messen zu feiern, vorrangig Totenmessen für das Seelenheil des Stifters und seiner Familie.

Die Altarstiftungen waren von einem neuen theologischen Verständnis geprägt, das sich ab dem 13. Jahrhundert durchsetzte. In der gesamten Kirche verbreitete sich die Vorstellung, daß die Verstorbenen, die nur wenige Sünden auf sich geladen hatten, vor dem Jüngsten Gericht eine Läuterungsphase im Fegefeuer durchstehen müßten. Die zeitlich begrenzten Qualen des Fegefeuers sollten die Buße für alle Sünden sein. Die Zeit im Fegefeuer ließ sich aber durch Messen und Fürbitten für die Verstorbenen abkürzen. Die vermögenden weltlichen und geistlichen Herren richteten daher Seelenmessen ein. Bis in alle Ewigkeit sollte für ihre Seele Fürbitte gehalten werden. Die beste Garantie für die Errettung der Seele bot die Stiftung eines eigenen Altars und die Anstellung eines Priesters oder zumindest die Stiftung eines Jahrgedächtnisses mit Messen jährlich am Todestag des Verstorbenen.

Für den gottesdienstlichen Betrieb mußten Meßgewänder, liturgische Geräte, Tücher, Hostien und Wein für die Feier der Eucharistie und andere Gegenstände bereitstehen. Dafür sorgte der Subcustos, der Stellvertreter des Custos. In den Sakristeien bereiteten sich die Priester auf die Gottesdienste vor. Im Meißner Dom gab es zwei Sakristeien, die in den Obergeschossen der beiden Osttürme lagen. Über kleine Wendeltreppen waren diese Räume mit dem Hohen Chor verbunden. Die geistlichen Gewänder waren in der Sakristei aufgehängt; in Wandnischen und auch in verzierten

Schränken standen Kelche, Patenen, Kreuze, Monstranzen, Reliquiare und andere kostbare Gegenstände. Die silbernen, goldenen, mit Edelsteinen besetzten Geräte, die heilversprechenden Reliquien waren der größte Reichtum der Meißner Kirche. Für diesen Domschatz hat man in der Sakristei im Südostturm eine besondere Schatzkammer eingerichtet. Starke Eisengitter an den Fenstern sorgten für Sicherheit. 1489 erhielt der Meißner Dom eine neue, weiträumige Sakristei, die sich nördlich an den Hohen Chor anschließt. Mit einem Kamin konnte der zellengewölbte Raum sogar beheizt werden.

In die Wand zwischen Chor und Sakristei hat man ein großes Sakramentshaus eingefügt, das ursprünglich von beiden Seiten zugänglich war. Es besteht aus einzelnen Kammern, die mit kunstvollen Ziergittern verschlossen sind. Hinter den beweglichen Türen bewahrte man die liturgischen Geräte auf, aber auch die Reliquiare und die geweihten Hostien. Für die Gottesdienste am Hochaltar konnten alle diese Gegenstände sofort entnommen werden. Das Sakramentshaus erhielt um 1510 auf der Seite des Hohen Chors einen reich verzierten Aufbau. Über den Kammern des Sakramentshauses sieht man eine filigrane Baldachinreihe. Hinter geschwungenen Kielbögen verweben sich knorrige Äste zu einem Astwerkgitter, das so naturgetreu wirkt, als seien Äste von Sträuchern und Bäumen in Stein erstarrt. In der Mitte wächst ein hoher gotischer Turm empor, der aus mehreren schlanken Streben besteht und oben in einer langgestreckten Fiale endet. Mit seinen filigranen Verzierungen und dem vielschichtigen Aufbau ist das Sakramentshauses ein Meisterwerk der spätgotischen Steinmetzkunst.

Für die liturgischen Feiern war das Läuten der Glocken unverzichtbar. Zu den täglichen Stundengebeten riefen einfache Glockenschläge. Die Hauptmessen und die großen Kirchenfeste wurden mit festlichem Glockengeläut begangen. Auch die Seelenmessen und Gedächtnisfeiern am Todestag der verstorbenen Bischöfe und Domherren wurden durch das Läuten der Glocken ausgezeichnet. Die Stifter, die im Meißner Dom begraben wurden, stellten dafür ausdrücklich Geld zur Verfügung. Der Glöckner sorgte nicht nur für das Geläut. Zusammen mit dem Subcustos hatte er auch andere liturgische Aufgaben. Über den Grabplatten der Menschen, die im Meißner Dom bestattet waren, mußte am Todestag zum Jahrgedächtnis ein seidenes Bahrtuch gebreitet werden. Während der Seelenmessen wurden am Grab Kerzen entzündet. Auch an den großen Kirchen- und Heiligenfesten stellten Subcustos und Glöckner einzelne Kerzen zur feierlichen Beleuchtung auf. Am Hochaltar brannte Tag und Nacht ein ewiges Licht, das an die Gegenwart Gottes erinnern sollte. Durch eine Stiftung wurde auch das Hochgrab des Bischofs Benno mit einer feierlichen Beleuchtung versehen. Vom Aufgang der Sonne bis zum Untergang brannte eine besonders hohe Wachskerze.

Der Meißner Dom war niemals eine Pfarrkirche. Eine Gemeinde gab es nicht. Die unzähligen Messen wurden allein zur Ehre Gottes und zum Seelenheil der Verstorbenen gefeiert. Eine Belehrung und Unterweisung der Gläubigen in einer Predigt war nicht vorgesehen. Die Vikare feierten ihre Messen allein, ohne die Beteiligung einer Gemeinde. Dennoch waren im Dom immer Laien anwesend, meist Pilger und Wallfahrer. Für die einfachen Gläubigen wurde 1419 erstmals ein Domprediger angestellt, der an Sonn- und Feiertagen in deutscher Sprache das Wort Gottes auslegen sollte.

Die Namen einiger Domprediger sind bekannt: Valentin Valke aus Großenhain, Gregor Semmeler aus Großenhain, Johann Hennig aus Großenhain (später Dechant des Meißner Kapitels und Professor in Leipzig), Johann Plodeck aus Selbitzsch, Melchior Rudel aus Weißenfels und Nikolaus Puscher aus Thum.

Auch ohne Gemeindegottesdienste war der Meißner Dom ein Anziehungspunkt. Das von den Reliquien ausstrahlende Heil war es, das die Pilger anlockte. Im Mittelpunkt der Verehrung stand das Hochgrab des Meißner Bischofs Benno. Die Gebeine des Bischofs wurden 1270 in eine Tumba überführt. Seither kamen die Pilger zur Grabstätte des Heiligen, trugen ihre Fürbitten vor und hofften auf Wunder. Die Wunderbücher erzählen von unzähligen Heilungen. Aber auch Gläubige ohne körperliche Gebrechen zogen nach Meißen. Jeder erworbene Ablaßtag bedeutete eine Verkürzung der Buße im Fegefeuer. Ablässe ließen sich bei der Verehrung bestimmter Heiltümer erwerben. Dazu ge-

## Heiliges Jahr 1394

Den größten Andrang erlebte die Meißner Kirche im Heiligen Jahr 1394. Papst Bonifaz VIII. hatte das Heilige Jahr erstmals 1300 ausgeschrieben. Die Pilger, die nach Rom zogen, sollten in regelmäßigen Abständen einen ausgedehnten Jubelablaß erhalten. Zu diesem Ereignis machten sich gewaltige Menschenmassen auf den Weg. Der Meißner Markgraf Wilhelm I. hatte bei Papst Bonifaz IX. erreichen können, daß einmalig auch den Besuchern Meißens ein Jubelablaß gewährt wurde. Zwischen April und Weihnachten 1394 erhielten alle Gläubigen, die die Kirchen in der Stadt Meißen besuchten, Beichte ablegten und Buße taten, den gleichen Nachlaß an Sündenstrafen wie die Rom-Pilger im Heiligen Jahr 1390. Die Bestimmung war auf die Bewohner der Länder Meißen und Thüringen und die umliegenden Gebiete beschränkt. Auch die Königin Margarete von Dänemark kam in Genuß des Jubelablasses. Nach Meißen strömten unzählige Menschen, die hier den Ablaß auch ohne eine beschwerliche Reise über die Alpen erlangen konnten. Die finanziellen Einnahmen aus dem Heiligen Jahr mußten freilich an die päpstliche Kurie in Rom abgeführt werden.

## Beteiligte am »Ewigen Chor«

**Oculus Decani und Oculus Praepositi**
Vikare als Stellvertreter von Dechant und Propst

**Succentor**
Vikar als Stellvertreter des Cantors, Leiter des Chorgesangs im Hohen Chor

**Chorknaben**
jüngere Schüler in der Domschule

**Chorschüler**
ältere Schüler in der Domschule

**Kapellan**
Leiter des Chorgesangs in der Fürstenkapelle, unterstützt durch einen Famulus.

**Schotten**
Abteilung der Vikare in der Fürstenkapelle

**Grabaten**
Abteilung der Vikare in der Fürstenkapelle, benannt nach dem Gräbern der Fürsten

**Octaviani**
Abteilung der Vikare in der Fürstenkapelle, die ihren Dienst 8 Uhr abends antraten

**Substituten**
Stellvertreter der Vikare, also Stellvertreter der Stellvertreter der Domherren

---

hörte das Donatus-Reliquiar mit dem Schädel des Bistumspatrons. Heilversprechend war das goldene, mit Edelsteinen besetzte Kreuz aus der markgräflichen Hauskapelle. Es enthielt einen Splitter des hl. Kreuzes, ein Partikel der Dornenkrone, Teile des Kopftuchs der Maria und ein Fingerpartikel Johannes des Täufers. Markgräfin Elisabeth übergab das kostbare Kreuz im Jahr 1400 dem Meißner Dom zur öffentlichen Ausstellung an hohen Feiertagen. Sonderablässe wurden zu bestimmten Ereignissen ausgeschrieben, häufig auch, um den Dombau finanziell zu unterstützen. Einen Nachlaß an Sündenstrafen erhielten alle Gläubigen, die an festgesetzten Tagen oder Wochen in den Meißner Dom kamen, dort beteten und nach ihrer Möglichkeit in die Baukasse einzahlten.

Bereits im frühen 15. Jahrhundert gab es ein heute unvorstellbares Gewirr an liturgischen Feiern und Gottesdiensten. Durch die Kirche drangen die Gesänge der sieben täglichen Chorgebete und der Hauptmesse im Hohen Chor, sie durchmischten sich mit den Texten der Heiligenmessen, mit den Seelenmessen an den Altären und mit den Fürbittgebeten an den Gräbern der verstorbenen Stifter. Zumindest bei der Hauptmesse hatte man das Ordnungsprinzip eingeführt, daß der höhere Festtag alle niederen Feste verdrängt. Nun kamen aber weitere liturgische Verpflichtungen hinzu, die eine Abstimmung der einzelnen Gebetszeiten beinahe unmöglich machten. Vor dem Westportal wurde die Fürstenkapelle als Grablege der sächsischen Landesherren errichtet. Die für die Liturgie in der Kapelle eingestellten Priester sollten täglich alle Stundengebete in der Kapelle feiern, außerdem Messen zu Ehren der Gottesmutter lesen und die Seelenmessen für die verstorbenen Fürsten abhalten. Das führte zu erheblichen Störungen der Gottesdienste im Hohen Chor. Urkunden von 1443 und 1445 berichten über die gegenseitigen Behinderungen. Mit der Zeit erhielt die Fürstenkapelle immer mehr Altäre und Vikarien, außerdem eine eigene Orgel. Eine einheitliche Regelung der Gebetszeiten konnte nicht mehr aufgeschoben werden.

Kurfürst Ernst und Herzog Albrecht setzten 1480 eine neue liturgische Ordnung ein, die für eine Abstimmung der Gebete sorgte und gleichzeitig eine neue, viel bewunderte Einrichtung schuf. Die Stundengebete und Gottesdienste folgten nun ohne Überschneidung nach einem festen Stundenplan aufeinander; sie bildeten eine unendliche Reihe von Gebeten zur Ehre Gottes. Diese Ordnung, genannt »Ewiger Chor«, war in der christlichen Welt einzigartig. Ohne Pause, Tag und Nacht, über 24 Stunden erklang der Lobgesang Gottes. Bis zum Jüngsten Gericht sollte dieses Chorgebet fortgesetzt werden. Der »Ewige Chor« verlangte eine präzise Organisation der gesamten Liturgie. Den Priesterabteilungen wurden genaue Zeiten zugewiesen. Der Stundenplan war in Sommer- und Winterhalbjahr geteilt, weiterhin gab es zahlreiche Sonderregelungen für Feiertage, spezielle Heiligentage und wöchentlich wiederkehrende Sondermessen. Die Seelenmessen waren allerdings nicht in den »Ewigen Chor« eingebunden. Der personelle Aufwand für die Gebetskette war beachtlich. Ungefähr fünfzig Personen sorgten dafür, daß Messen, Lesungen und Psalmen einen unendlichen Lobgesang bildeten.

Die Reformation veränderte das gesamte geistliche Leben am Meißner Dom. Alle liturgischen Ordnungen und Traditionen fanden ein Ende. Nur sechzig Jahre lang hatte man das vermeintlich ewige Gebet zur Ehre Gottes fortführen können. Da die Fürstenkapelle unter dem Patronat der sächsischen Landesherren stand, erteilten die lutherischen Visitatoren im Auftrag Herzog Heinrichs des Frommen bereits 1539 ein Verbot für alle Stundengebete und Seelenmessen. Im Dom selbst fanden noch bis in die Zeit um 1570 katholische Messen statt, bis die jüngeren Domherren auch hier die evangelisch-lutherische Gottesdienstordnung durchsetzen konnten.

»Ewiger Chor«. Liturgischer Stundenplan für einen Freitag im Winterhalbjahr

| Zeit | Ort | Liturgie | Ausführende |
|---|---|---|---|
| 12.00–12.45 Uhr | Hoher Chor | Vigilie | ein Priester, zwei Chorschüler, acht Chorknaben |
| 12.45–13.45 Uhr | Fürstenkapelle | Vigilie, Vesper, Komplet | acht fürstliche Vikare mit Famulus |
| 13.45–14.00 Uhr | Fürstenkapelle | Psalter | Grabaten und Stationarii der Fürstenkapelle |
| ab 14.00 | Hoher Chor | Psalter | |
| anschließend bis 16.00 Uhr | Hoher Chor | Vigilie, Komplet, anschließend Heilige Messe | Klerus und zwölf Chorschüler |
| 16.00–18.00 Uhr | Fürstenkapelle | Psalter | Grabaten |
| 18.00–20.00 Uhr | Fürstenkapelle | Vigilie, Vesper, Komplet | Kapellan und Grabaten |
| 20.00–23.00 Uhr | Fürstenkapelle | Psalter | Octavianer |
| 23.00–1.00 Uhr | Fürstenkapelle | Matutin | Oculus Decani und Oculus Praepositi |
| 1.00–4.00 Uhr (bis zum Schlag der Schotten-Glocke) | Fürstenkapelle | Matutin, Prim, Terz, Sext, Non, Psalter | Kapellan und Grabaten |
| ca. 4.00 Uhr | Fürstenkapelle | Matutin, Prim, Terz, Sext, Non, dann Messe und Requiem für Stifter der Fürstenkapelle | neun fürstliche Vikare mit Famulus |
| ca. 6.00 Uhr | Hoher Chor | Vigilie, danach Requiem für Markgraf Wilhelm I. | ein Chorschüler, sechs Chorknaben |
| ca. 7.00 Uhr | Kreuzaltar auf der südlichen Lettnerbühne | Kreuzmesse | Substituten mit Chorschülern |
| ca. 8.00 Uhr | Hoher Chor | Prim | Oculus Decani und zwölf Chorschüler |
| anschließend | Hoher Chor | Requiem | alle |
| anschließend | Hoher Chor | Verlesen eines Kapitels aus den Statuten des Domkapitels | Chorschüler |
| anschließend | Hoher Chor | Kollektegebet | |
| Pause des Chorgebets für eine Viertelstunde | | | |
| ca. 10.30–12.00 Uhr | Fürstenkapelle | Psalter | Stationarii |

# Altäre im Meißner Dom

Der Altar, der Ort des Meßopfers, steht im Mittelpunkt der kirchlichen Liturgie. Für eine Domkirche waren zwei Altäre unverzichtbar: der Hochaltar im Chor, der nur für die Priester und Domherren zugänglich war, daneben der Kreuzaltar für die Laiengemeinde. Der Meißner Hochaltar wurde um 1250 errichtet. Der Kreuzaltar erhebt sich vor dem Lettner, der den Chor vom Bereich der Laiengemeinde abtrennt. Die Mensa, der steinerne Altartisch, stammt noch aus dem 13. Jahrhundert.

Durch Stiftungen wurde der Kirchenraum immer mehr mit Altären gefüllt. Jeder Stifter, der einen eigenen Altar errichten wollte, mußte aus seinem Vermögen einen Priester anstellen, der nach einer festen liturgischen Ordnung Messen zu lesen hatte. Die übertragenen Zinsen sicherten die Entlohnung eines Priesters für »ewige Zeiten«. Der Stifter wurde meist unmittelbar vor seinem Altar im Kirchenraum bestattet. Die ersten Altäre richtete man in abgetrennten Kapellenräumen ein, in der Andreaskapelle am Südostturm (1268), in der Allerheiligenkapelle am Kreuzgang (1296) oder in der Simon-Judas-Kapelle im Nordostturm (1313). Bald jedoch reichte der Raum nicht mehr aus. Im ganzen Kirchenraum entstanden neue Altäre. Diese lehnten sich meist gegen die Pfeiler des Langhauses. Auf der Lettnerbühne standen sechs Altäre. Die Fürstenkapelle, die Grablege der fürstlichen Familie, nahm neben den Grabplatten und dem Chorgestühl auch noch drei Altäre auf. Als Herzog Albrecht von Sachsen 1501 beigesetzt wurde, hat man an 32 Altären gleichzeitig Seelenmessen gefeiert. In der Mitte des 16. Jahrhunderts zählte man sogar um die 40 Altäre!

Mit der Einführung der Reformation wurden die Altäre beseitigt. Die evangelischen Theologen wandten sich gegen den Mißbrauch des Gottesdienstes und gegen alle Seelenmessen. Martin Luther lehrte, daß für einen Gottesdienst immer eine Gemeinde gläubiger Christen zusammenkommen müsse. Der evangelische Gemeindegottesdienst braucht daher nur einen Altar im Kirchenraum. Im Meißner Dom hat man die steinernen Tische der Nebenaltäre um 1565 abgebrochen. Zugleich entzog man dem alten System die wirtschaftlichen Grundlagen. Die Einnahmen, die die Priester bisher erhalten hatten, wurden nun dem sächsischen Schulwesen überwiesen.

Die meisten mittelalterlichen Altäre waren mit einer gemalten oder geschnitzten Rückwand geschmückt, dem sogenannten Altaraufsatz. Im Meißner Dom blieben drei Aufsätze erhalten. Der Dreikönigsaltar, der einst in der Fürstenkapelle stand, ist heute im Hohen Chor zu sehen. Der steinerne Aufsatz in der Allerheiligenkapelle stammt vom Annenaltar im Langhaus. Nur der Kreuzaltar befindet sich noch am alten Standort. Der Fabian-Sebastian-Altar wurde – wahrscheinlich im 19. Jahrhundert – in die Dorfkirche von Boritz bei Riesa verbracht, wo er seit 1886 den Hauptaltar ziert.

Annenaltar

## Annenaltar (um 1400)

Das Sandsteinrelief des Annenaltars, geschaffen in der Zeit um 1400, befindet sich heute in der Allerheiligenkapelle. Der mittelalterliche Annenaltar erhob sich an der Westseite des südwestlichen Vierungspfeilers. In den Sandsteinblock ist ein Bühnenraum eingearbeitet. In der Mitte sieht man die hl. Anna, die auf einem verzierten Thron sitzt. Sie trägt Maria und Christus, die beide als Kinder dargestellt sind. Mit liebevollem Blick wendet sich Anna den Kindern zu. Die Skulptur links, die heilige Katharina, kann man an ihren Attributen – Rad und Schwert – erkennen. Rechts außen steht ein bärtiger Mann, der hl. Sebastian. Ein Bogenschütze, der auf den Fond des Retabels aufgemalt ist, beschießt Sebastian mit Pfeilen. In die Reihe der Heiligen sind Stifterdarstellungen eingefügt. Über dem Wappen der Familie von Polenz sieht man einen aufgemalten Ritter. Auf dem zugehörigen Schriftband konnte man einst lesen: »*Gott erbarme dich ober mich von Polenzk Ulrich*«. Ein weiterer Stifter kniet betend vor der heiligen Anna. Die Kleidung deutet an, daß es sich um einen Geistlichen handelt. Wahrscheinlich ist hier der Meißner Domherr Ramfold von Polenz dargestellt, der 1403 verstarb und in der Nähe des Annenaltars bestattet wurde. Der Ritter Ulrich von Polenz verstarb schon um 1390. Wahrscheinlich ließ Ramfold den Altaraufsatz anfertigen, um an seinen Verwandten und sich selbst zu erinnern. Das Sandsteinrelief war ursprünglich reich bemalt. Auch die Rückseite, die teilweise sichtbar war, trug eine farbige Bemalung. Bis heute kann man dort das Schweißtuch der heiligen Veronika erkennen. Die Gestaltung des Reliefs erinnert an Werke des »Schönen Stils« in Schlesien und Südböhmen aus der Zeit um 1400.

### Dreikönigaltar (um 1495)

Das Altaraufsatz, der heute auf dem Hochaltar steht, ist ein bedeutendes Werk der spätmittelalterlichen Tafelmalerei. Meister und Entstehungszeit waren lange umstritten. Erst neuere Untersuchungen haben Licht in das Dunkel gebracht. Stifter des Altars war der sächsische Kurfürst Friedrich der Weise, der 1495 am Grab seines Vaters Ernst in der Fürstenkapelle ein »ewiges Gedächtnis« einrichtete. Dabei erhielt der Hauptaltar der Begräbniskapelle einen neuen Altaraufsatz. Dieses Werk wurde später in den Hohen Chor überführt. Der Maler, Meister Jan, kam 1491 aus den Niederlanden nach Sachsen. Als Hofmaler arbeitete er für Kurfürst Friedrich den Weisen in Wittenberg und Torgau.

Der Dreikönigsaltar besteht aus einer Mitteltafel und zwei beweglichen Flügeln. Die Predella und der Maßwerkaufsatz wurden erst 1910 hinzugefügt. Der geschwungene Abschluß in Form eines Kleeblattbogens ist typisch für die niederländischen Altäre des 15. Jahrhunderts. Auf der Mitteltafel sieht man die Anbetung der Heiligen Drei Könige, rechts stehen die Apostel Jakobus der Ältere und Bartholomäus, links sind Philippus und Jakobus der Jüngere in ein Gespräch vertieft. Meister Jan hat die drei Bildszenen in einen einheitlichen Raum eingebettet. Gewaltige Ruinenwände, die perspektivisch angelegt sind, rahmen den Stall von Bethlehem. Maria hält das Christuskind auf ihrem Schoß, das sich vor dem tiefblauen Mantel der Muttergottes abhebt. Zwei Könige knien anbetend vor Christus, während der dritte König – mit schwarzer Hautfarbe – von rechts herankommt. Alle Augen richten sich auf das Kind. Besonders spannungsvoll ist der innige Blick zwischen dem Christuskind und dem älteren König.

Eine geschickte Komposition verstärkt die Wirkung des Bildes: Die Muttergottes und die anbetenden Könige werden von Birkenstamm und Strohdach umrahmt. Es entsteht ein »Bild im Bild«. Der schwere Pfeiler im Hintergrund, auf den die Fluchtlinien des perspektivischen Raums zulaufen, bildet ein Gegengewicht. Mit der klaren Ordnung des Bildes und den kühlen Farben erzeugt der Maler eine ganz eigene, ungewöhnliche Stimmung.

Auf den zweiten Blick fallen die kleinen Details auf, die liebevoll und ganz naturalistisch wiedergegeben sind: das zerstörte Mauerwerk, der Birkenstamm, die leuchtenden Gewänder der Könige, das an der Mauer aufgehängte Tuch, das sich von der Mitteltafel auf die Seitentafel fortsetzt. Der Meißner Dreikönigsaltar des sächsischen Hofmalers Jan kann zu den großen Werken der flämisch-niederländischen Malerei um 1500 gezählt werden.

Dreikönigsaltar

## Kreuzaltar (1526)

Der Kreuzaltar vor dem Lettner erhielt 1526 einen gemalten Aufsatz, der von Peter Eisenberg, dem Beichtvater Herzog Georgs, gestiftet wurde. Der Stifter ließ sich auf der Mitteltafel abbilden. Den Flügelaltar fertigte die Werkstatt des sächsischen Hofmalers Lucas Cranach d. Ä. in Wittenberg. Von der Hand Cranachs stammen wahrscheinlich die eindrucksvollen Figuren des Schmerzensmannes und der Schmerzensmutter auf den Rückseiten der Flügel.

Der Altaraufsatz besitzt zwei feste und zwei bewegliche Flügel. Öffnet man das äußere Flügelpaar, dann wird die innere Wandlung sichtbar. Die Bilder erzählen die Geschichte des Heiligen Kreuzes. Auf der Mitteltafel sieht man die Kreuzigung auf dem Berg Golgatha. Das Kreuz Christi bildet die Mittelachse des Bildes. Auf der linken Seite sind die Gläubigen versammelt: der reuige Schächer, Johannes, die beiden Marien, der Gute Hauptmann sowie Maria Magdalena, die den Kreuzesstamm umklammert. Ihnen stehen die Soldaten und Pharisäer gegenüber, die Christus verhöhnen, dazu der böse Schächer mit fratzenhaft verzogenem Gesicht. Die zwei Bildszenen unter der Kreuzigung verweisen auf die typologischen Vorbilder des Kreuzestodes Christi im Alten Testament: links unten die Opferung Isaaks durch Abraham, rechts die Erhöhung der ehernen Schlange. Die Errettung des Volkes Israel beim Anblick der Schlange deutet auf die Erlösung der Menschheit durch das Kreuz Christi. Und so wie Abraham seinen Sohn Isaak hingeben will, so opfert auch Gott seinen geliebten Sohn.

Die Bilder auf den Seitenflügeln führen die Geschichte des heiligen Kreuzes weiter. Vor den Toren Jerusalems entdeckt Kaiserin Helena (gest. 329) die drei Kreuze von Golgotha (links oben). Durch die wunderbare Auferweckung eines Toten (im Bild darunter) kann Helena das wahre Kreuz Christi identifizieren. In einer feierlichen Prozession bringt sie das Kreuz nach Jerusalem. Die Szenen auf dem rechten Flügel berichten von der Rückführung des Kreuzes, das der persische König Chosroes II. im Jahr 614 geraubt hatte. Im Zeichen des Kreuzes Christi kann der byzantinische Kaiser Heraklius den Sohn des Perserkönigs 629 besiegen. Die beiden Szenen darunter sind ein moralisches Lehrstück: Im Triumphzug, geschmückt mit dem kaiserlichen Ornat, will Heraklius das Kreuz zurückbringen. Doch die Tore Jerusalems verschließen sich auf wundersame Weise. Erst als der Kaiser vom Pferd absteigt, die kaiserlichen Insignien ablegt und ein Büßergewand anzieht, öffnet sich das Tor der Heiligen Stadt.

Wenn die Flügel geschlossen sind, kann man die äußere Wandlung des Altars betrachten. In der Mitte steht auf schwarzem Grund Christus als Schmerzensmann. Der ganze Körper ist blutüberströmt. In den Händen hält er zwei Geißeln. Gegenüber steht Maria als Schmerzensmutter. Begleitet wird diese Darstellung von den Symbolen der vier Evangelisten: Johannes (Adler), Matthäus (Engel), Markus (Löwe) und Lukas (Stier).

Die Darstellung auf der Predella bleibt, unabhängig von den Wandlungen der Flügel, immer sichtbar. Hier wird das Bildprogramm um das Heilige Kreuz fortgesetzt. Gleichzeitig richtet sich das Bild lehrhaft an die versammelte Gemeinde. Im mittleren Feld erkennt man einen Kirchenraum, in dem Priester, Meßdiener und Gemeinde vor einem Altar zusammenkommen. Dargestellt ist die Heilige Messe. Der Priester erhebt die Hostie, die sich in Fleisch und Blut Christi wandelt. Nach dem vorreformatorischen Verständnis ist das Meßopfer, das am Altar gefeiert wird, die unblutige Wiederholung des Kreuzestodes Christi. Links und rechts sieht man, wie durch das Meßopfer die Seelen der Verstorbenen aus dem Fegefeuer erlöst werden. Es überrascht, daß dieses Bild im evangelischen Dom beibehalten wurde, obwohl es der Theologie Martin Luthers deutlich widerspricht.

Kreuzaltar

# Die spätgotische Westturmanlage

Dem westlichen Turmmassiv fehlte ein Abschluß, seitdem ein Sturm 1413 die provisorischen Glockentürme herabgeworfen hatte. Erst 1470 wurde an der Westturmanlage weitergebaut. Den Anstoß gaben die sächsischen Landesherren Kurfürst Ernst und Herzog Albrecht, die sich neben dem Dom eine neue Residenz, die Albrechtsburg, errichten ließen. Als Schutzherren der Meißner Kirche förderten sie die Vollendung der Domtürme. Ernst und Albrecht sorgten nicht nur für die Baukosten, sondern gestatteten es auch, daß der oberste sächsische Landesbaumeister, Arnold von Westfalen, die Planung übernahm. Bis zu seinem Tod 1482 arbeitete Meister Arnold für das Meißner Domkapitel. Dombaumeister Klaus führte zwischen 1482 und 1489 die Arbeiten an der Westturmanlage weiter.

Arnold von Westfalen errichtete einen einzigartigen Turmaufbau, der sich von allen architektonischen Konventionen löst. Der Baumeister entwickelte einen neuen Aufbau, der dem Wandpfeilersystem der benachbarten Albrechtsburg entspricht. Nord- und Südturm sind in vier massive Pfeiler aufgelöst. Zwischen diesen Pfeilern hat Arnold von Westfalen gewaltige Nischen mit geschwungenen Seitenflächen und einer dünnen Rückwand ausgebildet. In den zurückgesetzten Wandfeldern öffnen sich Maßwerkfenster. Am oberen Bogenabschluß der Nischen überlagern sich zwei Maßwerkschichten: In der hinteren Ebene verschlingen sich die Fensterbahnen zu einem kleinteiligen Netzmuster, und aus dem vorderen Bogen entspringt ein urwüchsiges Hängemaßwerk. Bogenglieder drehen sich ein wie Hobelspäne und wachsen dann zu brezelförmigen Gebilden zusammen. Der Stein ist hier als organische Substanz aufgefaßt. Eine phantasievolle Erfindung ist das Erschließungssystem der Turmanlage: Frei schwebende, offene Treppenarme verbinden die Turmpfeiler. Die Treppenaufgänge durchstoßen den Kern der schweren Eckpfeiler, wechseln in Pfeilermitte ihre Richtung und setzen sich dann an der Außenseite als brückenartige Konstruktionen fort.

Der Mittelbau des spätgotischen Turmgeschosses ist weitgehend geschlossen. An der westlichen Fassade stößt das schlanke Dach der Fürstenkapelle gegen die Turmwand; zwischen Lisenen wächst dann ein organisch aufgefaßtes Blendmaßwerk nach oben. Im Osten schließt sich ein hohes Dachwerk an. Arnold von Westfalen beseitigte das vielfach untergliederte Dach des 14. Jahrhunderts. Stattdessen entstand ein gewaltiges, aufstrebendes Satteldach, das alle drei Langhausschiffe überspannt. Mit seiner beträchtlichen Höhe prägt das spätgotische Dach die Silhouette des Doms und des Burgbergs.

Nach den Planungen Arnolds sollten über dem spätgotischen Westriegel zwei getrennte Türme aufgeführt werden. Dabei war vorgesehen, den Aufbau mit Pfeilern, Wandnischen und eingehängten Treppen weiterzuführen. Nach 1480 wurden die Bauarbeiten allerdings abgebrochen, wahrscheinlich aus finanziellen Gründen.

Einige Jahre später setzte sich Herzog Georg von Sachsen für die Fertigstellung der Westtürme ein. Die Planung des Arnold von Westfalen wurde allerdings aufgegeben. Herzog Georg ließ 1501 bis 1503 über dem Westriegel drei schlichte hölzerne Turmspitzen errichten. Eine mittlere Turmspitze über einem erhöhtem Unterbau überragte die beiden kleineren Seitentürme. Nach mehr als zweihundert Jahren war die Meißner Westturmfront endlich vollendet. Damals ahnte niemand, daß ein schwerer Brand die Türme bald wieder zerstören sollte.

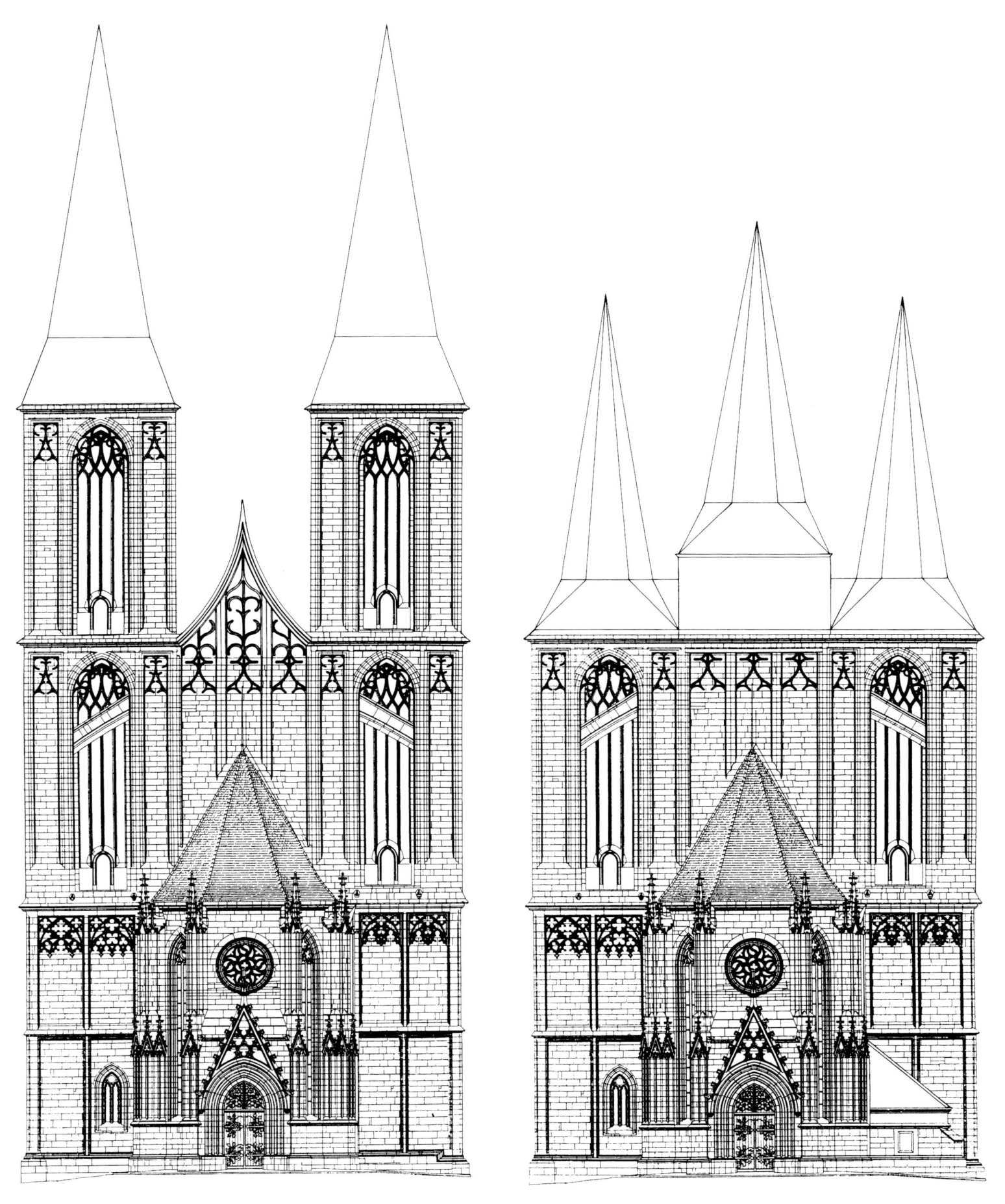

Plan des Baumeisters Arnold von Westfalen für die Westturmanlage des Meißner Doms um 1470/1480. Rekonstruktion nach Befunden am Bauwerk (links) und Westturmanlage im frühen 16. Jahrhundert (rechts)

Nordseite der Westturmanlage mit Turmgeschoß des Arnold von Westfalen

Kreuzgang

# Kreuzgang, Kapitelhaus und Große Sakristei

Eine malerische Gruppe kleiner Bauten aus dem ausgehenden 15. Jahrhundert umgibt den Hohen Chor und die Allerheiligenkapelle. Auftraggeber war das Domkapitel, das hier, in der Umgebung des Kapitelsaals, über bequeme Räume verfügen wollte. Aus den historischen Quellen geht hervor, wie sehr das Domkapitel von den Landesherren, den wettinischen Fürsten, abhängig war. Herzog Albrecht von Sachsen erteilte 1489 die Anweisung zum Bau der Kapitelgebäude. Die Planung und Bauleitung übernahm Dombaumeister Klaus, der Schüler und Nachfolger des Architekten Arnold von Westfalen. An die Bauzeit erinnern einige Inschriften. Am Gesims des Kapitelhauses liest man »1489«, auf einem Pfeiler des Kreuzgangs steht »1490«.

Die Große Sakristei, gelegen zwischen der Albrechtsburg und dem Hohen Chor, wurde mit einem unregelmäßigen Grundriß in die Baugruppe am Burgberg eingepaßt. Am steil abfallenden Berghang mußten zwei Kellergeschosse errichtet werden, um den Höhenunterschied zum Fußboden des Chors auszugleichen. Der zweigeschossige Chorumgang wurde teilweise abgerissen, eine neu eingefügte Pforte verbindet Sakristei und Chor. Die spätgotische Raumgestaltung der Sakristei erinnert an Innenräume der benachbarten Albrechtsburg. Aus einer mittleren Stütze wächst ein filigranes Zellengewölbe hervor, das mit unterlegten Gewölberippen versehen ist. Hohe Vorhangbogenfenster öffnen den Raum zum Elbtal. Im Unterschied zu den anderen Dombauten besteht die Sakristei nicht aus Sandsteinquadern, sondern aus Backsteinmauerwerk, das verputzt wurde. Weiß leuchten die Fassaden der Sakristei. Die Fenstergewände und die Eckquaderung sind mit einer ockergelben Farbfassung hervorgehoben.

Das Kapitelhaus, das sich an die Allerheiligenkapelle anlehnt, zeigt die gleiche Farbigkeit. Die schwierige Geländesituation am Berghang nutzte man geschickt aus, indem zwei übereinanderliegende Räume geschaffen wurden. Der Saal im Untergeschoß, erreichbar über eine lange gerade Treppe, ist mit einem kleinteiligen Zellengewölbe geschlossen. Darüber liegt die Kapitelstube, ein beheizbarer Raum, in dem die Domherren zu Versammlungen und Besprechungen zusammenkamen. Mit den Wandnischen, den Vorhangbogenfenstern und der Holzbalkendecke entstand ein repräsentativer und zugleich wohnlicher Raum.

Westlich der Allerheiligenkapelle umschließt der spätgotische Kreuzgang einen kleinen Hof, den alten Kirchhof des Meißner Doms. Die drei Gewölbegänge des Kreuzgangs wurden 1490/91 errichtet. Massive Pfeiler mit spornartigen Vorsprüngen tragen die tief ansetzenden Arkaden. Über den Gängen spannen sich meisterhaft gebildete Zellengewölbe. Das filigrane Gewölbesystem ist im Kreuzgang eindrucksvoll zu erleben: Scharfe Gewölbegrate wechseln mit tief eingezogenen Zellen. Das einfallende Licht beleuchtet einzelne Zellen, andere taucht es in ein geheimnisvolles Dunkel. Das spannungsvolle Spiel von Schatten und Licht verleiht dem Kreuzgang eine unverwechselbare Stimmung.

Große Sakristei

# Grabmonumente im Meißner Dom

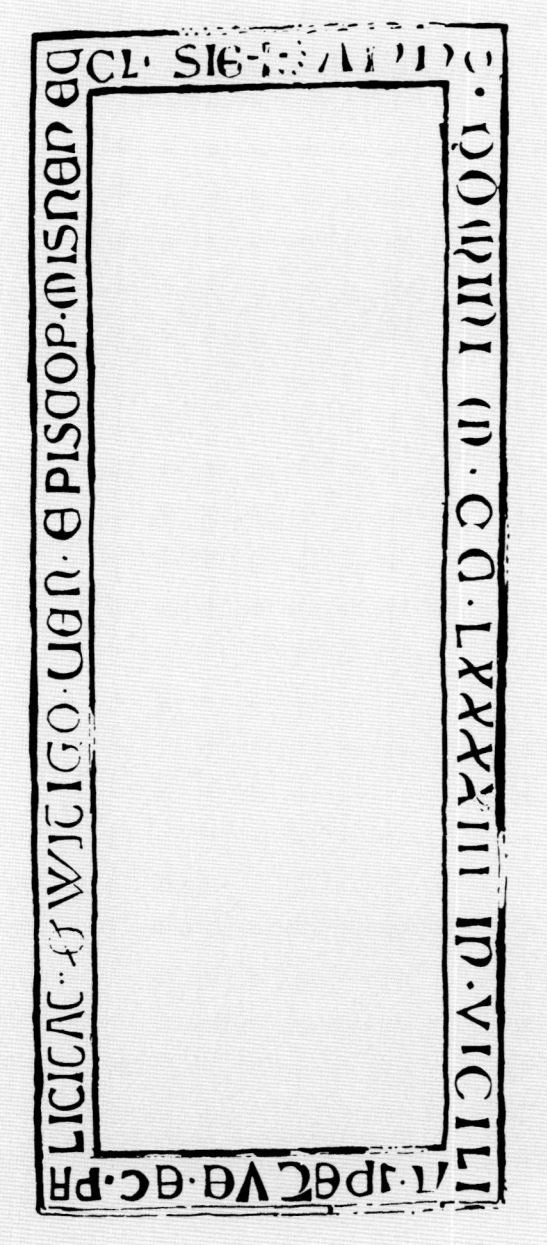

Heute kann man sich nur schwer vorstellen, daß der Meißner Dom über Jahrhunderte als Begräbnisstätte genutzt wurde. Noch bis ins frühe 20. Jahrhundert war der Boden des Langhauses dicht mit Grabplatten bedeckt. Um die weitere Beschädigung der Inschriften und Bilder aufzuhalten, hat man die Grabplatten 1902 entfernt und an die Wände von Langhaus, Kreuzgang und Allerheiligenkapelle versetzt. Leider wurden dabei historische Spuren ausgelöscht. Nichts erinnert mehr an die Grablege der Meißner Bischöfe vor dem Kreuzaltar, vergessen sind die Stifter, die einst Kapellen und Altäre ausgestattet haben. Doch auch am heutigen Ort erzählen die Grabmonumente vom Leben und Sterben in der mittelalterlichen Welt. In keiner anderen mitteldeutschen Kirche kann man einen so großen Bestand an mittelalterlichen Grabmonumenten betrachten. Über 180 Grabplatten und Epitaphe sind erhalten geblieben.

Mit dem Begräbnis im Kirchenraum wollten die Gläubigen den Heiligen und der Gnade Gottes besonders nahe sein. Die Beisetzung in der Kathedrale war ein Vorrecht, das auf wenige Personengruppen beschränkt blieb. Im Langhaus des Meißner Doms ruhen Bischöfe, Domherren und Vikare, außerdem die Burggrafen von Meißen und hohe Beamte des markgräflichen und kurfürstlichen Hofes. Die Landesherren aus dem Haus Wettin ließen die Fürstenkapelle als Grablege errichten. Angehörige bürgerlichen Standes konnten nur ausnahmsweise im Dom beigesetzt werden. Die niederen Geistlichen bestattete man im Kreuzgang. Nach der Reformation waren es die evangelischen Domherren und die Angestellten des Hochstifts, die ein Begräbnis in der Kirche beanspruchen konnten. Die letzte Bestattung im Meißner Dom fand 1717 statt.

Der Bestattung im Kirchenraum ging immer eine Stiftung voraus. Die Verstorbenen übergaben in ihrem Testament kleinere und größere Vermögenswerte an das Hochstift Meißen. Dafür übernahmen die Geistlichen die immerwährende Verpflichtung, jedes Jahr am Todestag das Jahrgedächtnis zu feiern und für das Seelenheil zu beten. Die Namen der Verstorbenen wurden in ein Anniversarregister eingetragen. In diesem Kalender waren die Seelenmessen und Fürbitten genau festgelegt. Zum Jahrgedächtnis wurde ein seidenes Tuch über die Grabplatte gebreitete, und man entzündete Kerzen. Vermögende Geistliche oder adlige Beamte stifteten für ihr Seelenheil eigene Altäre. Die angestellten Vikare mußten täglich für die Verstorbenen und deren Familien beten. Meist ließ sich der Stifter unmittelbar an seinem Altar beisetzen, um dem gnadenspendenden Meßopfer besonders nahe zu sein.

Die Grabstätten wurde mit Sandsteinplatten abgedeckt, die mit Inschriften, Reliefs oder Bilddarstellungen versehen waren. Auf diese Weise waren die Verstorbenen im Kirchenraum gegenwärtig. In der täglichen Liturgie, bei Seelenmessen und Anniversarfeiern, waren Lebende und Tote vereint. Die Grabmonumente bezeichneten den Ort der Bestattung, hatten aber noch weitergehende Funktionen: Grabplatten deuteten auf Stiftungen und erworbene Vorrechte, sie erinnerten die Priester an ihre geistlichen Pflichten, sie riefen die Nachlebenden zur Fürbitte auf. Bei den jährlichen Gedächtnisfeiern waren sie das sichtbare Zeichen der Erinnerung.

Die Gestaltung der Grabplatten läßt sich über sechs Jahrhunderte verfolgen. Das älteste erhaltene Grabmonument stammt aus dem Jahr 1266. Bischof Albert II. wurde vor dem Kreuzaltar in einem Sarkophag beigesetzt, bei dem die steinerne Deckplatte bündig in den Fußboden eingelassen war. In die Oberseite der Deckplatte sind Mitra, Kreuz und Bischofsstab eingearbeitet, während eine Inschrift fehlt. Der Verstorbene begründete die bischöfliche Grablege vor dem Kreuzaltar des gotischen Doms. Die Grabplatte des nachfolgenden Bischofs zeigt eine deutliche Veränderung. Withego I. erhielt 1293 eine Sandsteinplatte mit umlaufender Schriftleiste. Die lateinische Inschrift in romanischen Majuskeln nennt Jahr und Tag des Todes, den Namen und das geistliche

---

Grabplatte für Bischof Withego I.

Inschrift: + ANNO | · DOMINI · M · CC · LXXXXIII · IN · VIGILI | A · P(ER)PETVE · ET · FE | LICITAT(IS) · O(BIIT) · WITIGO · UEN(ERABILIS) · EPISCOP(US) · MISNEN(SIS) · EC | CLESIE

Im Jahr des Herrn 1293, am Vorabend des Festtags der Heiligen Perpetua und Felicitas, verstarb Withego, ehrwürdiger Bischof der Meißner Kirche.

Amt. Die Buchstaben hat man in die Steinplatte eingearbeitet und mit einer schwarzen Harzmasse gefüllt. Der Text war deutlich vom hellen Hintergrund abgesetzt. Das mittlere Feld ist noch unverziert. Diese Grundform der bildlosen Grabplatte wurde bis in die Mitte des 14. Jahrhunderts beibehalten.

Die Grabmonumente der Zeit um 1340 zeigen erstmals bildliche Darstellungen. Im Mittelfeld wird der Verstorbene als lebende, stehende Gestalt mit idealisierten Gesichtszügen abgebildet. Gekleidet ist der Verstorbene in seine Amtstracht. Domherren tragen Meßgewand und Kasel, ab dem späten 14. Jahrhundert jedoch ein Untergewand und darüber einen Mantel aus Hermelinpelz. Kelch und Evangelienbuch in den Händen verweisen auf das Priesteramt. Bischöfe erscheinen in der Pontifikalkleidung. Im ausgehenden 14. Jahrhundert wurde es üblich, über dem Haupt des Verstorbenen einen gotischen Baldachin wiederzugeben. Die bildlichen Darstellungen wurden mit Ritzlinien in die Steinplatte eingearbeitet. Anschließend füllte man die Vertiefungen mit einer Harzmasse. Diese Gestaltung blieb bis ins 16. Jahrhundert dominierend.

Die Grabplatte des Domherrn Johannes von Poczta, gestorben 1414, bietet ein anschauliches Beispiel. Im Mittelfeld sieht man einen Domherrn in reicher Gewandung, mit Untergewand, Hermelinmantel und Barett. Die Hände sind vor der Brust zum Gebet gefaltet. Die Inschrift in gotischen Minuskeln beginnt in der linken oberen Ecke, sie umläuft die gesamte Schriftleiste. Die Schriftform der gotischen Minuskel, die sich im Meißner Dom zuerst 1366 nachweisen läßt, hatte sich um 1380 endgültig durchgesetzt. Der lateinische Text ist nach einer festen Ordnung aufgebaut, die nur selten verändert wird. Am Beginn stehen Jahr, Monat und Tag des Todes, dann folgt der Todesvermerk. Die Titel vor dem Namen deuten auf die Rangstufe des Verstorbenen. Nach dem Namen werden die Ämter genannt. Abschließend wird auf den Bestattungsort genau unter dieser Grabplatte verwiesen. An dieser Stelle kann auch ein Segenswunsch stehen (»cuius anima requiescat in pace«), oder der Betrachter wird zur Fürbitte für den Verstorbenen aufgefordert (»orate pro eo«). Die Grabinschriften sind grundsätzlich in Latein verfaßt. Einen deutschen Gebetsruf kann man erstmals 1362 finden.

Zu den traditionellen Ritzgrabplatten kamen in der ersten Hälfte des 15. Jahrhunderts Sandsteinplatten mit eingelegten Metallreliefs hinzu. Inschriften und Bilddarstellungen wurden aus Messing gegossen und in die Steinplatte eingesetzt. Nur sehr reiche Geistliche konnten sich diese kostbaren Monumente leisten. Die älteste Grundform, die 1427 erstmals belegt ist, geht auf einheimische Werkstätten zurück. In der Grabplatte sitzt ein rundes Bildfeld mit der Figur des Verstorbenen im Relief und einer umlaufenden Inschrift. Später wurden großflächige Metallplatten bevorzugt, die die eigentliche Grabplatte aus Sandstein teilweise oder vollständig bedecken. Feine Linien geben das Bildnis des Verstorbenen wieder. Diese Linien wurden nicht eingeritzt, sondern zusammen mit der gesamten Platte gegossen. Bei der Herstellung dieser Grabmonumente war die Gießhütte Vischer aus Nürnberg führend. Der Meißner Dom birgt eine große Anzahl dieser qualitätvollen Metallplatten. An die Kurfürsten und Herzöge von Sachsen, an Bischöfe und vermögende Domherren lieferte die Vischer-Hütte insgesamt zehn Grabmonumente.

Hermann Vischer der Ältere gestaltete 1475 die Grabplatte für Bischof Dietrich von Schönberg. Der traditionelle Aufbau ist beibehalten. Im Bildfeld steht der verstorbene Bischof in geistlicher Kleidung, mit Evangelienbuch und Krummstab. Beeindruckend ist der lebendige Kopf des Bischofs. Das flache Messingreliefs hebt sich kontrastreich vom hellen Sandstein ab. Vergleichbar ist die Grabplatten für Herzog Sigismund von Sachsen, Bischof von Würzburg, in der Fürstenkapelle. Die umlaufende Inschrift in gotischen Minuskeln ist als Flachrelief in die Steinplatte eingesetzt. An den Ecken der Schriftleiste sieht man die Evangelistensymbole und die Wappen des Bischofs und seiner Vorfahren. Der lateinische Text folgt der hergebrachten Ordnung.

Die großen Grabanlagen des 15. und 16. Jahrhunderts umfaßten weit mehr als nur eine Grabplatte über dem Bestattungsort. Ein Epitaph, angebracht an der Wand oder an einem Pfeiler, sollte an den Verstorbenen erinnern und die Gläubigen zur Fürbitte

Grabplatte für Domdechant Johannes von Poczta

Inschrift: Anno · d(omi)ni · m° · cccxiiii° · me(n)sis | marcíí · die · xxviii° · obíít · honorabilis · vir · d(omi)n(u)s · iohannes · de · poczta | huí(us) · ecc(lesi)e · decanus · hic · sepultus

Im Jahr des Herrn 1414, am 28. Tag des Monats März, verstcrb der ehrbare Mann Herr Johannes von Poczta, Dechant dieser Kirche. Er ist hier begraben.

Grabplatte des Bischofs Dietrich von Schönberg, 1475

Inschrift: Anno • d(omi)ni • m° cccc° | lxxxvj° • In • Bona • Sexta • fer(ia) • que • fuit • duodecima • me(n)sis • April(is) • Obyt • Revere(n)d(us) • In | xpo • pater • et • do(minus) | D(omi)n(u)s • Theoderic(us) • de • Schonberg • Ep(iscop)us • hui(us) • ecc(lesie) • cui(us) • a(n)i(m)a • requiescat • in pace • Ame(n)

Im Jahr des Herrn 1476, am Karfreitag, der der 12. Tag des Monats April gewesen ist, verstarb der ehrwürdige Vater in Christus und Herr, Herr Dietrich von Schönberg, Bischof dieser Kirche. Seine Seele möge in Frieden ruhen. Amen.

aufrufen. Fahnen und Wappen konnten die Grabanlage ergänzen. Heute ist nur noch ein mehrteiliges Monument erhalten. Für den Bischof Johannes V. von Weißenbach, verstorben 1487, wurde eine Messinggrabplatte und ein mächtiges steinernes Epitaph geschaffen. Das Relief aus Sandstein war am 3. Pfeiler des Südseitenschiffs angebracht. Die lebendige, überaus detailreiche Darstellung geht auf einen unbekannten sächsischen Bildhauer zurück. Die machtvolle Gestalt des verstorbenen Bischofs steht auf einem Sockel, hinter ihm spannt sich ein Vorhang, der einen Innenraum andeuten soll. Das Bildfeld ist von Astwerk gerahmt. Um die Äste windet sich ein Inschriftenband. Von

Epitaph des Bischofs Johannes V. von Weißenbach

Inschrift auf dem gewundenen Schriftband: an(n)o • d(omi)ni | m • cccc | lxxx | vii die | prima | me(n)sis • novem(bris) • obiit • revere(n)diss(imus) | i(n) • xpo • p(ate)r • | et • domi(nus) | d(omi)n(u)s | ioh(anne)s • de | wissenbach | episcop(us) | hui(us) | ecclesie | c(uius) a(n)i(m)a | req(ui)escat (in pace)

Im Jahr des Herrn 1487, am ersten Tag des Monats November, verstarb der hochwürdigste Vater in Christus und Herr, Herr Johannes von Weißenbach, Bischof dieser Kirche. Seine Seele möge in Frieden ruhen.

der adligen Abkunft des Bischofs erzählen die Wappen. Oben sieht man das Wappen des Hochstifts Meißen und der Familie von Weißenbach, unten die Wappenschilde der Vorfahren. Die reiche Farbfassung steigert die Wirkung des Grabmonuments.

Bedeutsam ist das Epitaph des Domdechanten Prof. Dr. Johannes Hennig. Das Sandsteinrelief, umgeben von einer aufgemalten Einfassung, gehört zu den frühesten Werken der Renaissance in Sachsen. Der Domherr ließ das Relief 1524, noch zu seinen Lebzeiten, herstellen. Noch heute kann man das Epitaph am alten Standort sehen, an der Wand des Südseitenschiffs. Das Relief ist aus Marmor gearbeitet, die rahmende Architektur besteht aus Sandstein. Die antikisierende Dekoration ist von der Formenwelt der oberitalienischen Renaissance abgeleitet. In der Mitte ist ein perspektivischer Bildraum ausgebildet. Unter einem mächtigen Bogen erkennt man den auferstandenen Jesus Christus, der die Wunden seines Leidens vorzeigt. Johannes Hennig kniet vor einem stufenartigen Altar, er bittet den Heiland um die Vergebung der Sünden. Die Inschriften bezeugen die Hoffnung auf Gnade, Auferstehung und ewiges Leben im Reich Gottes. Das obere Bogenfeld umschließt eine weitere Schrifttafel. Die umgebende Wandmalerei wurde erst 1910 geschaffen. Es muß jedoch schon vorher eine einfassende Bemalung gegeben haben. Der italienische Stil läßt vermuten, daß das Relief von einem Bildhauer der Daucher-Werkstatt in Augsburg gearbeitet wurde. Die Darstellung ist nur sparsam farbig gefaßt. Johannes Hennig wurde 1527 im Südseitenschiff, unterhalb des Epitaphs, beigesetzt.

Die Reformation hat die Bestattung im Kirchenraum nur wenig geändert. Allerdings wurden Seelenmessen und Jahrgedächtnisse abgeschafft, die im Widerspruch zum protestantischen Bekenntnis standen. Die nachreformatorischen Grabmonumente bestehen meist aus Sandstein. Im 16. Jahrhundert hat man die Altartische der beseitigten Altäre zu Grabplatten umgearbeitet. Auf eine bildliche Darstellung des Verstorbenen wurde meist verzichtet. Die Texte und Inschriften dagegen wurden immer länger. Meist sind es ganze Bibelverse, die man in Latein oder Deutsch lesen kann. Titel und Ämter der Verstorbenen sind ausführlich geschildert. Im 17. Jahrhundert kamen Porträts in Mode, die auf Leinwand gemalt waren, wie das barocke Grabdenkmal an der nördlichen Langhauswand zeigt. Ein geschnitzter Holzrahmen mit Ranken und kleinen Engeln umgibt das Bildnis des Domdechanten Georg Friedrich von Heynitz, der 1674 verstarb. Das letzte erhaltene Grabmonument von 1717 ist dagegen sehr unscheinbar.

Epitaph des Domdechanten Johannes Hennig

Inschrift des Bogenfelds: SOLI • DEO • HONOR | VT • MORIENS • IXPO • VIVAT | VIVENS • IPSE • HOC • OPVS • F(IERI) • F(ECIT) | IOH(ANNES) • HENNIG • S(ACRE) • T(HEOLOGIE) • D(OCTOR) • HAINENS(IS) | ECCLESIE • MISNEN(SIS) • DECANUS | O • IHESV • CRISTE • ADORO • TE | ANNO • D(OMI)NI • M • D • XXIIII

Inschrift auf dem Gebälk: • IN • MANVS • TVAS • DOMINE | CONMENDO • SPIRITVM • MEVM

Inschrift im Bildfeld: MISERERE • MEI

Allein Gott sei Ehre. Johannes Hennig aus Großenhain, Doktor der heiligen Theologie, Dechant der Meißner Kirche, ließ das dieses Werk zu Lebzeiten anfertigen, auf daß er sterbend in Christus lebe. Jesus Christus, ich bete dich an. Im Jahr des Herrn 1524.

In deine Hände, Herr, übergebe ich meinen Geist.

Erbarme dich meiner.

# Die Georgskapelle

Die Georgskapelle ist ein kleiner Anbau im Eckbereich zwischen Fürstenkapelle und Südwestturm. Das außen völlig unscheinbare Gebäude birgt bedeutende Kunstwerke der deutschen Frührenaissance. Auftraggeber war Herzog Georg von Sachsen, der die Kapelle 1521–1524 als Grablege für sich und seine Frau Barbara von Polen errichten ließ. Der Herzog war bei seinem Besuch in Augsburg 1518 von der neuen Kapelle der Familie Fugger in der Kirche St. Anna so beeindruckt, daß er nun selbst den Bau einer eigenen Grab- und Gedächtniskapelle plante. Jakob Fugger stellte den Kontakt zur Augsburger Bildhauer-Werkstatt Daucher her, die für Herzog Georg 1521 das Portal des geplanten Begräbnisbaus entwarf und den Hochaltar der Annenkirche in Annaberg lieferte. Beide Bildhauerarbeiten gehören zu den frühesten Werken der Renaissance in Sachsen.

Die kleine Begräbniskapelle kann nur vom Innenraum der Fürstenkapelle aus betreten werden. Eine aufwendig gestaltete Portalfront kennzeichnet den Eingang. Nach der Visierung von Hans Daucher wurde die Portalarchitektur von sächsischen Bildhauern gearbeitet. Nur die Mitteltafel mit dem Beweinungsrelief und den Inschriftenplatten kam aus Augsburg. Die Pforte ist in einen zweigeschossigen Renaissance-Aufbau eingebunden. Zwei Säulen mit Kompositkapitellen umrahmen den Rundbogen der Pforte und tragen ein kräftiges auskragendes Gesims, daß sich – nach einem Rücksprung – an der Basis des Obergeschosses wiederholt. Das Beweinungsrelief in der zweiten Ebene ist von zwei kleineren, kanellierten Säulen mit Kompositkapitellen umgeben. Vor einer roten Marmorplatte ist ein weißes Kalksteinrelief angebracht: Maria und Johannes stützen den toten Christus. Der Leichnam sinkt kraftlos, mit blutender Seitenwunde, in ihren Armen zusammen. Unter dem Relief sieht man eine Inschriftentafel mit dem Text: »*Domine Deus nostri miserere*« (Herr Gott erbarm Dich unser), begleitet von den Wappen Sachsens und Polens. Oben wird der Aufbau durch ein drittes Gesims abgeschlossen, auf dem ein bogenförmiger Giebel mit einer Palmette im Bogenfeld ruht. Der Giebel war ehemals mit verzierten Kugeln besetzt, und an den Seiten standen kleine Putten, die nochmals Wappen hielten. Bemerkenswert ist die Farbigkeit des Portals: Wie eine Intarsie wurde die Portalfront aus verschiedenfarbigen Steinmaterialien zusammengesetzt. Die Säulen und die Fronten der Sockel bestehen aus Zöblitzer Serpentinit, dem »sächsischen Marmor«, der hier erstmals verwendet wurde. Das Relief aus hellem Kalkstein leuchtet vor dem Grund des rot gesprenkelte Marmors. Die Wappen und Inschriften, die aus verschiedenfarbigen Steinpasten bestehen, bilden eine kunstvolle Intarsien- arbeit.

Von hoher Qualität ist das Bildfeld mit der Beweinung Christi durch Maria und Johannes. Zusammen mit einem fast identischen Relief, das Herzog Georg 1523 für das Grabmal des Straßburger Bischofs Wilhelm III. in Zabern (Elsaß) stiftete, hat es Hans Daucher wahrscheinlich selbst gearbeitet. In verkürzter Form wiederholt das Relief die Figurengruppe auf dem Altar der Augsburger Fuggerkapelle. Unverkennbar sind die Stilformen der oberitalienisch-venezianischen Renaissance, die vom süddeutschen Bildhauer aufgegriffen wurden.

Der Innenraum der Georgskapelle erhielt 1672–1676 eine neue barocke Ausstattung. An Stelle der heute sichtbaren Stuckdecke muß man sich ein kostbares spätgotisches Gewölbe vorstellen.

Das an der Ostwand angebrachte Triptychon gehörte einst zum Altar der Begräbniskapelle. Die Predella des Altaraufsatzes und der obere Aufbau sind verloren, die Seitenflügel kann man heute nicht mehr bewegen. Den bemalten Flügelaltar hat Herzog Georg nach dem Tod seiner Frau Barbara im Jahr 1534 gestiftet. Darauf weist nicht nur die Datierung auf der Mitteltafel, sondern auch das Porträt des Herzogs: Erst seit dem

Georgskapelle. Portal

## Übersetzungen der lateinischen Inschriften

»Seid untertan aller menschlichen Ordnung um des Herrn willen, sei es dem König als dem Obersten, oder den Fürsten, die von ihm gesandt sind zur Bestrafung der Übeltäter und zum Lob derer, die Gutes tun, weil es so der Wille Gottes ist.« (1. Petrus 2, 13–15)

»Die Frauen seien untertan ihren Männern wie auch Gott« / »Die Männer sollen ihre Frauen lieben wie ihren eigenen Leib« / »Die Frauen sollen sich schmücken mit dem ehrenvollen Kleid von Scham und Zucht« (Epheser 5, 22 und 28; 1. Thimoteus 2, 9)

Tod Barbaras ließ er sich den Bart wachsen, von dem später der Beiname »der Bärtige« abgeleitet wurde. Auch der Künstler ist bekannt: Die Mitteltafel trägt das Schlangensignet von Lucas Cranach d. Ä.

Der sächsische Hofmaler hat in der Mitte des Altars den Schmerzensmann abgebildet. Gestützt wird der leidende Christus von Maria und Johannes. Über dem Schmerzensmann schwebt ein Reigen von Engeln mit den Marterwerkzeugen der Passion Christi. Die Darstellung, ein »Erbärmdebild«, soll als Andachtsbild den Betrachter anregen, sich in das Leiden und Sterben Jesu Christi zu vertiefen. Auf den Seitentafeln sieht man Herzog Georg und Herzogin Barbara, die den Schmerzensmann anbeten. Hinter ihnen stehen jeweils zwei Apostel, oben folgt eine Inschriftentafel. Geschickt sind die Bilddarstellungen miteinander verwoben: Der Schutzpatron des Herzogs, der hl. Jakobus d. Ä., empfiehlt den Herrscher der Gnade Christi. Der Apostel Petrus daneben verweist mit deutlicher Geste auf die lateinische Inschrift der rechten Seitentafel. Bibelzitate gemahnen an die Pflichten eines christlichen Herrschers. Bei Herzogin Barbara wiederholt sich diese Anordnung spiegelbildlich. Neben dem Schutzpatron, dem hl. Andreas, steht der Apostel Paulus, der auf die Texte der gegenüberliegenden Tafel deutet. Paulus ist der Verfasser der leicht abgewandelten Bibelzitate, die auf die Tugenden der Ehefrau verweisen. Wie ein Bekenntnis stehen die biblischen Texte über Georg und Barbara. Sie sind als Leitbilder für das Leben des Herzogpaares, aber auch als moralische Ermahnung des Betrachters zu verstehen. Die kreuzweise Verschränkung von Inschriftentafeln und Porträts ist ein bewußtes Mittel, um die innige Beziehung des fürstlichen Paares sichtbar zu machen.

Bei der Gestaltung des Triptychons hat Lucas Cranach Motive seiner früheren Werke aufgegriffen. Die Figuren von Johannes und Maria sind schon im Freiburger Barmherzigkeitsbild von 1524 vorgebildet. Der Engelreigen über dem Schmerzensmann erinnert an das Bild »Christus segnet die Kinder«, von dem Cranach mehrere Versionen schuf. Nach 1534 entstanden drei weitere Schmerzensmann-Gruppen, die sich eng an das Meißner Tafelbild anlehnen.

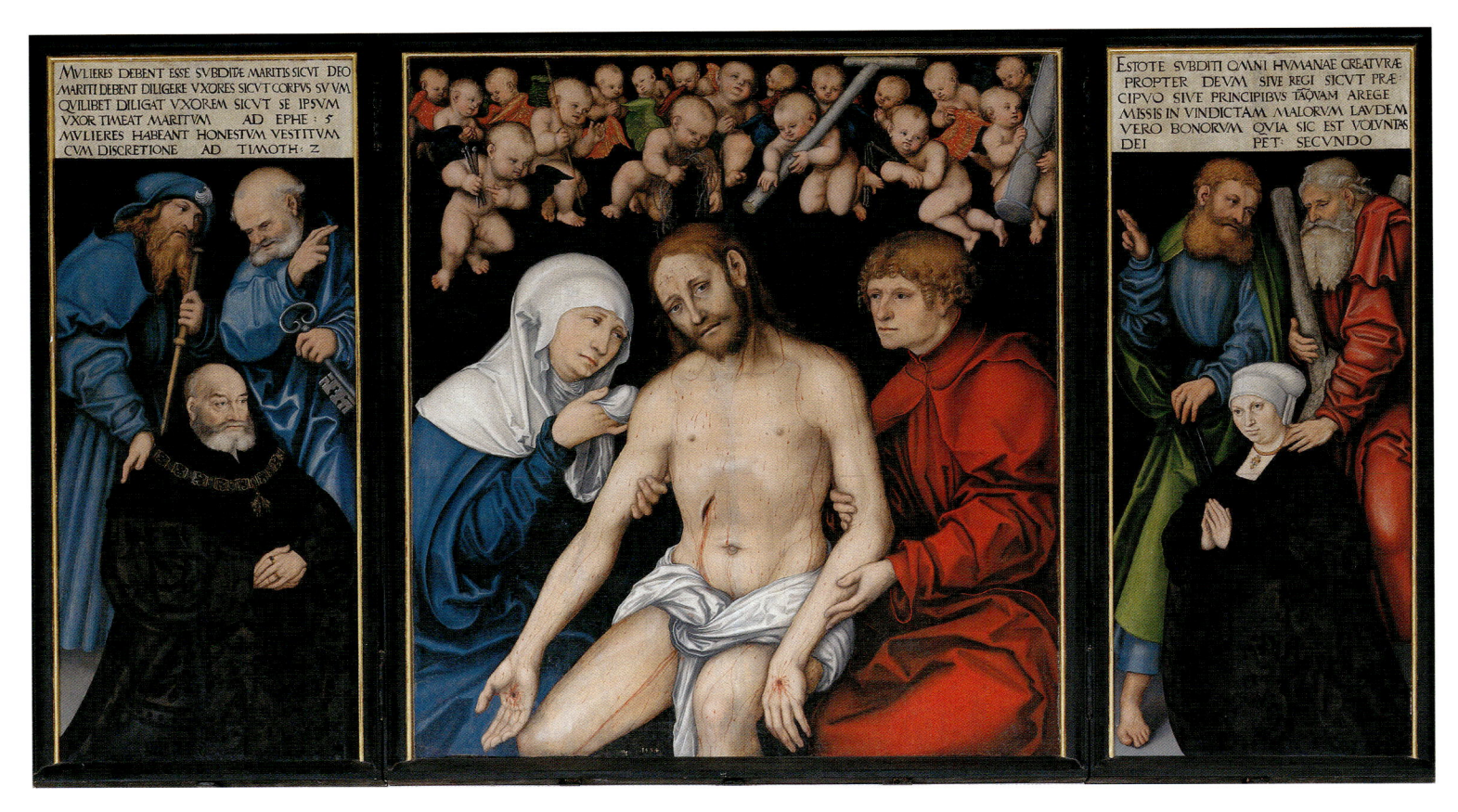

Georgskapelle. Triptychon von Lucas Cranach

In den Boden der Georgskapelle sind die Grabplatten des Herrscherpaares eingefügt. Die Tafeln, von der Hilliger-Hütte in Freiberg aus Messing gegossen, bilden die Verstorbenen ab. Herzogin Barbara (†1534) ist in einen mit Granatmuster verzierten Mantel gekleidet, sie trägt Haube und Kinnschleier. Herzog Georg (†1539), nun mit langem dichten Bart, steht im Harnisch vor einer Bogennische. Beide Tafeln besitzen eine reich ausgestaltete Umrahmung in Renaissance-Formen. Um das Bild der Herzogin Barbara zieht sich ein Rankenwerk mit weiblichen Groteskfiguren, Wappen und trompetespielenden Engeln. Noch phantasievoller ist die Rahmung um Georg den Bärtigen. An einem emporwachsenden Stamm sind Trophäen und Wappen festgebunden, ergänzt durch Totenschädel und kleine Putten.

Die Begräbniskapelle Herzog Georgs des Bärtigen ist das letzte Zeugnis spätmittelalterlicher Frömmigkeit am Meißner Dom. Noch einmal wurde – zur Ehre Gottes und zum Gedächtnis des Stifters – ein Sakralraum mit einer kostbaren liturgischen Ausstattung geschaffen. Als der Verteidiger des alten Glaubens 1539 gestorben war, führte Herzog Heinrich, der Bruder Georgs, die lutherische Reformation ein, und alle Seelenmessen – auch in der Georgskapelle – wurden verboten. Die evangelischen Landesherren gaben die Grablege im Meißner Dom auf. Ein Zeitalter ging zu Ende.

Portal der Georgskapelle. Beweinung Christi (»Erbärmdebild«) von Hans Daucher

# Das Bischofsschloß

Das Schloß der Bischöfe von Meißen nimmt – als Gegenstück zur Albrechtsburg – die Südostecke des Burgbergs ein. Der spätgotische Neubau, begonnen 1476, ersetzt den alten bischöflichen Hof am gleichen Standort. In dem Gebäude hat freilich niemals ein Bischof dauerhaft residiert. Schon im späten 14. Jahrhundert hatten die Meißner Bischöfe ihren Wohnsitz nach Stolpen verlagert, um dem zunehmenden Einfluß der sächsischen Landesherren zu entgehen. Der Neubau auf dem Meißner Burgberg sollte ein Symbol für die Präsenz des Bischofs in Meißen sein, ein Gegengewicht zum prächtigen Schloß der sächsischen Kurfürsten. Allerdings bevorzugten die Bischöfe weiterhin ihre Residenzen in Stolpen und Wurzen. Diese historischen Zusammenhänge erklären die lange Bauzeit des Meißner Bischofshofs. Johannes V. von Weißenbach ließ nach 1476 das gesamte Untergeschoß und den markante Eckturm, den Liebenstein, erbauen. Erst 1489 wurden die Bauarbeiten fortgesetzt. Johannes VI. von Salhausen hinterließ aber einen halbfertigen Rohbau. Schließlich mußte Herzog Georg von Sachsen 1511 die Fertigstellung anmahnen. Erst der 1518 gewählte Bischof Johannes VII. von Schleinitz war bereit, nach mehr als dreißig Jahren die Arbeiten abzuschließen.

Das Schloß am südlichen Abhang des Burgbergs besteht aus einem langgestreckten Hauptbau und einem massiven Eckturm, genannt Liebenstein. Drei Kellergeschosse waren erforderlich, um Turm und Schloß so weit wie möglich an den Berghang vorzuschieben. Damit wurde ausreichend Raum für einen Hof geschaffen. Der Baumeister, wahrscheinlich Arnold von Westfalen oder einer seiner Schüler, hat die bauliche Struktur der Albrechtsburg vereinfacht fortgeführt. Alle Pfeilermassive sind nach innen gezogen, so daß außen glatte Fassaden ausgebildet werden konnten. Die beiden Hauptgeschosse erhalten ihr Licht über gekoppelte Vorhangbogenfenster. An der Hofseite kragt ein Turmbau aus, hinter dem sich der Wendelstein verbirgt. Zwei Portale dienen der Erschließung. Die linke Pforte führt zu einer langen Treppenanlage. Die sogenannten Amtsstufen unterqueren das Schloß und verbinden den Hof mit der Stadt Meißen. Über das rechte Portal betritt man den Wendelstein und weiter das Hauptgeschoß. Fast alle Räume besitzen kunstvolle Zellengewölbe. Von der Eingangshalle aus erreichte man im westlichen Teil den Küchentrakt, im Osten mehrere Nebenräume und die Tafelstube. Die Räume im Obergeschoß sollten dem Bischof als Wohnstuben zur Verfügung stehen. Der Hauptbau schließt in einem hohen Satteldach. Über dieses Dach ragt die Spitze des Liebensteins. In dem Wohnturm sind die schönsten Räume der Schloßanlage untergebracht, ausgezeichnet durch kleinteilige Zellengewölbe. Ein zweigeschossiger Erker erweitert die repräsentativen Turmräume.

Spätere Umbauten haben die Räume im Inneren des Schlosses, aber auch den Außenbau verändert. Die spätgotische Turmspitze, zerstört bei einem Brand 1710, wurde durch einen barocken glockenartigen Turmhelm ersetzt. 1844 zog das Meißner Amtsgericht in den Schloßbau ein. Für die Nutzung als Gerichtsgebäude wurden die Räume 1912 weitgehend umgebaut.

Burgberg mit Bischofsschloß, Ansicht vom Elbtal

Hof des Bischofsschlosses

# Die Bauten des Hochstifts Meißen am Domplatz

Der südliche Teil des Burgbergs war über Jahrhunderte das Wohn- und Wirtschaftszentrum des Hochstifts Meißen. Hier, unmittelbar am Dom, wohnten die Kanoniker und Vikare, lernten die Domschüler, wurden die Finanzen verwaltet. Ein ganzes Netz von Einrichtungen war nötig, um den Betrieb der Kathedrale mit den unzähligen Gottesdiensten und Messen, den Kapitelsversammlungen und Chorgebeten aufrechtzuerhalten. Schon im 13. Jahrhundert wurden die ersten Domherrenkurien gebaut. Damals gab es die weite Fläche des Domplatzes noch nicht, vielmehr muß man sich eine kleinteilige Abfolge von Häusern vorstellen. Die durchgehende Häuserreihe, wie wir sie heute sehen, entstand erst bei der Umgestaltung des Meißner Burgbergs im späten 15. Jahrhundert. Im Lauf der Jahrhunderte wurden viele Gebäude verändert und erneuert. Spätgotische Formen zeigen nur noch Dompropstei, Domdechantei und Domkeller. Diese drei Häuser sind bis heute im Besitz des Hochstifts Meißen geblieben, während die anderen Stiftsgebäude mit der Zeit an andere Eigentümer gelangten.

Das Prokuraturamt (Domplatz 4), erbaut 1609 von Syndikus Paul Seyfried, ersetzte zwei ältere Domherrenhäuser. Kurfürst Johann Georg I. richtete die Prokuratur 1624 ein. In dem Gebäude wohnten und arbeiteten die Beamten, die einen großen Teil der Einkünfte und Finanzen des Hochstifts Meißen verwalteten. Nach den Verträgen von

Domherrenhäuser am Domplatz

Haus des Stiftssyndikus, Domplatz 6. Siegel des Meißner Domkapitels mit Wappen des Dompropstes Heinrich Graf von Callenberg und des Domdechanten Friedrich Carl von Pöllnitz

1561 und 1589 wurden die eingezogenen Gelder für die Förderung der Universität Leipzig und der sächsischen Schulen verwendet. Das Haus besteht aus vier Flügeln, die einen rechteckigen Innenhof umschließen. In den Hof führt eine weite, gewölbte Torhalle. 1828 wurde das Gefängnis des Amts Meißen in das Prokuraturamt verlegt. Daher trägt das Haus auch den Namen Amtsfronfeste.

Die Domdechantei (Domplatz 5) war die Residenz des Domdechanten, der die Geschäfte des Meißner Kapitels führte und immer vor Ort anwesend sein mußte. Johannes Hennig ließ das dreigeschossige Gebäude 1526 errichten. An dem Sitznischenportal, bekrönt von einer Statue des hl. Johannes, vermischen sich Formen der Spätgotik und der Frührenaissance. Über eine weite Diele erreicht man den Wendelstein im hinteren Bereich des Gebäudes. Links und rechts sind zwei Räume angeordnet, die ihre spätmittelalterliche Raumgestalt bis heute bewahrt haben.

Das Haus am Domplatz 6 ließ das Domkapitel 1726 bis 1728 als Wohn- und Amtsgebäude des Syndikus, den juristischen Vertreter des Hochstifts, errichten. Um einen kleinen Innenhof sind vier Hausflügel angeordnet. Eine barock gegliederte Fassade mit Mansarddach weist zum Domplatz. Das golden gefaßte Wappen des Hochstifts Meißen über dem Tor wurde einem spätgotischen Bischofssiegel nachgebildet. Unter den Fenstern des Obergeschosses sieht man die Wappen der Domherren, die 1726 im Amt waren: Prof. Dr. Heinrich Klausing, Christoph Heinrich Graf von Watzdorf (Propst von Bautzen), Johann Friedrich Carl Graf Bose (Senior), Heinrich Graf von Callenberg (Propst), Friedrich Carl von Pöllnitz (Dechant), August Philipp von Mergenthal (Custos), Prof. Dr. Christian Friedrich Börner, Johann Heinrich Gottlob von Nostitz.

Das älteste Gebäude in der Reihe der Domherrenkurien ist die Dompropstei (Domplatz 7), die von 1497 bis 1503 von Melchior von Meckau errichtet wurde. In dem Gebäude residierte der Dompropst, der Vorsteher des Meißner Domkapitels. Heute ist hier die Verwaltung des Hochstifts Meißen untergebracht. Wenn man den Hof betritt, fühlt man sich in die spätmittelalterliche Welt zurückversetzt. Der Wohn- und Amtssitz des Dompropstes besteht aus drei Flügeln, die einen Innenhof umschließen. Der zum Domplatz weisende Bau besitzt eine spätgotische Schaufassade. Neben der Durchfahrt zum Innenhof liegt der Haupteingang, verziert mit einem reich gestalteten Sitznischenportal. Hohe Vorhangbogenfenster lassen Licht in die Wohnräume. Der Flügel am Hang des Burgbergs ruht auf einem Kellergewölbe. Im Erdgeschoß sind die Versammlungsräume des Dompropstes eingerichtet, große Säle und Nebenräume mit Zellengewölben. Darüber lagen wahrscheinlich die privaten Wohnräume. Der unbekannte Baumeister hat im ganzen Haus die Formensprache des Architekten Arnold von Westfalen weitergeführt. Zu den einfallsreichen Lösungen gehört die ehemals offene Galerie, die, von weitgespannten Bögen getragen, um den Innenhof führt.

Von der spätgotischen Scholasterei (Domplatz 8) sind keine Überreste erhalten geblieben. Bis zur Auflösung der Domschule im Jahr 1541 wurden hier Schüler in Latein und Theologie unterrichtet. Das heutige Gebäude ließ 1745 Johann Joachim Kändler errichten, der zu den bedeutendsten Modelleuren der Meißner Porzellanmanufaktur zählt. Ein einfaches dreigeschossiges Wohnhaus setzt die Häuserreihe fort.

Die ehemalige Glöcknerei (Domplatz 9) war das Wohnhaus des Subcustos, der für die Ordnung in der Domkirche wie auch für das Läuten der Glocken zuständig war. Schon im 16. Jahrhundert wurde hier eine Gastwirtschaft, der Domkeller, eingerichtet. Das Gebäude auf einem schmalen, langgestreckten Grundstück zeigt die Formen eines einfachen städtischen Bürgerhauses. Ein zweigeschossiger Flügel zum Domplatz und ein hangseitiger Flügel umschließen einen beschaulichen Innenhof. Gewölbte Räume gibt es nicht, die Fenster besitzen einfache rechteckige Einfassungen.

In der Schotterei (Domplatz 10) wohnte eine Abteilung der Priester für die Fürstenkapelle, die als Schotten bezeichnet wurden. In der fürstlichen Begräbniskapelle zelebrierten sie die Seelenmessen für die verstorbenen Herrscher des Hauses Wettin. Das alte spätgotische Gebäude wurde 1744 durch ein einfaches viergeschossiges Wohnhaus ersetzt.

Nicht mehr erhalten ist die Grabaterei, die 1897 beim Umbau des Kornhauses abgerissen wurde. Das kleine Gebäude an der Westfassade des Kornhauses beherbergte die Grabaten, eine Abteilung der Vikare an der Fürstenkapelle. Neben anderen Priestern waren die Grabaten an der Ausführung des Ewigen Chorgebets beteiligt. Die zweifach gebrochene Fassade begrenzte zusammen mit der gegenüberliegenden Schösserei (heute Burgkeller) einen schmalen Torweg.

Dompropstei, Portal

# Kardinal Melchior von Meckau

Im Leben des Melchior von Meckau spiegelt sich die Welt des späten Mittelalters, die von tiefer Frömmigkeit, von wirtschaftlichen Neuerungen, aber auch vom Machtmißbrauch kirchlicher Amtsträger geprägt war. Der Adlige aus dem Meißner Land, der in Leipzig und Bologna studiert hatte, stieg in wenigen Jahren in höchste kirchliche Ämter auf. Die Karriere begann in Rom. Als Schreiber in der päpstlichen Kanzlei ab 1464 gehörte Melchior von Meckau zu den Vertrauten von Papst Sixtus IV. Die wettinischen Fürsten machten ihn daher zum Vertreter Sachsens bei der Kurie. Der Papst belohnte Meckau mit ertragreichen Pfründen. Ab 1471 war er Domherr in Meißen und in Brixen (Tirol), später folgten noch andere hoch dotierte Ämter. Es war üblich, nur die Einkünfte dieser Pfründen zu beziehen, ohne die Amtspflichten zu erfüllen. Die geistlichen Aufgaben konnte man minder bezahlten Vikaren übertragen. Meckau genügten aber diese Ämter nicht, er wollte Bischof werden. In Meißen scheiterte der römische Diplomat allerdings bei der Bischofswahl 1487. Mehr Erfolg hatte er in Brixen, wo der erkrankte Bischof 1488 zurücktrat und seine Amtsgewalt an Melchior von Meckau übertrug. Der neue Bischof sorgte sich kaum um seine eigentlichen Aufgaben in der Brixener Diözese, dafür um so mehr um die Landespolitik in Tirol. Der spätere Kaiser Maximilian I., der in Innsbruck residierte, erkannte das politische Talent Meckaus, er beauftragte den Bischof mit wichtigen diplomatischen Missionen. Melchior von Meckau führte über lange Zeit, stellvertretend für den Habsburger, die Regierungsgeschäfte im Alpenland.

Das Bischofsamt in Brixen brachte einen unerwarteten Reichtum. Meckau konnte über die ertragreichen Silberbergwerke in Tirol verfügen. Der vorausschauende Unternehmer nutzte seinen Gewinn, um weitere Bergbaugesellschaften aufzukaufen. Die Kassen füllten sich. Das kam Maximilian I. sehr gelegen. Der Habsburger ließ sich vom Bischof hohe Kredite auszahlen, sobald er für seine Kriegszüge neues Geld brauchte. Auf diesen Reichtum wurde Jakob Fugger aufmerksam, der das größte Handelshaus jener Zeit führte. Nach geheimen Absprachen trat Melchior von Meckau als stiller Teilhaber in das Augsburger Unternehmen ein. Über 150 000 Gulden flossen an Jakob Fugger. Das wirtschaftliche Engagement mußte verborgen bleiben, denn der Bischof verstieß damit gegen das kirchliche Zinsverbot. Die jährliche Rendite wurde daher nicht ausgezahlt, sondern der Einlage hinzugerechnet. Mit der stillen Kapitalerhöhung konnte das Augsburger Handelshaus seine Geschäfte weit ausdehnen. Selbst die päpstliche Münze wurde den Fuggern übertragen.

Der Brixener Bischof ruhte sich nicht auf seinen Erfolgen aus. Die politischen Dienste brachten ihm 1503 eine bedeutende Rangerhöhung. Papst Alexander VI. ernannte ihn zum Kardinal. Auf dem Höhepunkt seiner Macht kehrte Melchior von Meckau erstmals nach vielen Jahren wieder in seine Heimat zurück. Die Reise durch Sachsen wurde zu einem Triumphzug. Freigiebig stiftete der Kardinal der Universität Leipzig und auch dem Hochstift Meißen bedeutende Summen. Doch bald rief wieder die große Politik. Kaiser Maximilian I. beorderte ihn nach Rom. Dort starb der Kardinal 1509. Nun kam das heraus, was Meckau viele Jahre verheimlicht hatte. Man fand Quittungen mit unglaublichen Geldsummen. Ein erbitterter Streit um das Erbe des Kardinals entbrannte. Papst Julius II. beanspruchte das Vermögen, und auch der Kaiser wollte einen Anteil abbekommen. Die Firma Fugger mußte alle Einlagen Meckaus auszahlen. Das brachte das Augsburger Unternehmen an den Rand des Zusammenbruchs.

Das Leben des sächsischen Kardinals macht die Mißstände deutlich, die in der Kirche um sich gegriffen hatten: Ämterhäufung, Vernachlässigung der geistlichen Aufgaben, Verletzung der kirchlichen Verbote und Ordnungen. Nicht die Botschaft Jesu Christi

Dompropstei, Wappen des Dompropstes Melchior von Meckau

Inschrift auf dem Portal der Dompropstei
*MELCHIOR HAS EDES POSVIT COGNOMINE MECKAV | PREPOSITUS HVIUS DUM FORET ECCLESIE | BRIXINA CVI KATHEDRAM RVBRVM CVI ROMA GALERVM | CONTVLERAT DINGNO QUOVIS HONORE VIRO*

Melchior, mit Familienname Meckau, hat dieses Haus errichtet. Als er Propst dieser Kirche war, übertrug ihm Brixen den Bischofsstuhl und Rom den Purpurhut, würdig selbst einem Mann mit Ehre.

stand im Mittelpunkt, nur Macht, Einfluß und Geld zählten. Dies mußte zu Reformen führen. Am Beispiel Meckaus wird aber auch deutlich, welche wirtschaftlichen Umbrüche die spätmittelalterliche Gesellschaft erlebte. Mit dem aufblühenden Bergbau bildeten sich frühkapitalistische Wirtschaftsformen heraus. Aktien und Zinsen, Beteiligungen und Risikokapital wurden zu alltäglichen Begriffen in der Welt der Banken und Handelshäuser. Melchior von Meckau hat mit seinen vorausschauenden Finanzgeschäften diese Wirtschaftsordnung mit aufgebaut.

    Die Dompropstei auf dem Meißner Domplatz erinnert bis heute an den sächsischen Kardinal. Melchior von Meckau war 1487 zum Dompropst des Meißner Kapitels gewählt worden. In seinem Auftrag wurde zwischen 1497 und 1503 ein großes und repräsentatives Domherrenhaus gebaut. An seinem Amtssitz ließ Melchior von Meckau ein prächtiges Wappen anbringen: Unter einem Astwerk-Bogen tragen zwei Engel einen roten Kardinalshut und darunter einen Schild mit dem Familienwappen. Die zwei unteren Wappenschilde, jeweils bekrönt von einer Mitra, demonstrieren den bischöflichen Rang des Meißner Dompropstes. Es sind die Wappen von Hochstift und Bischof zu Brixen. Die aus Sandstein gearbeiteten Engel, Wappen und Bischofsmützen lösen sich vom Hintergrund, sie bewegen sich frei in den Raum. Das Meisterwerk spätgotischer Steinmetzkunst erstrahlt in leuchtenden Farben.

# Die Einführung der Reformation am Hochstift Meißen

Die Reformation war ein einschneidendes Ereignis in der tausendjährigen Geschichte des Hochstifts Meißen. In nur wenigen Jahren brachen alle Ordnungen der mittelalterlichen Welt zusammen. Das Bistum Meißen und viele altbewährte Institutionen fanden bei diesem Umbruch ihr Ende. Dom und Domkapitel blieben in einer stark veränderten Umwelt bestehen.

Bis zuletzt hatte Herzog Georg versucht, die Reformation im Herzogtum Sachsen aufzuhalten. Da alle männlichen Nachkommer vor Georg verstorben waren, mußte nun der jüngere Bruder als Erbe folgen. Herzog Heinrich aber war bereits zum evangelischen Glauben übergetreten. Zu den letzten vergeblichen Verfügungen des verbitterten Fürsten gehörte, daß Sachsen bei einem Religionswechsel an die Habsburger fallen solle. Georg verstarb am 17. April 1539, und bereits zehn Tage später fand im Meißner Dom im Beisein des neuen Landesherrn der erste evangelische Gottesdienst statt. Herzog Heinrich beugte sich keineswegs den Drohungen des altgläubigen Bruders, sondern ordnete im ganzen Land Visitationen zur Einführung der Reformation an. In den Jahren 1539/40 gingen fast alle Dörfer und Städte zum evangelischen Gottesdienst über. Die Klöster wurden aufgehoben. Am Meißner Dom schlug Herzog Heinrich eine breite Ablehnung entgegen. Verärgert mußte das Kapitel hinnehmen, daß die Seelenmessen 30 Tage nach dem Tod Georgs verboten wurden. Domdechant Julius Pflug, ein humanistischer Gelehrter, erarbeitete einen Reformvorschlag, mit dem er eine Überwindung der Gegensätze für möglich hielt. Religionsgespräche und schließlich ein allgemeines Konzil sollten über die Fragen des Abendmahls und der Priesterehe entscheiden. Aber alle diese Ideen wurden von den Theologen um Martin Luther schroff zurückgewiesen.

Die erste Visitation im Juli 1539 setzte mit der Zerstörung des Bennograbes ein Zeichen für die Auflösung der alten kirchlichen Ordnung. Im Januar 1540 kamen die evangelischen Theologen erneut nach Meißen. Alle anwesenden Domherren, Priester und Vikare wurden vor die Visitationskommission bestellt. Aber keiner von ihnen wankte in seinem Glauben; einmütig lehnten sie die Reformation am Meißner Dom ab. Die Visitatoren, die gemeint hatten, zahlreiche Vikare als evangelische Pfarrer gewinnen zu können, mußten konstatieren: »*Von diesen hat sich keiner zu einer Anstellung in der Kirche wollen gebrauchen lassen.*« Diese Standhaftigkeit spricht für die Priester am Meißner Dom, die ihre innere Überzeugung auch in einer veränderten Welt nicht aufgaben.

Herzog Heinrich standen andere Möglichkeiten zur Verfügung, um die Reformation in Meißen durchzusetzen. Seit dem 14. Jahrhundert hatten die Wettiner immer mehr Rechte in Bistum und Domkapitel erlangt. Insbesondere das Präsentationsrecht ließ sich jetzt ausnutzen, um Schritt für Schritt die Konfession des Kapitels zu verändern: Domherrenstellen wurden nur noch an evangelische Adlige vergeben. Die Priesterstellen blieben beim Tod eines Vikars unbesetzt. An der Fürstenkapelle, die den sächsischen Landesherren unterstand, führten die Visitatoren sofort den evangelischen Gottesdienst ein. Die Domschule wurde geschlossen. Das Verbot der Seelenmessen, der Heiligen- und Marienfeste konnten die Wettiner allerdings nur an der Fürstenkapelle durchsetzen, nicht aber im Dom selbst, wo die alte Liturgie vorerst bestehen blieb. Noch 1553 hat man alle Jahrgedächtnisse und Messen nach der altem Liturgie begangen. Das »Ewige Chorgebet«, das bis zum Jüngsten Gericht ohne Pause andauern sollte, mußte allerdings aufgegeben werden. Schmerzlich war der Verlust des ganzen Domschatzes. Alle liturgischen Geräte, Bildwerke und Reliquiare mußten 1542 an die herzogliche Silberkammer übergeben werden, wo sie zur Münzprägung eingeschmolzen wurden.

Der Meißner Dom um 1540

Bischof Johannes VIII. von Maltitz (1537–1549) hoffte immer noch auf einen Vergleich. Er versprach, alle »falschen Zeremonien« in der Kirche zu beseitigen, dafür solle bis zu einem allgemeinen Konzil die alte Ordnung bestehen bleiben. Dahinter verbarg sich die Hoffnung, einige Zeit zu gewinnen, bis der alte Glaube wiederbelebt werden könne. Auf einen solchen Kompromiß ließen sich aber die lutherischen Theologen nicht ein. Sie hatten sich im ganzen Land durchgesetzt. Mit der Einführung des evangelischen Gottesdienstes gliederte man die Gemeinden in die neue landeskirchliche Organisation ein. Dort besaß der Meißner Bischof keinen Einfluß. Damit war er fast aller geistlichen Aufgaben beraubt.

Dem Bischof verblieb nur noch die Möglichkeit, als weltlicher Landesherr in den Gebieten des Hochstifts Meißen einen katholischen Bischofsstaat aufzubauen und damit die Reformation wenigstens in einem kleinen Teil des alten Bistums zu verhindern. Dem stand aber die Politik der Wettiner entgegen. Seit dem 14. Jahrhundert verstanden sich die Wettiner als Schutzherren des Hochstifts Meißen. Die Bischöfe hatten sich dagegen kaum gewehrt, denn bisher gab es auch kaum Differenzen in Fragen des Glaubens. Johannes VIII. von Maltitz konnte in dieser Lage die katholischen Stiftsgebiete nur sichern, in dem er sich auf seine Stellung als reichsunmittelbarer weltlicher Landesherr besann. Demonstrativ versuchte er, an den Reichstagen teilzunehmen, für die sich die Bischöfe vor 1539 kaum interessiert hatten. Die Wettiner antworteten mit einem Boykott der Stiftsgebiete. Alle Straßen und Wirtschaftswege wurden gesperrt. Die Machtpolitik der sächsischen Landesherren überlagerte immer mehr die Fragen der Reformation.

Der evangelische Herzog Moritz (1541–1553) konnte im Schmalkaldischen Krieg seine Machtstellung weiter ausbauen. In der Auseinandersetzung zwischen den katholischen und protestantischen Reichsständen wechselte der Fürst auf die Seite des katholischen Kaisers. Dieser taktische Wechsel zahlte sich in der Schlacht von Mühlberg 1547 aus. Der besiegte Kurfürst von Sachsen, Johann Friedrich, mußte die Kurwürde und große Teile des Landes an seinen Vetter Moritz abgeben. Nach der verhängnisvollen Landesteilung von 1485 waren fast alle sächsischen Gebiete nun wieder in einer Hand vereinigt.

Als Bischof Johannes VIII. von Maltitz 1549 starb, beschränkte sich sein Einfluß auf die wenigen Territorien, die noch beim katholischen Glauben geblieben waren: Teile des Stiftslandes um Wurzen, die Gebiete um Mügeln und Stolpen sowie einige Gebiete in der Lausitz. Das Ende des Bistums Meißen besiegelten die willensschwachen, ja unfähigen Bischöfe, die ab 1550 die Geschicke der bedrohten Diözese leiteten. Nikolaus II. von Carlowitz (1550–1555) und Johannes IX. von Haugwitz (1555–1581) verspielten in nur wenigen Jahren die letzten Rechte und Einflußmöglichkeiten, die ihnen geblieben waren. Ihnen stand der machtbewußte, energische Kurfürst August von Sachsen (1553–1586) gegenüber, der keinen Anlaß verstreichen ließ, um die Stiftsgebiete in den sächsischen Staat einzugliedern. Eine private Fehde 1558 führte zur Einnahme der bischöflichen Residenz Stolpen. Der Landesherr zwang Johannes IX. von Haugwitz zu einem Gebietstausch. Für Stolpen erhielt der Bischof das Amt Mühlberg, ein Gebiet, in dem bereits die Reformation eingeführt war.

Johannes IX. von Haugwitz hatte sich schon vor seiner Bischofswahl 1555 gegenüber dem Landesherren mehr als nachgiebig gezeigt. Von den vier katholischen Meißner Domherren – alle anderen waren inzwischen verstorben – äußerte er als einziger die Bereitschaft, das Bischofsamt zu übernehmen. Die Wahlkapitulation, die er mit Kurfürst August aushandelte, war eindeutig gegen die Interessen des Bistums gerichtet: Der neue Bischof respektierte das evangelische Bekenntnis der Gläubigen und verzichtete auf den Besuch von Reichstagen. In den Gebieten des Hochstifts Meißen um Wurzen und Mügeln setzte Kurfürst August die Reformation durch. Übrig blieb ein katholischer Bischof in einem evangelischen Stiftsgebiet. Die alte Kirchenordnung war zertrümmert. Johannes IX. von Haugwitz, der nun in Wurzen residierte, sah untätig den Entwicklungen zu, die er nicht mehr ändern konnte und wollte. Der Bischof mußte dulden, daß auch im Meißner Dom der evangelische Gottesdienst eingeführt wurde. Fast alle Vika-

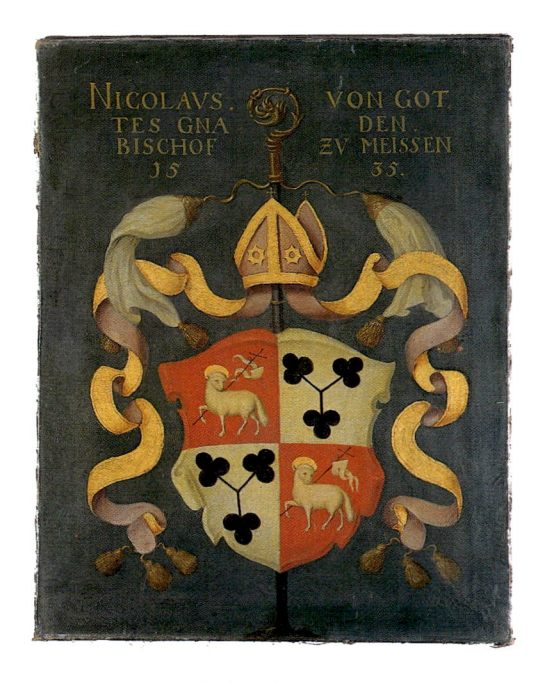

Wappen des Bischofs Nikolaus von Carlowitz

rien und Priesterstellen am Dom wurden 1565 aufgelöst, die finanziellen Einkünfte für staatliche Aufgaben eingezogen.

In der Lausitz, dem östlichen Bereich des Bistums Meißen, war eine besondere Situation entstanden. In weiten Teilen des Landes hatte sich die Reformation durchgesetzt, nicht aber in den Grundherrschaften, die dem Kollegiatstift Bautzen, dem Kloster Marienstern und dem Kloster Marienthal gehörten. Der sächsische Kurfürst hatte keinen Einfluß auf die Religionsverhältnisse, denn die Lausitz unterstand der böhmischen Krone. Die katholisch gebliebenen Orte betreute der Dekan des Bautzner Domkapitels, Johannes Leisentrit. Der Meißner Bischof ernannte den Dekan 1560 zum Generalkommissar für die Lausitz; der Papst verlieh ihm den Titel eines Administrators für die Region. Als man auch in Rom verstand, daß das alte Bistum Meißen bald zu Ende gehen würde, bekam Johannes Leisentrit 1577 die Jurisdiktion über die gesamte Diözese

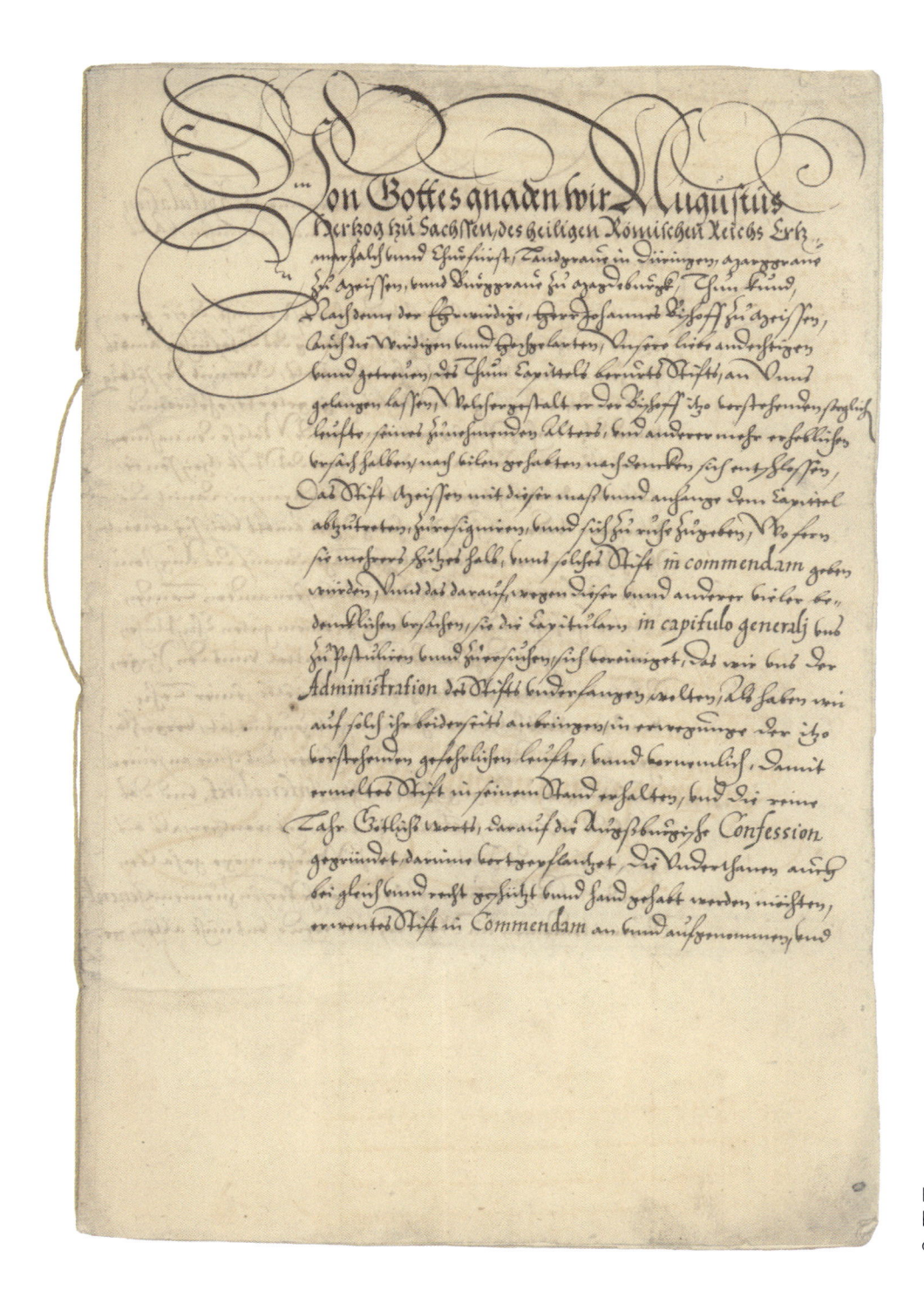

Kapitulationsurkunde von 1581. Kurfürst August bestätigt als Administrator des Hochstifts Meißen die Rechte des Stifts und Domkapitels zu Meißen.

Urkundenlibell mit bischöflicher Resignation von 1581

Bischof Johannes IX. von Haugwitz tritt von seinem Amt zurück und legt die bischöfliche Gewalt in die Hände des Domkapitels. Die Vasallen und Untertanen des Hochstifts Meißen werden von ihrem Pflichteid entbunden. Die Urkunde ist von Bischof Johannes IX. eigenhändig unterzeichnet. Das bischöfliche Siegel ist auf eine Papierdecke aufgedrückt.

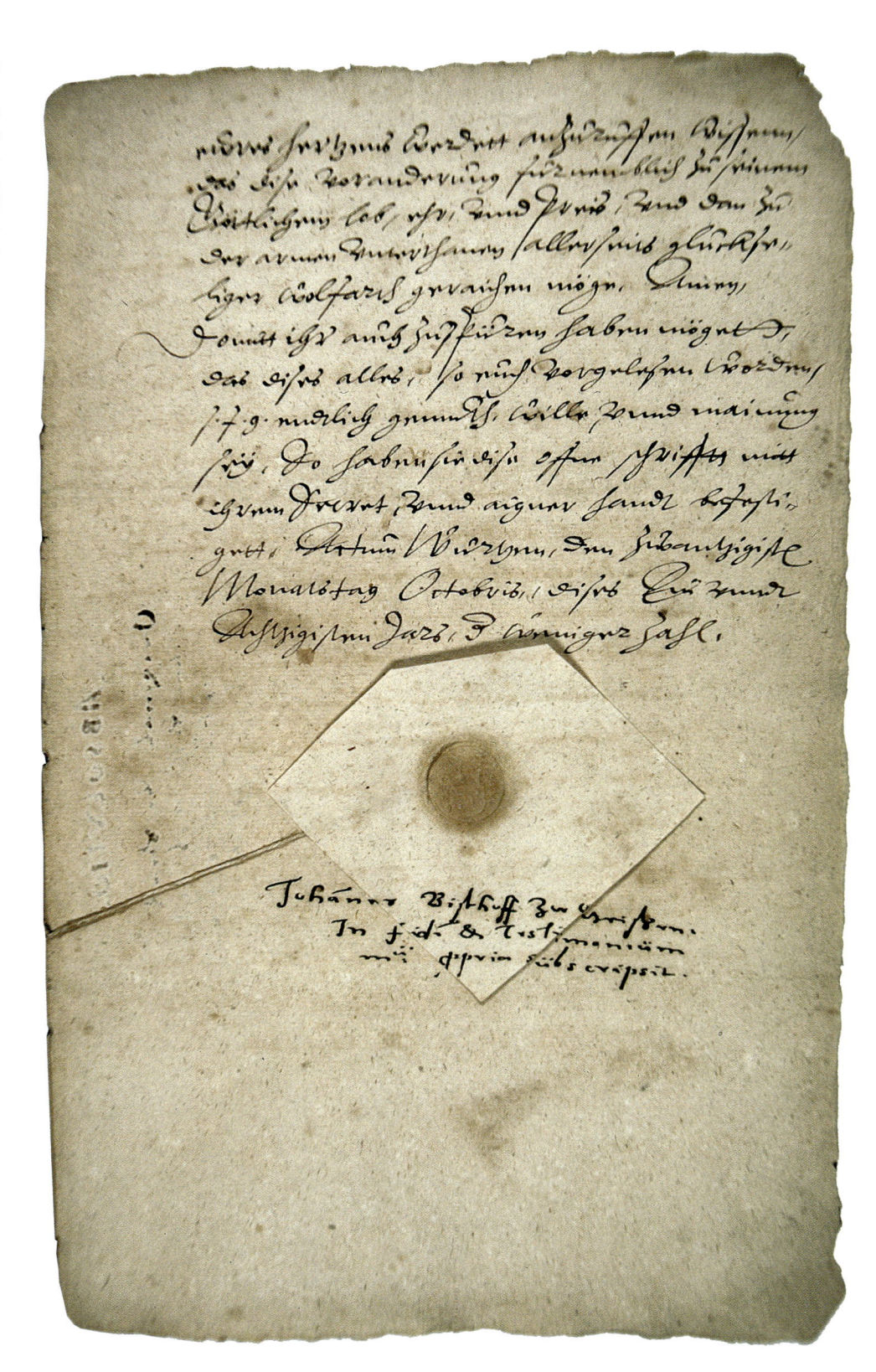

übertragen. Von nun an sorgten sich die Bautzner Dekane als päpstliche Administratoren um die katholische Bevölkerung in der Lausitz.

Unter dem ständigen Druck des sächsischen Kurfürsten entschied sich Johannes IX. von Haugwitz zu einem weitreichenden Schritt. 1579 unterschrieb er die Konkordienformel, das evangelisch-lutherische Bekenntnis. Damit hatte er den katholischen Glauben nun offiziell aufgegeben. Johannes IX. von Haugwitz wollte nach jahrelangen Auseinandersetzungen friedlich und sorglos leben, und daher erklärte er sich bereit, endgültig vom Bischofsamt zurückzutreten. Mit Kurfürst August und dem Domkapitel handelte er 1581 einen Vertrag aus, die sogenannte Kapitulation: Der Bischof gab sein Amt zurück an das Domkapitel, das ihn einst gewählt hatte. Die nunmehr evangelischen Domherren verzichteten auf eine erneute Bischofswahl, sie bestimmten dafür Kurfürst August von Sachsen zum weltlichen Stiftsherrn des Hochstifts Meißen. Mit diesem Wahlakt, der Postulation, war der sächsische Landesherr nunmehr Administrator des Bistums Meißen an Bischofs statt. Mit dieser rechtlichen Konstruktion konnte das Hochstift mit seinen verbliebenen Stiftsgebieten um Wurzen und Mügeln weiter bestehen. Vom Bistum Meißen verblieben nur die weltlichen Rechte. Die Diözese der römischen Kirche, die 613 Jahre bestanden hatte, war jedoch mit diesem Vertrag aufgehoben.

Johannes von Haugwitz, der für seinen Verzicht auf das bischöfliche Amt die Güter Sornzig, Alt- und Neumügeln erhalten hatte, heiratete 1582 seine Nichte Agnes, die er selbst getauft hatte. Allein dieser Bruch mit mehreren Bestimmungen des Kirchenrechts zeigt die radikalen Veränderungen, die sich mit der Reformation vollzogen haben. Der ehemalige Bischof verstarb 1595 in seinem Schloß Ruhethal bei Mügeln.

# Der Brand 1547 und der Wiederaufbau des Meißner Doms

**Ein new liedt von dem Brande des Stiffts zu Meyssen**

Nuhn wollt ihr horen ein Neues gedicht
Wie gott der Herr hatt ausgericht
In einer stadt heist Meyssen.
Ehr zundett an ein freudenfeuer
Was sehr und gros umgeheuer
Niemandt hets nie gesungen.

Als man zahlt Siben und Virzigk iar
Misericors der Sontag war
Der Churfürst wartt gefangen
Da schickt man ein ernst mandatt
Von Dresden aus der werden stadt
Gen Meyssen an die strangen.

Alle Glocken man baltt leutten solt
Das gott im Sige erzeigtt seine hold
Das Te deum auch singen
In allen kirchen uberall
Den fromen eine große quall
Die orgeln mussen klingen.

Der Christen gesang in grossen leidtt
Geschah zu der selbigen Zeit
Der Mertern sie da sungen
Die zu Mulberg erschlagen sindtt
Durch teufels lehr und hoffgesinde
Dem Satan hatts gelungen.

Wie das geschah an diesem tage
In alles war wie ich euch sage
Spatt umb die fünffte stunde
Da kam ein gros wetter dar
Die Stadt und Thum bedecket war
Das niemandt sehen kundte

Goth zündett an den glocken thurm
Im Thum und zeigett seinen Zorn
Dem papistischen hauffenn
Die glocken und die orgell guth
zerschmoltzen in der grossen gluth
kein pfaff wirdt ihm entlauffen.

[...]

Anno salutis nostrae 1547

Das 16. Jahrhundert war für den Meißner Dom das Zeitalter der Brüche und Veränderungen, der Verwahrlosung und Zerstörung. Am Beginn der neuzeitlichen Geschichte stand nicht nur die Reformation, sondern auch eine schwere Brandkatastrophe. Bei einem Sturm am 27. April 1547 schlug unerwartet ein Blitz in die Westturmanlage. Die hölzernen Türme fingen sofort Feuer. Schnell griff der Brand auch auf das gesamte Kirchendach über. Die Hitze war so groß, daß in den westlichen Jochen des Langhauses die Gewölbe zerbarsten. Die große Domorgel auf der Westturmanlage geriet in Brand und entfachte einen gewaltigen Feuersturm. Überall, wo das Feuer neue Nahrung fand, verglühten die Sandsteinquader der Wände, Pfeiler und Maßwerkfenster. Als das Feuer erloschen war, bot sich ein Bild der Zerstörung: Die hohen Dächer der Kathedrale, die schlanken Turmspitzen waren vernichtet. Das in weiten Teilen verwüstete Langhaus war nun Wind und Wetter schutzlos ausgesetzt, denn die westlichen Gewölbejoche des Mittelschiffs fehlten, und auch die westlichen Maßwerkfenster waren zerstört.

Für die evangelischen Theologen jener Zeit war der Brand ein gerechtes Gottesurteil. Denn inzwischen hatte der politische Streit um die Reformation einen neuen Höhepunkt erreicht. Zwischen den katholischen Fürsten und dem protestantischen Schmalkaldischen Bund, angeführt von Kurfürst Johann Friedrich von Sachsen, war ein offener Krieg ausgebrochen. Der evangelische Herzog Moritz von Sachsen stellte sich – für viele unerwartet – auf die Seite des katholischen Kaisers. Am 24. April 1547 kam es in Mühlberg an der Elbe zur Entscheidungsschlacht. Den Sieg trugen die kaiserlichen Truppen davon, und der geschlagene Kurfürst Johann Friedrich wurde gefangengenommen. Herzog Moritz ordnete an, daß in allen Kirchen des Landes ein Te Deum gesungen werden sollte. Begeistert feierten die katholischen Domherrn und Priester im Meißner Dom den Triumph über die Protestanten, denn nun schien die Rückkehr des alten Glaubens nahe. Ausgerechnet jetzt schlug der verhängnisvolle Blitz in die Spitzen des Doms. In der bewegten Stimmung dieser Zeit glaubte man bald an ein Zeichen Gottes. Die Brandkatastrophe mußte die Antwort Gottes auf den Sieg der »gottlosen Papisten« sein. Paul Laurentius, der evangelische Superintendent Meißens, schrieb später: »*Gott der Herr hat mit Donner in dieses Gebäude geschlagen und die zierlichen Thürme auff der Kirche zerschmettert!*« Ein seltenes Zeugnis ist das evangelische Volkslied »*Ein new liedt von dem Brande des Stiffts zu Meyssen*«, das in Gedichtform das Freudenfeuer Gottes rühmt.

Das Domkapitel begann sofort nach der Katastrophe mit dem Wiederaufbau des Meißner Doms. Mit den begrenzten Mitteln des Hochstifts ließen sich aber nur die notwendigsten Arbeiten ausführen. Zuerst schloß man die offenen Wände und Dächer. Im westlichen Langhaus wurden neue Maßwerkfenster eingebaut. 1548 erhielt das Langhaus ein neues Dach. Der gewaltige Aufbau aus mächtigen Holzbalken überspannt alle drei Schiffe. Untersuchungen haben ergeben, daß die Balken, die durchgehend aus Tannenholz bestehen, im Winter 1545/46 gefällt wurden. Die Baukosten betrugen insgesamt 33 004 Groschen und 8 Pfennige. Ursprünglich waren alle Dachflächen mit Holzschindeln gedeckt. Da man aber um die Brandgefahr wußte, ersetzte man die Schindeln der südlichen Dachhälfte bald durch Ziegel. Kurfürst August von Sachsen ordnete 1562 auch für das nördliche Dach eine Ziegeldeckung an, um die Feuergefahr für die Albrechtsburg zu vermindern.

Das ausgebrannte Turmmassiv blieb lange Zeit eine Ruine, obwohl das Domkapitel bereits 1549 Kurfürst Moritz von Sachsen gebeten hatte, wenigstens ein einfaches Dach als Abschluß der Westturmfront zu errichten. Moritz, der 1547 nach der Schlacht von Mühlberg die Kurwürde erlangt hatte, sah aber keinen Grund, das katholische Kapitel zu unterstützen. Fast fünfzig Jahre vergingen, bis die ständigen Bemühungen um eine Fortsetzung der Restaurierungsarbeiten endlich Erfolg hatten. Administrator Herzog Friedrich Wilhelm von Sachsen-Weimar beauftragte 1596 den Steinmetzen Melchior Brunner mit der Beseitigung der Schäden. Brunner tauschte im immer noch zerstörten Langhaus die verglühten Steinquader aus. Die beiden westlichen Joche des Langhauses erhielten neue Rippengewölbe in traditioneller gotischer Bautechnik. Voller Stolz brachte Melchior Brunner sein Steinmetzzeichen als Wappen am Schlußstein an. Ein zweiter Schlußstein wurde mit dem sächsischen Wappen verziert. Der Administrator, der Vertreter des sächsischen Kurfürsten, hatte immerhin die Hälfte der Baukosten übernommen.

Nun wandte man sich auch dem Ausbau der Westturmanlage zu. Über dem dritten Turmgeschoß des Arnold von Westfalen wurde 1598 ein niedriger Aufbau mit einer fla-

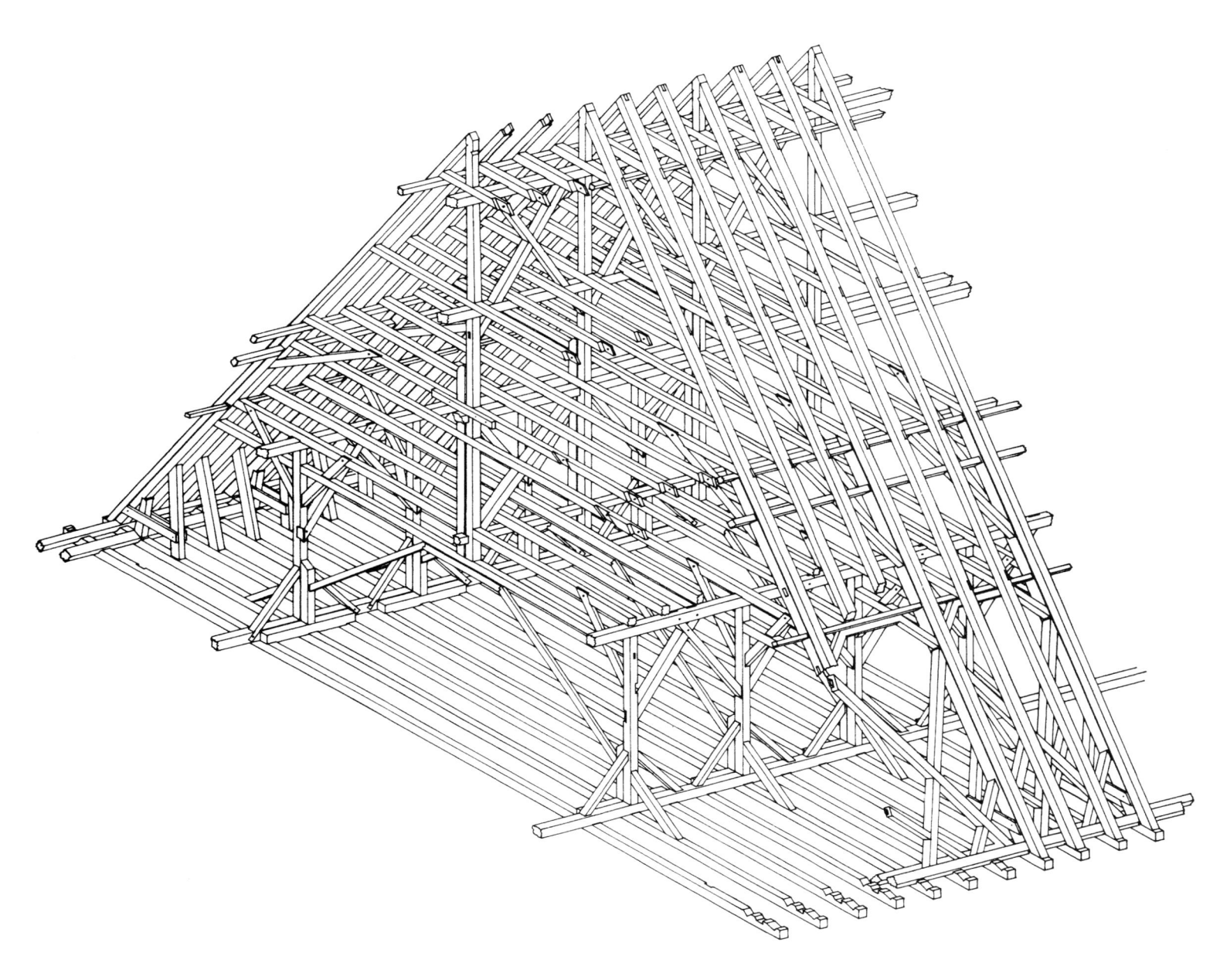

Dachstuhl im Langhaus (1548)

chen Bedachung erbaut. Am südlichen Rand des Turmabschlusses führte man einen schlanken runden Turm mit schieferverkleideter Haube auf, um dort die Seigerglocke aufzuhängen. In dieser einfachen Form blieb der Westturm nun zweihundert Jahre bestehen.

Als Zeichen des evangelischen Glaubens wurde 1591, zehn Jahre, nachdem der letzte Bischof sein Amt aufgegeben hatte, eine Predigtkanzel im Meißner Dom aufgestellt. Der achteckige Kanzelkorb am zweiten Pfeiler des Nordseitenschiffs wird von einer profilierten Säule getragen. Eine schlichte Holztür mit einer einfachen Bekrönung bildet den Eingang zur Kanzel. Die Brüstungen der Kanzel bestehen aus Holz, sollen aber Sandstein imitieren. Am Aufgang liest man Bibelsprüche, die auf die Predigt und das Lehramt des evangelischen Pfarrers verweisen. Das mittlere Brüstungsfeld ist mit dem Wappen des Hochstifts Meißen, vereint mit dem kursächsischen Wappen, verziert.

Dachstuhl

Inschriften auf der Kanzel

»Predige das Wort, Halte an, es sei zu rechter Zeit, oder zur unzeit, Straffe, Dräue, Ermahne mit aller Geduldt und Lehre. Ep. II S. Pauli ad Thimoth 4,2«

»Alle Schrift von Gott eingegeben, ist nütz zur Lehre, zur Straffe, zur Besserung, zur Züchtigung in der Gerechtigkeit. Ep. II S. Pauli ad Thimoth 3/26«

Kanzel

# Das Hochstift Meißen nach der Reformation

Die 1581 abgeschlossene Wahlkapitulation gab dem Hochstift eine neue rechtliche Grundlage. Das Bistum war erloschen. Das Stift, das nur noch die Gebiete um Wurzen und Mügeln umfaßte, blieb jedoch als geistliches Territorium bestehen. Das evangelisch-lutherische Bekenntnis war nun eindeutig festgeschrieben. Das Domkapitel wählte einen Stiftsherrn, der die weltlichen Aufgaben und Rechte übernahm, die bisher der Bischof ausgeübt hatte. 1581 wurde Kurfürst August von Sachsen zum Administrator des Hochstifts Meißen bestimmt. Die Domherren erwählten auch die nachfolgenden Kurfürsten zu Stiftsherren. Die personelle Verbindung mit dem sächsischen Herrscherhaus führte jedoch nicht zu einer Eingliederung der Stiftsgebiete in den Staatsverband des Kurfürstentums Sachsen. Nach dem Reichsrecht war das Hochstift Meißen unabhängig. Für die Gebiete um Wurzen und Mügeln wurde eine eigene Stiftsregierung eingesetzt, während das Stiftskonsistorium in Wurzen für die geistlichen Angelegenheiten des kleines Landes zuständig war.

Die Stiftsgebiete gehörten nicht zu den Erblanden der Wettiner. Die Wahl zum Stiftsherrn galt daher nur auf Lebenszeit. Jeder neugewählte Stiftsherr mußte mit dem Domkapitel eine Kapitulation aushandeln und dabei die Rechte des Hochstifts Meißen bestätigen. Das umständliche Verfahren wurde mit der »perpetuierlichen Kapitulation« des Jahres 1663 vereinfacht. Kurfürst Johann Georg II. erreichte mit diesem Vertrag die

Perpetuierliche Kapitulation des Kurfürsten Johann Georg II. von Sachsen, ausgestellt 1663.
Der Landesherr bestätigt die Rechte des Hochstifts Meißen, wie sie 1581 im Vertrag zwischen Domkapitel und Kurfürst August von Sachsen festgelegt worden waren. Das Amt des Stiftsherrn wird dem Kurhaus Sachsen, der albertinischen Linie des Hauses Wettin, erblich übertragen. Am Urkundenlibell ist das große Reitersiegel des Kurfürsten befestigt.

erbliche Angliederung der Stiftsherrschaft an das sächsische Kurhaus. Das Domkapitel gab zwar das Wahlrecht aus der Hand, erlangte jedoch eine dauerhafte vertragliche Absicherung der Stiftsverfassung. Der eigenständige Status des Hochstifts Meißen wurde nicht angetastet. Auch der Übertritt von Kurfürst Friedrich August I. 1697 zum katholischen Bekenntnis änderte nichts an der bestehenden Ordnung. Der Kurfürst und seine Nachfolger verpflichteten sich, die kirchlichen Verhältnisse des Landes weiterhin zu respektieren. Es kam niemals zu einer Gegenreformation. Das landesherrliche Kirchenregiment über die lutherische Kirche Sachsens bestand weiter. Die geistlichen Angelegenheiten wurden dem Geheimen Rat und später der Staatsregierung übertragen. Und so kam es zu ungewöhnlichem Zusammenleben der Bekenntnisse: Die evangelische Kirche und das evangelische Hochstift Meißen unterstanden einem katholischen Herrscher. Die Wettiner haben ihre Machtstellung aber niemals ausgenutzt. Gerade die katholischen Kurfürsten und Könige sorgten dafür, daß die Rechte des Hochstifts immer gewahrt blieben. Die Stiftsherren hielten sich bei allen inneren Entscheidungen zurück. Über die Finanzen des Hochstifts entschied allein das Domkapitel.

Das Bestehen des Domkapitels wurde niemals in Frage gestellt, auch wenn die evangelischen Domherren keine geistlichen Aufgaben mehr auszuüben hatten. Eine Domherrenstelle war immerhin mit beträchtlichen Einkünften verbunden. Die Kapitulation von 1581 verringerte die Anzahl der Domherren von 15 auf 8. Nach einer alten Bestimmung waren zwei Kanonikate für Theologieprofessoren der Universität Leipzig reserviert. Die sächsische Landesuniversität konnte diese Hochschullehrer nominieren. Alle anderen Domherrenstellen wurden vom sächsischen Landesherrn vergeben. Auch hier

Kapitulation von Kronprinz Friedrich August II., dem späteren Kurfürsten von Sachsen und König von Polen, ausgestellt 1733.
Der katholische Landesherr bestätigte die perpetuierliche Kapitulation von 1663 und wird damit Stiftsherr des Hochstifts Meißen. Friedrich August II. hat eigenhändig unterschrieben. Das Urkundenlibell ist mit dem kurfürstlichen Reitersiegel versehen.

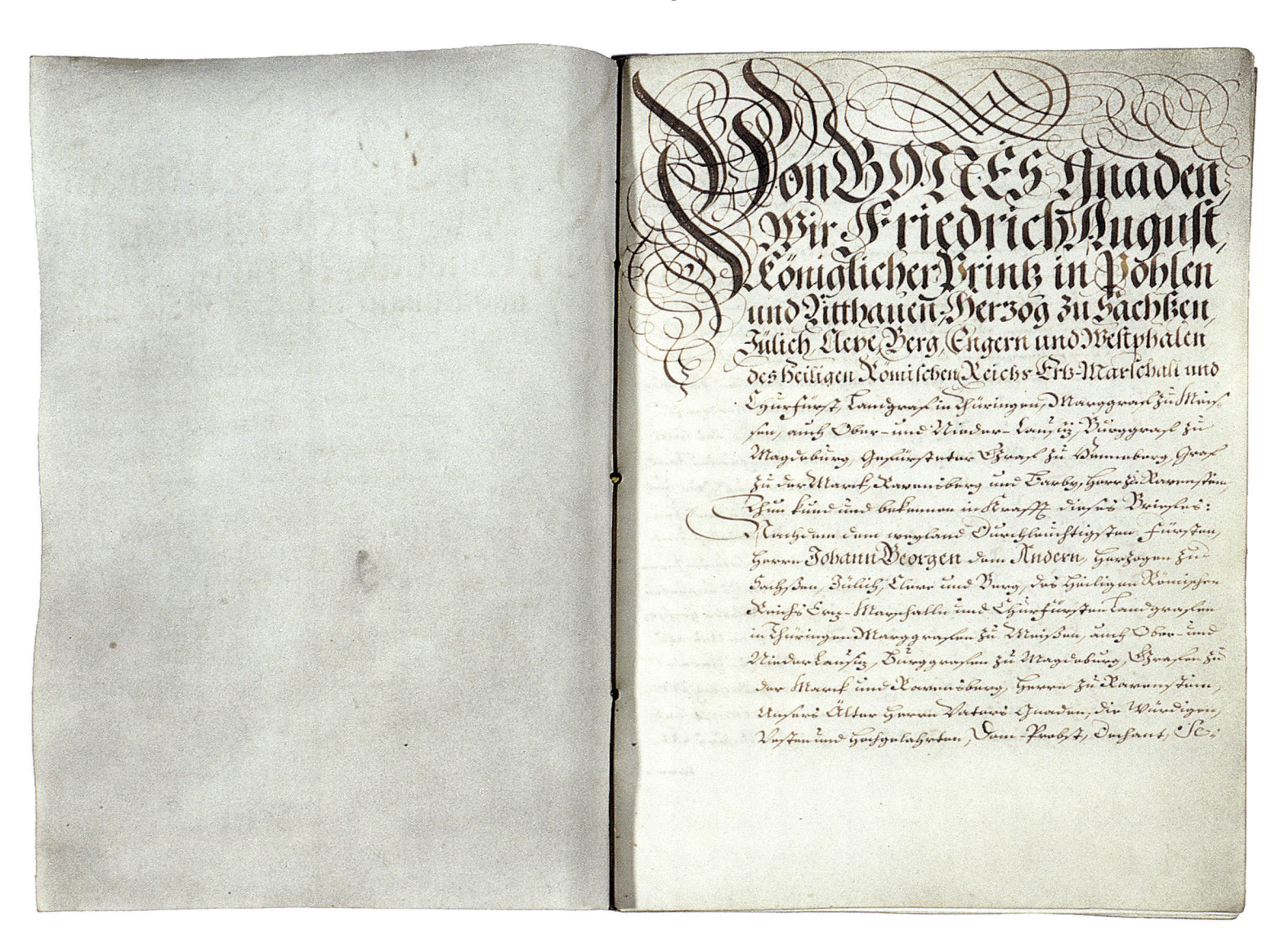

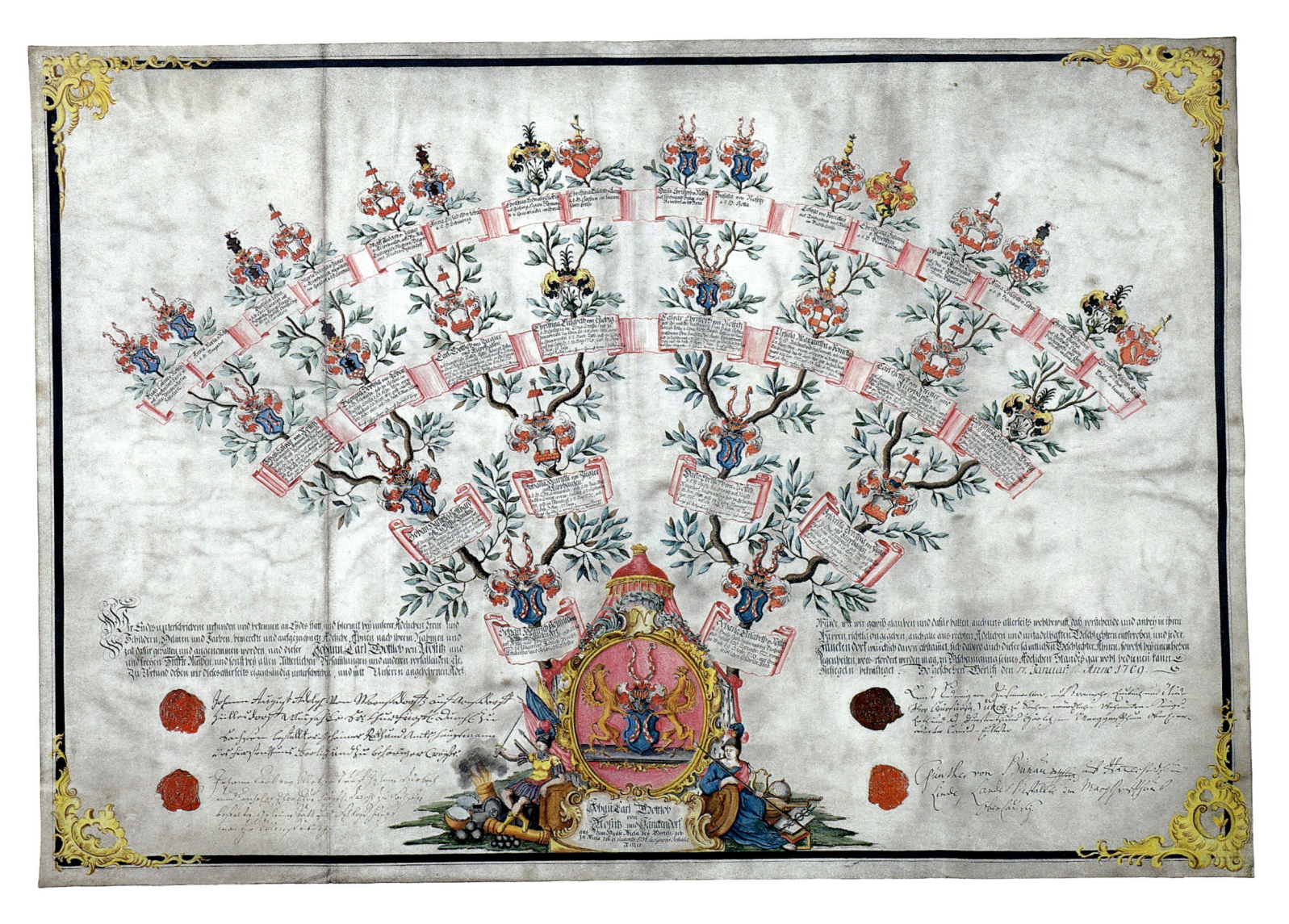

Ahnennachweis von Johann Carl Gottlob von Nostitz und Jänckendorf aus dem Hause Niesa bei Görlitz. Mit dieser Wappentafel bewarb sich der Adlige um eine Stelle im Meißner Domkapitel. Das Blatt wurde 1769 in Görlitz angefertigt, als der Bewerber gerade vier Jahre alt war.

hielt man an den vorreformatorischen Bestimmungen fest. Grundlage war das päpstliche Privileg von 1482, daß den Wettinern das Präsentationsrecht für alle Kanonikate eingeräumt hatte. Mit Ausnahme der beiden Professoren war für die Domherren eine adlige Herkunft vorgeschrieben. Die alteingesessenen Familien des Meißner Landes betrachteten das Domkapitel als Versorgungseinrichtung für die zweitgeborenen Söhne, die keinen Anteil am väterlichen Erbe erwarten konnten, denn die Einkünfte einer Domherrenstelle reichten für ein standesgemäßes Leben aus. Das Domkapitel führte eine Warteliste für die adligen Bewerber, die sogenannten Expektanten. Im Jahr 1848 verzeichnete diese Liste 25 Anwärter auf eine freie Domherrenstelle, einige davon waren noch im Kindesalter. Bedingung für die Anwartschaft war der Nachweis der adligen Abkunft über vier Generationen. Dazu wurden Stammbäume und Wappentafeln eingereicht, die alle Vorfahren bis zu den 16 Ur-Ur-Großeltern auflisten. Diese Ahnennachweise hat man reich verziert und gestaltet.

Das Domkapitel war als Körperschaft im sächsischen Landtag vertreten, in der Kurie der Prälaten und Herren. Auf diese Weise konnte man auf die Landespolitik Einfluß nehmen. Neben der Aufsicht über das Hochstift Meißen war dies die einzige Aufgabe von größerer Tragweite, die den Domherren noch zustand.

Das Vermögen des Hochstifts Meißen speiste sich aus Grundbesitz. Die Stiftsregierung verwaltete die Stiftsgebiete mit den Städten Wurzen und Mügeln und zahlreichen Dörfern. Außerdem gehörten dem Domkapitel mehrere Dörfer im Meißner Land. Diese Stiftsdörfer waren Teil des Kurfürstentums Sachsen, sie lagen außerhalb des eigenen Stiftsgebiets. Das Kapitel übte dort lediglich die Grundherrschaft aus. Die Bauern hatten zweimal im Jahr Geld oder Naturalien abzuliefern. Ein Großteil des Stiftsvermögens lag in den Händen des staatlichen Prokuraturamtes. Die Prokuratoren verwalteten alle Einkünfte, die vor 1565 die Vikare im Meißner Dom erhalten hatten, außerdem alle Beträge, die durch die Verkleinerung des Domkapitels eingespart worden waren. Das Geld wurde für das sächsische Bildungswesen ausgegeben, vor allem für die Universität Leipzig und die Fürstenschulen. Mehrere Professoren konnten aus diesem Vermögen entlohnt werden, arme Schüler erhielten ein Stipendium. Die Einnahmen, die dem Hochstift Meißen verblieben, gingen an das Stiftsamt. Die Verwaltung wurde von einem Juristen geleitet, dem Stiftssyndikus. Oft war er gleichzeitig auch Vorsteher der Dombaukasse. Die sogenannte Baumeisterei oder Fabrica, die seit dem 13. Jahrhundert bestand, sorgte für den Unterhalt des Meißner Doms. Aus dem Vermögen konnten Reparaturen und Bauleistungen bezahlt werden. Die Dombaukasse mußte auch den Domprediger entlohnen.

Die Domherren waren von allen geistlichen Aufgaben befreit. Die Amtsgewalt, die einst Bischof und Archidiakone innehatten, wurde in der evangelisch-lutherischen Kirche Sachsens einer landesherrlichen Behörde übertragen, dem Konsistorium. Das Meißner Konsistorium, bestehend aus herzoglichen Verwaltungsbeamten, nahm 1545 seine Arbeit auf. Die Einrichtung war für die geistliche Gerichtsbarkeit zuständig, sie entschied in allen Ehe- und Erbschaftsstreitigkeiten, soweit diese nicht das Strafrecht berührten. Als Aufsichtbehörde kontrollierte das Konsistorium die Pfarrer und Kirchgemeinden. Mit der Zentralisierung der kirchlichen Ordnung wurde das Meißner Konsistorium 1580 nach Dresden verlegt und in ein Oberkonsistorium für das ganze Kurfürstentum Sachsen umgewandelt. Aus der Behörde ging das Landeskirchenamt hervor, das heute alle Verwaltungsaufgaben der Evangelisch-Lutherischen Landeskirche Sachsens wahrnimmt.

Am Meißner Dom brach mit der Reformation das geistliche Leben zusammen. Keine Chorgebete, keine Messen erklangen mehr aus den Mauern der Kirche. Die freigewordenen Stellen der Vikare und Priester wurden nach 1540 nicht mehr neu besetzt, und so starb der ganze Klerus aus. Als evangelischer Domprediger amtierte seit 1540 der Superintendent von Meißen. Vorerst stand ihm nur die Fürstenkapelle zur Verfügung, später auch der ganze Kirchenraum. Gottesdienste gab es nur noch selten, denn nach lutherischem Verständnis muß eine Gemeinde anwesend sein, die Gottes Wort hört. Doch der Dom besaß nie eine eigene Gemeinde. Selbst die Bewohner des Domplatzes gehörten offiziell zur Pfarrkirche St. Afra. An wenigen Sonntagen gab es eine Gemeinde, die aus dem Personal des Prokuratur- und Stiftsamtes bestand. Nach 1710 kamen die Angestellten der Porzellanmanufaktur in der Albrechtsburg hinzu. Erst 1767 konnte wieder an jedem Sonntag ein Gottesdienst gehalten werden, nachdem eine Stiftung die Anstellung eines hauptamtlichen Domvikars ermöglicht hatte.

# Die barocke Umgestaltung von Fürsten- und Georgskapelle und der »Schafstall« über der Westturmfront

Der Meißner Dom konnte den Wirren des Dreißigjährigen Krieges nicht entgehen. Schwedische Truppen verwüsteten 1635 den Kirchenraum. In den folgenden Jahren klagte man über die Verwahrlosung des Doms. Durch die zerbrochenen Fensterscheiben kamen Schnee und Regen in die Kirche, die Orgel war zerstört. Eine grundlegende Erneuerung des Langhauses konnte sich das Kapitel freilich nicht leisten. Während die Schäden im Chor und im Langhaus in jahrelanger, mühsamer Arbeit beseitigt wurden, begann 1662 in der Fürstenkapelle eine aufwendige Umgestaltung unter Leitung des kurfürstlichen Baumeisters Wolf Caspar von Klengel. Auftraggeber war Johann Georg II. von Sachsen. Der Kurfürst ließ die Grablege

Georgskapelle. Stuckdecke (1679)

seiner Vorfahren zu einem Monument des sächsischen Herrscherhauses umbauen. Die Begräbniskapelle erhielt einen barocken Dachreiter, ein geschwungenes Vordach schützte das Westportal. Innen wurden die Wände mit einer Holzvertäfelung versehen, mit Totenschädel-Aufsätzen und Vasen verziert und farbig ausgemalt. Eine Gedächtnistafel über dem westlichen Eingang erinnert bis heute an diese Erneuerung. Die Arbeiten waren 1676 weitgehend abgeschlossen.

Der Meißner Dom mit der umgebauten Fürstenkapelle und dem zweigeschossigen »Schafstall« über der Westturmfront. Lithographie von 1835

Auch die Georgskapelle war in die Neugestaltung der wettinischen Grablege einbezogen. Wolf Caspar von Klengel brachte in dem kleinen Raum eine hölzerne Wandverkleidung an. Das neu eingezogene Gewölbe wurde bis 1679 mit barockem Stuckwerk verziert. Beteiligt waren italienische Stukkateure, die zur gleichen Zeit auch Räume im Dresdner Schloß verzierten. Das stuckierte Gewölbe der Georgskapelle ist weiß gefaßt. Die Grate sind mit Lorbeer verziert, im mittleren Medaillon sieht man die Taube des Heiligen Geistes. Auf der Gewölbefläche haben die Stukkateure plastische Figuren angebracht, die sich weit vom Grund lösen. Dargestellt sind Engel, die mit Posaunen den Ruhm Herzog Georgs verkünden. Das aufgeschlagene Buch in den Händen eines Engels soll die Taten des Herrschers für die Nachwelt festhalten. An der östlichen Kappe sieht man einen Engel, der ein kleines Kind, die Seele des Verstorbenen, in das Himmelreich führt. Über der Tür der Georgskapelle brachte Wolf Caspar von Klengel eine Metalltafel mit dem großen kurfürstlichen Wappen an. Das geschwungene Dach der Georgskapelle wurde erst 1718 erbaut.

Von der barocken Ausstattung des Dom-Langhauses ist nur wenig erhalten geblieben. Die zerstörte Orgel auf der Westempore wurde 1866/67 durch ein großes Orgelwerk ersetzt, geschaffen von Christoph Donat aus Leipzig. Drei Skulpturen, wahrscheinlich vom Rückpositiv der Orgel, werden heute im Dommuseum gezeigt. Um den Kreuzaltar gab es kleine hölzerne Logen, in denen die adligen Domherren standesgemäß den Gottesdienst verfolgen konnten. Eine große Loge für den Stiftsherrn, den sächsischen Kurfürsten, wurde im basilikalen Joch und im Achteckbau eingebaut.

Der Turmaufsatz über der Westturmanlage war im ausgehenden 17. Jahrhundert so baufällig, daß an eine Erneuerung gedacht werden mußte. 1698 errichtete man einen zweigeschossigen Fachwerk-Aufbau über der spätgotischen Turmfront. Die bedrückende Finanzlage des Hochstifts Meißen erlaubte keine aufwendige Gestaltung. Der schlichte, einfach verputzte Baukörper besaß kleine Fensteröffnungen in zwei Reihen, darüber erhob sich ein niedriges Walmdach. Der Aufsatz erinnerte die Meißner an eine dörfliche Scheune. Voller Spott nannte der Volksmund diesen Turmbau den »Schafstall«. Bis in die Mitte des 19. Jahrhundert prägte der »Schafstall« auf den Westtürmen das Bild des Meißner Doms.

Orgelempore mit barocker Orgel, aufgenommen um 1865. Es handelt sich um das älteste überlieferte Foto des Meißner Doms.

# Das Hochstift Meißen im 19. und 20. Jahrhundert

Das Zeitalter der Umbrüche, Reformen und Revolutionen ging nicht spurlos am Hochstift Meißen vorüber. Das Domkapitel blieb bestehen, allerdings unter einem hohen Preis. Nahezu alle Rechte und Privilegien, die auch nach Einführung der Reformation Bestand gehabt hatten, gingen verloren oder wurden bedeutungslos.

Die katholischen Stiftsherren bewahrten treu die Vorrechte des Hochstifts Meißen. Als der Reichsdeputationshauptschluß 1803 die Möglichkeit bot, die geistlichen Gebiete in den sächsischen Staat einzugliedern, lehnte Kurfürst Friedrich August III. eine zwangsweise Aufhebung des Hochstifts ab. Die Lage änderte sich freilich mit den napoleonischen Kriegen und dem Wiener Kongreß 1815. Im deutlich verkleinerten Königreich Sachsen mußten Verwaltung und Wirtschaft neu aufgebaut werden. Die Domherren stimmten nun einer Eingliederung der Stiftsgebiete in die sächsischen Erblande zu. Die Stiftsregierung und das Stiftskonsistorium in Wurzen wurden 1818 aufgelöst. Damit gingen die letzten verbliebenen Rechte der einstigen bischöflichen Herrschaft verloren. Alle nominellen Hoheitsrechte beseitigte die Verfassung von 1831, die im Paragraph 1 die Einheit des Königreichs Sachsen festlegte.

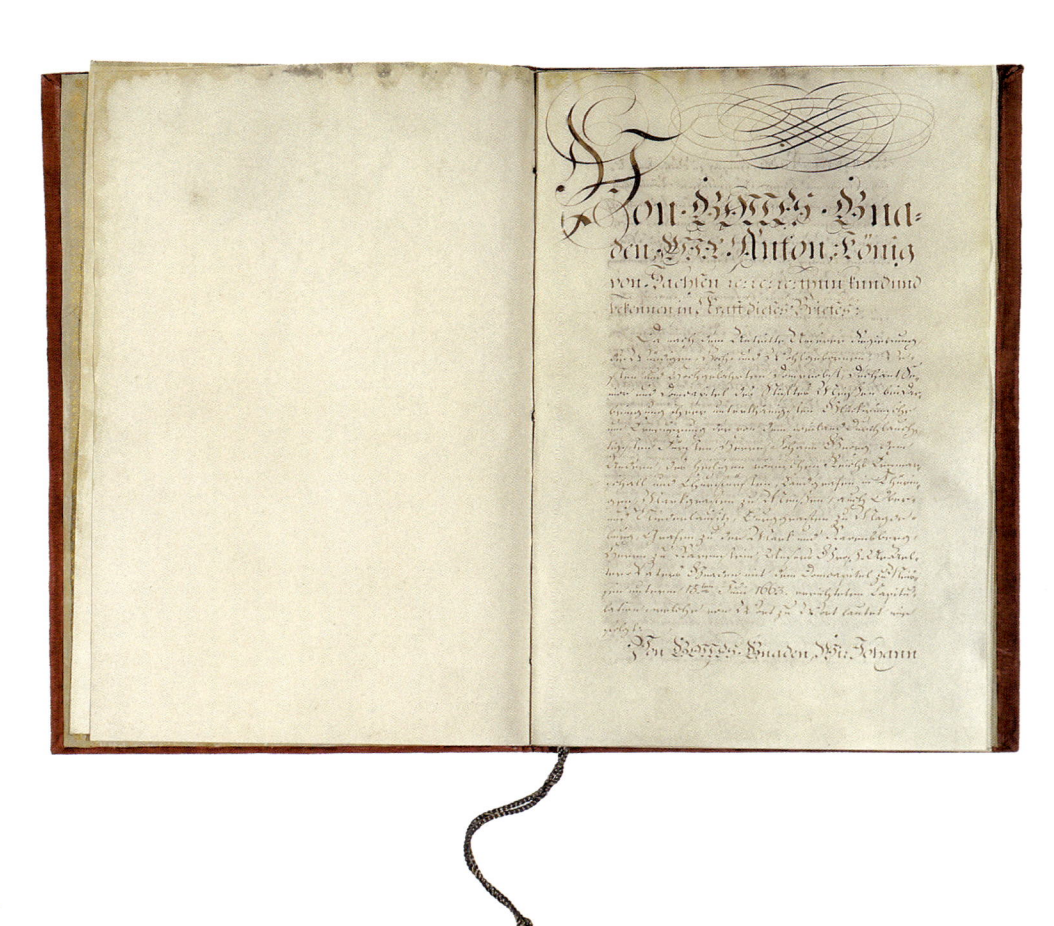

Kapitulation von König Anton von Sachsen, ausgestellt 1828.
Der sächsische König bestätigt mit seinem Amtsantritt die perpetuierliche Kapitulation von 1663 und wird Stiftsherr des Hochstifts Meißen. Das Urkundenlibell ist in eine Mappe aus rotem Samt eingebunden. Das Siegel befindet sich in einer Messingkapsel mit dem sächsischen Wappen.

Das Vermögen des Hochstifts Meißen basierte noch immer auf Grundbesitz. Die Agrarreform von 1832 führte zu einem weitreichenden Wandel. Die Bauern in den Stiftsdörfern konnten die seit Jahrhunderten bestehenden Abgabenlasten mit einer einmaligen Zahlung ablösen. Die gesammelten Ablösegelder, die auf dem Finanzmarkt angelegt wurden, sorgten immerhin für hohe Zinserträge. Dennoch waren die Einnahmen deutlich gesunken, sie reichten nicht mehr für die Erhaltung des Meißner Doms aus. Auch die Gerichtsbarkeit über die Stiftsdörfer, die das Domkapitel bisher wahrgenommen hatte, mußte 1856 aufgegeben werden. Mit der gesetzlich festgelegten Verstaatlichung der Justiz entstanden stattdessen moderne Justizämter. Das Amtsgericht Meißen zog 1844 in das alte Bischofsschloß ein.

Das Domkapitel war nur noch ein Schatten seiner selbst, verglichen mit der machtvollen Einrichtung des 13. Jahrhunderts. Kein Wunder, daß Stimmen laut wurden, die eine Reform oder gar die Auflösung forderten. Im Revolutionsjahr 1848 bereitete das Kultusministerium die Aufhebung des Hochstifts Meißen vor, und selbst das Domkapitel war bereit, in Verhandlungen einzutreten. Der 1851 ausgehandelte Vertrag sah die Auflösung des Hochstifts zugunsten einer staatlichen Stiftung vor. Dagegen protestierten die sächsischen Adelsfamilien, vor allem die Expektanten, die jahrelang auf eine Domherrenstelle gewartet hatten und sich nun um ihre Rechte betrogen fühlten. In letzter Sekunde rettete König Friedrich August II. den Bestand des Hochstifts. Als Stiftsherr verweigerte er die Zustimmung zum Aufhebungsvertrag. Erneut verhandelten Kultusministerium und Domkapitel. Die 1859 beschlossene Reform beseitigte überholte mittelalterliche Bestimmungen. Der Nachweis adliger Herkunft wurde abgeschafft. Das

Ahnennachweis des Geheimen Finanzrats Detlev Graf von Einsiedel. Das Blatt wurde 1802 vom Kurfürstlich-Sächsischen Hof-Wappenmaler Johann Gottlieb Haidt angefertigt. Detlev Graf von Einsiedel, der 1830 als Kabinettsminister entlassen wurde, war bis zu seinem Tod 1861 Dechant des Meißner Domkapitels.

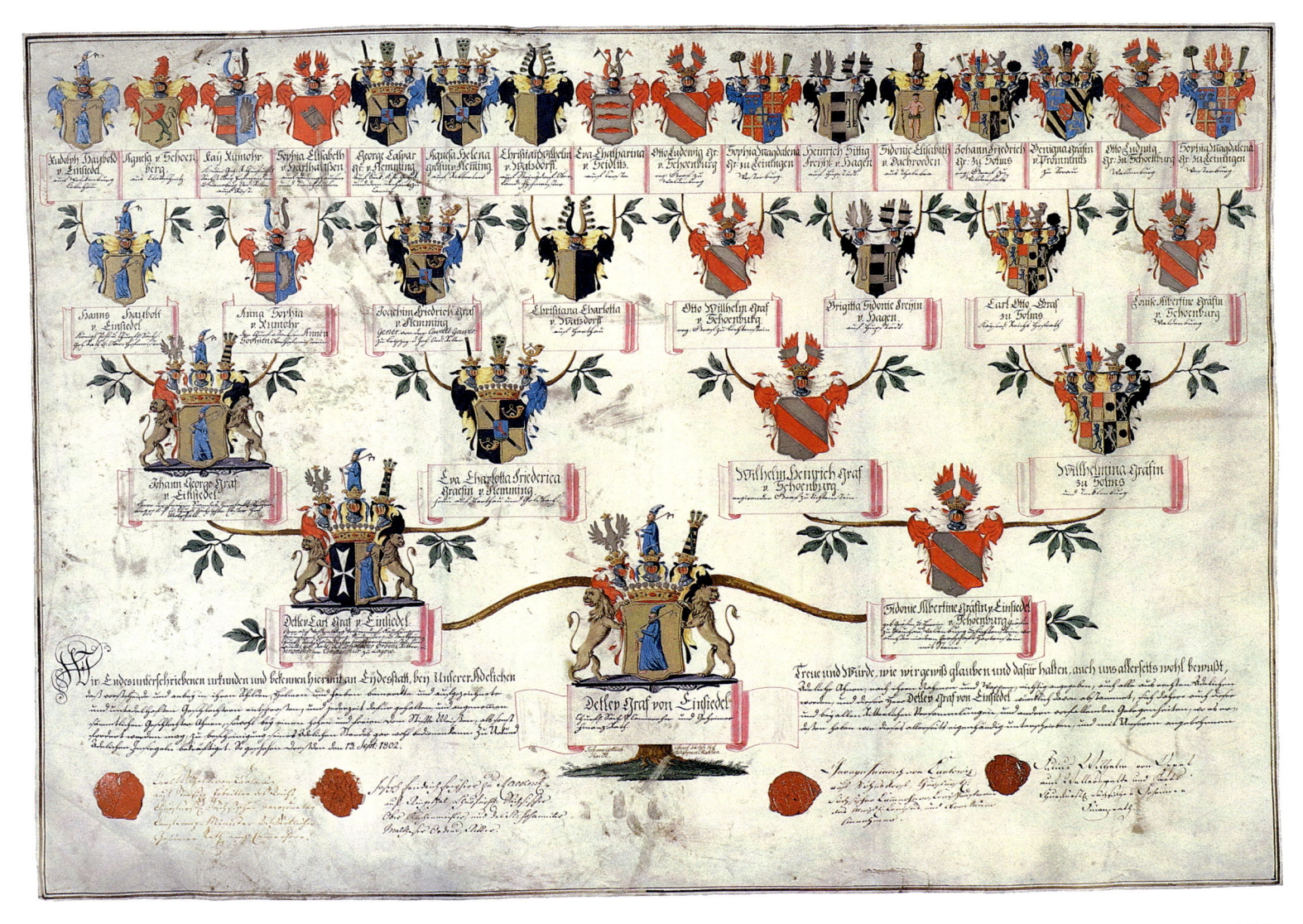

Domkapitel sollte von nun an sächsische Staatsbürger mit evangelisch-lutherischem Bekenntnis vereinen, die in der Kirche, im Unterrichtswesen oder in der staatlichen Verwaltung Verdienste erworben hatten. Voraussetzung war ein akademisches Studium. Die acht Domherrenstellen blieben bestehen, das Prinzip der Anwartschaften wurde aufgegeben. Über die Aufnahme in das Domkapitel entschied der Stiftsherr, dem jeweils drei Vorschläge unterbreitet wurden. Die sächsischen Adligen dominierten das Kapitel auch nach dieser Reform. Einflußreiche Mitglieder der Landesregierung waren zugleich Domherren, unter ihnen Georg von Metzsch, der Innenminister und Minister des königlichen Hauses. Als Dompropst beförderte Georg von Metzsch die Restaurierung des Doms und die Vollendung der Westtürme. Das Meißner Domkapitel besaß Sitz und Stimme im sächsischen Landesparlament, der Ständeversammlung. Ein Domherr wurde in die Erste Kammer des Parlaments abgeordnet, in der sich die Vertreter der Stände und Städte, der Prälaten, Grafen, Herren und der Ritterschaft versammelten. Domdechant Dr. Richard Leo Graf von Könneritz besaß ein so hohes Ansehen, daß er über viele Jahre als Präsident die Erste Kammer der Ständeversammlung leitete.

Die Revolution von 1918 wurde von den Domherren als schmerzhafter Umsturz empfunden. Die ganze wohlgefügte Welt brach in sich zusammen. Der Stiftsherr, König Friedrich August III. von Sachsen, mußte abdanken. Damit war die jahrhundelange Verbindung des Hochstifts Meißen mit dem Haus Wettin aufgehoben. Die Weimarer Reichsverfassung schrieb die Trennung von Staat und Kirche fest. Damit mußte auch das Amt des Stiftsherrn vom Staat gelöst werden. Die sächsische Landeskirche hatte inzwischen, nach dem Ende des landesherrlichen Kirchenregiments, einen eigenen Bischof eingesetzt. Die Domherren wählten Landesbischof Dr. Ludwig Ihmels 1924 zum Stiftsherrn. Seitdem ist der jeweilige Landesbischof für die Dauer seiner Amtszeit zugleich Stiftsherr des Hochstifts Meißen. Die Evangelisch-Lutherische Landeskirche Sachsens gilt als Muttergemeinwesen für Stift und Domkapitel.

Das Hochstift Meißen ist heute eine Anstalt öffentlichen Rechts. Das Domkapitel steht als Körperschaft außerhalb der Evangelisch-Lutherischen Landeskirche Sachsens, es ist nicht in die innere Ordnung der Landeskirche eingebunden. Gleichwohl richten sich Gottesdienst und kirchliche Amtsverwaltung nach der sächsischen Landeskirche. Das Domkapitel besteht aus acht Domherren. Mindestens zwei Mitglieder des Kapitels sollen Hochschullehrer der evangelischen Theologie sein. Die Eignung, die anstehenden Aufgaben zu erfüllen, ist neben dem evangelisch-lutherischen Bekenntnis die einzige Voraussetzung für die Aufnahme in das Kapitel. Der Wahlvorschlag des Domkapitels muß vom Stiftsherrn, dem Landesbischof, bestätigt werden. Adlige sind heute nicht mehr im Kapitel vertreten. Die letzten adligen Domherren, die in der sowjetisch besetzten Zone bittere Verfolgungen erleiden mußten, gingen nach 1945 nach Westdeutschland. Mit deren Tod endete die traditionelle Verbindung des Domkapitels mit dem sächsischen Adel.

# Wiederentdeckung des Meißner Doms als Monument gotischer Baukunst

In den Stürmen der napoleonischen Kriege entwickelte sich ein deutsches Nationalgefühl. Künstler und Wissenschaftler wandten sich der lange mißachteten deutschen Geschichte zu; die Baukunst des Mittelalters wurde nun wieder dem Vergessen entrissen. In Meißen waren es der Kreis der Dresdner Romantiker, der um 1800 den Dom als Sinnbild des deutschen Mittelalters entdeckte. Der Maler Philipp Otto Runge war so begeistert von der majestätischen Wirkung der Meißner Kirche, daß er nach diesem Vorbild in Hamburg eine gotische Kapelle erbauen wollte. Eine Zeichnung von Caspar David Friedrich aus dem Jahr 1824 zeigt den Meißner Dom vollendet, mit zwei gotischen Turmspitzen über der westlichen Turmfront. Zwei Jahre später veröffentlichte Friedrich Wilhelm Schwechten ein großformatiges Tafelwerk, das auf den kunsthistorischen Wert des Meißner Doms aufmerksam machte. Schwechten griff in einem Kupferstich die Vollendung der Westturmanlage vorweg.

Ansicht des Meißner Burgbergs mit der vollendeten Westturmanlage. Kupferstich in der Publikation von Friedrich Wilhelm Schwechten, 1826

Doch das blieb eine Vision, noch gab es keine Bewegung heimatbewußter Bürger, die zum Weiterbau drängte.

Auf die Kunstschätze des Meißner Doms wies vor allem der Königlich Sächsische Altertumsverein hin. Vorsitzender des Vereins war der hochgebildete Prinz Johann, von 1854 bis 1873 König von Sachsen. 1839 beauftragte er eine Kommission mit der Untersuchung des Bauzustands, um eine Restaurierung einzuleiten. Prinz Johann wurde sicher von den Ereignissen in Köln angeregt, wo sich der preußische Kronprinz für die Vollendung des Kölner Doms einsetzte. Der Direktor der Leipziger Bauschule, Albert Geutebrück, schlug 1841 in einem Gutachten vor, den schadhaften »Schafstall« auf

Westturmanlage mit Balustrade, 1842 von Ernst Zocher

der Westturmfront zu beseitigen. Während in Köln 1842 der Grundstein zum Weiterbau der Kathedrale gelegt wurde, begannen auch in Meißen die Restaurierungsarbeiten. Baumeister Ernst Zocher schuf nach Geutebrücks Planung eine durchgehende Plattform über dem dritten Turmgeschoß, verziert mit einer Maßwerkbrüstung und Fialen. Der Dresdner Architekt Gottfried Semper wandte sich mit heftigen Worten gegen diese voreiligen Baumaßnahmen, denn er hatte ein größeres Ziel vor Augen, die Vollendung der Meißner Domtürme. 1843 legte Semper ein ausführliches Gutachten zur Erhaltung und Wiederherstellung des »sächsischen Palladiums« vor. Notwendig erschien ihm die Ausbesserung von Steinschäden, die Beseitigung der »ärgsten Verunstaltungen« im Inneren und die Restaurierung der Kapellen. Schon Semper äußerte die Idee, am Kreuzgang ein »Museum zur Aufstellung altdeutscher Denkmäler« einzurichten. Die Vorschläge verhallten vorerst ohne Resonanz. Dem Meißner Domkapitel drohte 1851 die Auflösung. Erst als sich die Lage wieder beruhigt hatte, konnte die Restaurierung in Angriff genommen werden.

Die 1856 eingeleitete Wiederherstellung der Kathedrale wurde von König Johann gefördert, der zugleich wichtige Anregungen zum Dombau gab. Das Kapitel bestimmte Friedrich Arnold zum Dombaumeister, einen Professor der Dresdner Kunstakademie, der mit einer umfassenden Purifizierung des Meißner Doms begann. Alle Einbauten des 17. und 18. Jahrhunderts wurden beseitigt, unter anderem die barocken Betstübchen vor dem Achteckbau. Der Dombaumeister befreite die Allerheiligenkapelle, bisher als Getreidespeicher genutzt, von ihren Einbauten, um die mittelalterliche Raumform wieder sichtbar zu machen. Auch die Fürstenkapelle galt als verunstaltet. Über dem Westportal wurde das barocke Vordach beseitigt und durch einen gotischen Wimperg ersetzt, der sich gefühlvoll der Formenwelt des spätgotischen Baus anpaßte. Leider hat man diesen Wimperg 1909 wieder abgebrochen. Weniger gelungen war die neue Empore im Langhaus. Friedrich Arnold verlängerte die Orgelempore im Westen um ein weiteres Joch in das Kirchenschiff hinein. Der Raum erhielt dadurch eine ungünstige gedrungene Wirkung. Auf der Empore wurde eine neue Orgel mit neugotischem Gehäuse aufgestellt. Die Umgestaltung des Meißner Doms war 1871 abgeschlossen. An den Ausbau der Westtürme wagte sich der Dombaumeister nicht, denn diese Aufgabe erforderte bedeutende Finanzmittel, die das Meißner Domkapitel nicht aufbringen konnte.

Innenraum des Meißner Doms. Meßbildaufnahme von Albrecht Meydenbauer, 1902

# Ausbau der Westtürme und Restaurierung durch Karl Schäfer und Hugo Hartung

Nach der ersten Restaurierung des Meißner Doms, geleitet von Friedrich Arnold, sollte es dreißig Jahre dauern, bis eine breite Öffentlichkeit zur Vollendung der Meißner Westtürme drängte. Längst waren alle anderen großen Turmbauprojekte in Deutschland abgeschlossen, in Regensburg 1869, in Köln 1880 und in Ulm 1890. Nachdem weder das Domkapitel noch der Staat Interesse gezeigt hatten, ergriffen nun Meißner Bürger die Initiative: Prof. Emmerich Andresen, Bildhauer an der Meißner Porzellanmanufaktur, und Baurat Julius Temper riefen 1895 zur Gründung eines Dombauvereins auf. In kurzer Zeit konnten sie einflußreiche Bürger in ganz Sachsen gewinnen, so daß schließlich am 28. März 1896 der Meißner Dombauverein ins Leben gerufen wurde.

Den Vorsitz übernahm der Leipziger Jurist Prof. Dr. Adolf Wach, unterstützt vom Meißner Amtshauptmann von Schroeter und vom Rektor der Fürstenschule, Dr. Hermann Peter. Mehr als tausend Mitglieder konnte der Dombauverein im Deutschen Reich gewinnen. Nach einem ersten Konzept plante der Verein »den Wiederaufbau der Türme auf dem sogenannten breiten Turme, eine einfache und würdige Ausmalung des Inneren, Beschaffung von Glasfenstern mit Malereien, eine Heizungsanlage, Erneuerung des Fußbodens und des Gestühls und schließlich die Wiederherstellung der Maria-Magdalenenkapelle«. Die Baukosten sollten durch eine staatliche Lotterie beschafft werden, die das Finanzministerium 1896 genehmigte. Durch den Verkauf der Lose konnten in nur fünf Jahren 1 500 000 Mark zusammengetragen werden.

Das erste Ziel des Vereins war der Ausbau der Westtürme. Mittelalterliche Baupläne gab es in Meißen nicht, und so mußte ein geeigneter Architekt gefunden werden. Schon 1895 hatte der Berliner Architekt Bernhard Sehring einen Entwurf vorgelegt, der den Bau einer massiven Zweiturmfront vorsah. Allerdings wurde Sehring nicht am Wettbewerb beteiligt. Um einen Entwurf für die Meißner Türme wurden nur Baumeister gebeten, die bei der Restaurierung und Vollendung gotischer Bauten ihr Können unter Beweis gestellt hatten: August von Beyer (Ulm), Conrad Steinbrecht (Marienburg), Gabriel Seidl (München), Karl Schäfer (Karlsruhe), schließlich noch Paul Tornow (Metz) und Alexander Linnemann (Frankfurt am Main). Im Jahr 1900 legten Schäfer und Linnemann detaillierte Entwürfe vor, während die anderen Architekten aus verschiedenen Gründen absagten. Karl Schäfer entwarf eine Zweiturmanlage, die harmonisch aus dem spätgotischen Unterbau hervorwachsen sollte, verbunden durch eine offene Glockenhalle. Die beiden achteckigen Turmaufsätze sollten steinerne Helme tragen. Alexander Linnemann meinte hingegen, daß dem Geist der Spätgotik nur eine Dreiturmanlage entsprechen könne. Seine Pläne zeigten über der bestehenden Westfront eine gestaffelte Baugruppe, die sich aus seitlichen Turmhelmen und einer erhöhten mittleren Turmspitze zusammensetzt.

Um die Turmentwürfe entbrannte ein erbitterter Streit, der Kunsthistoriker, Architekten und Denkmalpfleger in ganz Deutschland erfaßte. Dabei ging es nicht allein um die Anzahl der Türme. Im Mittelpunkt stand die Frage, ob historische Bauten überhaupt ergänzt und vollendet werden dürfen. Nur wenige Jahre zuvor wäre eine solche Diskussion undenkbar gewesen. Nun aber war das Zeitalter des Historismus vorbei. Der Streit um den Ausbau der Meißner Domtürme wurde zu einem Grundstein für die wissenschaftliche Denkmalpflege, die sich in jenen Jahren formte.

Leidenschaftlich stritt Cornelius Gurlitt für das dreitürmige Turmprojekt Linnemanns. Der Dresdner Architekturprofessor und Denkmalpfleger hatte schon 1898 einen Entwurf für eine Dreiturmanlage in spätgotischen Formen angeregt. Gurlitt meinte, nur ein Abschluß mit drei einfachen Turmspitzen könne dem ursprünglichen Gedanken ent-

Entwurf von Alexander Linnemann für die Westturmanlage des Meißner Doms, 1901

Entwurf von Karl Schäfer, Fassung 3, 1902

sprechen. Schäfers Entwurf dagegen sei banal, unharmonisch und künstlerisch wertlos. In unzähligen Vorträgen, Gutachten und Artikeln kämpfte der Denkmalpfleger für diese Position, unterstützt von Architektenverbänden und Altertumsvereinen. Heute weiß man, daß Gurlitts Thesen falsch waren. Er übersah gewichtige Befunde am Meißner Dom. Arnold von Westfalen hatte um 1480 eine Zweiturmfront vorgesehen, und Karl Schäfer griff diesen Gedanken mit einer überzeugenden Planung auf. Cornelius Gurlitt blieb die innere Kraft der Türme Schäfers verborgen. Heute kann man erklären, warum Gurlitt so beharrlich an seinem Irrweg festhielt. Die schlichten Spitzen Linnemanns entsprachen der Reformarchitektur der beginnden Moderne, einer neuen Strömung in der Baukunst, die nach Einfachheit strebte. Schäfers Entwurf dagegen mußte als Sinnbild der überholten historistischen Architektur des 19. Jahrhunderts Ablehnung erfahren.

Die Vereinsmitglieder konnten den Streit um den Turmbau kaum verstehen. Den heimatbewußten Bürgern ging es nicht um eine Konservierung des Doms im Sinne der wissenschaftlichen Denkmalpflege. Für sie war der Meißner Dom ein lebendiges Bauwerk, kein Überrest eines vergangenen Zeitalters. Die Vollendung der Westturmanlage galt als Symbol für die Wiederbesinnung auf höhere Werte. Als Zeichen des christlichen Glaubens sollten die Türme das sächsische Land beherrschen. Die Mehrheit im Verein war von Schäfers eindrucksvollem Entwurf fasziniert, weil er genau dieses Anliegen umsetzen konnte. Fast einstimmig wurde der Auftrag an Karl Schäfer vergeben. Selbst Alexander Linnemann votierte begeistert für seinen Konkurrenten.

1902 konnten die Arbeiten an der Westturmfront endlich beginnen. Zum Bauleiter wurde Joseph Schäffler bestimmt, der schon mehrere Projekte Karl Schäfers begleitet

Arbeiter mit Maßwerkstück für das vierte Turmgeschoß

hatte. Die Ausführung übertrug man dem Meißner Baugeschäft Otto & Schlosser. Sechs Jahre lang hallten nun die Schläge der Steinmetzen über den Domplatz; das imposante hölzerne Gerüst wuchs bis zu einer Höhe von 90 Metern. Auf der Baustelle arbeiteten nahezu einhundert Bauleute. Im März 1905 zählte man sechzig Steinmetze, dreißig Maurer, Zimmerleute und Hilfskräfte sowie zwei Schmiede. Das Mauerwerk der neuen Türme hat einen mehrschaligen Aufbau. Als äußere, sichtbare Wandschicht wurden sauber gearbeitete Werksteine versetzt. Die Sandsteinblöcke kamen aus dem Steinbruch Herrenleithe bei Dorf Wehlen im Elbsandsteingebirge. Der unsichtbare Kern des Mauerwerks wurde aus hart gebrannten Klinkern aufgeführt. Aus statischen Gründen entschied sich Karl Schäfer, alle freistehenden Pfeiler, Pfosten und Fialen – im Glockengeschoß und den Achtecktürmen – mit einem eisernen Ankersystem zu verbinden.

Eingerüstete Domtürme, Bauhütte auf dem Domplatz, um 1906

Turmhalle im vierten Obergeschoß

Das zeigt, daß Schäfer trotz aller Anlehnung an die mittelalterliche Architektur auf Methoden des modernen Bauwesens nicht verzichten wollte. Das neue Material Beton kam nur bei der Verstärkung der Fundamente zum Einsatz. 1905, nach immerhin drei Jahren, hatten Otto & Schlosser das vierte Turmgeschoß fertiggestellt; die Achtecktürme waren 1906 weitgehend vollendet. Schon bald konnten die Kreuzblumen versetzt werden, die 83,20 Meter über dem Domplatz den Meißner Dom bekrönen. Bis aber alle Wimperge, Treppenaustritte, Galerien, Fialtürme und Eselsrücken an ihrem Platz waren, dauerte es noch weitere zwei Jahre. Am 27. Oktober 1908 konnte der Meißner Dombauverein die Fertigstellung der Westturmfront feiern. Über tausend Gäste waren der Einladung zum Festgottesdienst und zur Glockenweihe gefolgt, voran König Friedrich August III. von Sachsen.

> **Oberhofprediger Dr. Ackermann zur Glockenweihe**
>
> »Mögen in unserem Sachsenlande die Türme des Meißner Doms Prediger von Gottes Wahrheit sein für dieses und die kommenden Geschlechter! Mögen ihre Glocken es hinausrufen in die Weite: Land, Land, höre des Herrn Wort!«

Karl Schäfers Westtürme setzen den Aufbau des spätgotischen Turmgeschosses harmonisch fort. Die Eckpfeiler wie auch das geniale Treppensystem des Baumeisters Arnold von Westfalen finden im vierten Turmgeschoß ihre Fortsetzung. Zwischen den Pfeilern sieht man Treppenaufgänge, die frei schwebend die offene Halle im Kern der Westtürme umziehen. Die Maßwerke orientieren sich an spätgotischen Formen, erinnern aber gleichzeitig auch an die Formenwelt des Jugendstils. Zwischen Süd- und Nordturm öffnet sich eine hohe Halle mit gewaltigen Maßwerkfenstern, ein Motiv, das der Architekt von den Glockenhallen der Braunschweiger Kirchen abgeleitet hat. Bekrönt wird diese mittlere Halle von einem aufstrebenden Wimperg mit dem Kreuz Christi. Karl Schäfer gab diesem Bereich eine innere Dynamik, denn der Schwung der eingehängten Treppen wird im Wimperg fortgesetzt, bis die monumentale Skulptur des gekreuzigten Christus kraftvoll die Brüstung durchbricht. Auf dieser Ebene ist eine durchgehende Plattform ausgebildet. Die beiden Türme wachsen nun getrennt auf. Achteckgeschosse mit geöffneten Arkaden tragen die Turmhelme. Die 1516 vollendeten Turmaufsätze des Magdeburger Doms dienten als Vorbild. Karl Schäfer hat es verstanden, eine Turmfront zu entwerfen, die ein großes Ganzes bildet, organisch aus den mittelalterlichen Teilen aufwächst und bis zu den Spitzen eine innere Kraft und Spannung verspüren läßt. Keine kalte »Reißbrettgotik« des 19. Jahrhunderts tritt uns hier entgegen. Die abwechslungsreichen, an jedem Turmaufsatz variierten Schmuckformen verraten, wie sehr Schäfer den Geist der mittelalterlichen Architektur verstanden hat.

Karl Schäfer hat die Vollendung seiner Domtürme nicht mehr erlebt. Ab 1908 führte der neugewählte Dombaumeister Hugo Hartung das Werk weiter. Die nächste große Aufgabe des Dombauvereins war die Restaurierung des Kirchenraums. Auch hier wurde erbittert um Entwürfe und Konzepte gerungen. Hartung setzte sich letztlich gegen die Königliche Kommission zur Erhaltung der Kunstdenkmäler durch, die alle Veränderungen ablehnte. Die neugotische Westempore wurde abgerissen, weil sie den mittelalterlichen Hallenraum gestört und bedrängt hatte. Nach der Restaurierung der zerstörten Steinoberflächen erhielten Chor und Langhaus eine neue Farbfassung. Alle Wandpartien wurden mit hellgrauer Silikatfarbe überstrichen, Architekturgliederungen erhielten eine dunkelgraue Fassung. Der Anstrich entsprach den Vorstellungen, die man um 1910 von Gotik hatte: Profile, Fugen, Details waren nicht mehr erkennbar, alles verlief zu einer großen, mächtigen, aufstrebenden Masse. Nur im Hohen Chor und am Lettner erhielt die graue Oberfläche einige farbige Akzente; allerdings hat man bewußt verschmutzte Farben verwendet, um eine vermeintlich historische Wirkung zu erreichen.

Die 1910 geschaffene Ausstattung geht auf eine eigenwillige Entscheidung des Dombaumeisters zurück. Hugo Hartung legte für alle neuen Einbauten im Langhaus den Renaissancestil fest, im Chor dagegen sollte die Hochgotik bestimmend sein. Das Gestühl und die Orgel wurden in Renaissanceformen gestaltet. Die ornamentalen Glasmalereien im Chor folgen weitgehend den aufgefundenen mittelalterlichen Fragmenten. Die Kunstverglasung im Langhaus paßt sich einfühlsam dem Raum an. Hartung größte Leistung war die Restaurierung des Achteckbaus. Als aufwendig erwies sich die Sicherung des Höckrigen Turms. Die Werksteine des durchbrochenen, feingliedrigen Turmhelms waren stark verwittert; Teile stürzten nach unten. Festigungsversuche

Westturmanlage. Ansicht von Osten

Entwurf für die farbige Gestaltung des Lettners, die Ausmalung des Hohen Chors und die Wiederherstellung der Glasmalereien. Zeichnung von Hugo Hartung, 1910

konnten den Schadensprozeß nicht aufhalten. Hartung ließ den Turmhelm daher abtragen und in alter Form, aber mit neuen Steinen wieder aufbauen. Die Restaurierung des Doms wurde 1911/12 mit der Wiederherstellung der Fürstenkapelle beendet. Das Bauwerk erhielt eine Maßwerkgalerie in spätgotischen Formen, außerdem einen schlichten Dachreiter, der auf die beginnende Moderne verweist.

Der Meißner Dombauverein gab 1918 seine Auflösung bekannt. In 22 Jahren hatte er insgesamt 1 727 000 Mark aufgebracht. 1908 setzte sich der Dombauverein an den Westtürmen ein bleibendes Denkmal: Auf den Wimpergen zwischen dem dritten und vierten Turmgeschoß stehen Propheten mit Gesichtszügen der führenden Vereinsmitglieder und Förderer. Dombaumeister Karl Schäfer, die Vorsitzenden Prof. Dr. Adolf Wach und Dr. Hermann Peter, Domdechant Richard Leo Graf von Könneritz sowie Dr. Karl Waentig und Baurat Krüger als Vertreter des Kultus- und Finanzministeriums schauen stolz von ihren Domtürmen herab.

# Karl Schäfer

Der Baumeister aus Karlsruhe mußte bittere und ungerechte Verletzungen ertragen, als er 1900 seine Pläne für den Ausbau der Meißner Westturmfront vorlegte. Architektenverbände und Denkmalpfleger warfen vor, mit der Turmvollendung den ehrwürdigen Dom zu verunstalten. Die Anschuldigungen trafen den 1844 in Kassel geborenen Architekten sehr. Immerhin war Karl Schäfer einer der besten Kenner mittelalterlicher Baukunst in Deutschland. Bei Georg Gottlieb Ungewitter, einem der ersten »Gotiker«, hatte er zwischen 1860 und 1864 eine fundierte Ausbildung erhalten. Für Schäfer war die Gotik kein Stil vergangener Zeiten, sondern Leitlinie für eine zeitgenössische Architektur. Die Erforschung mittelalterlicher Bauten wurde zu seiner Lebensaufgabe. In zahlreichen Büchern befaßte er sich mit der Kunst des Mittelalters. Dabei waren ihm weder die bautechnischen Grundlagen noch die alten Handwerkstechniken fremd.

Karl Schäfer besaß die Fähigkeit, Wissen überzeugend zu vermitteln. Schon in jungen Jahren wurde er als Hochschullehrer an die Braunschweigische Baugewerkeschule in Holzminden berufen. 1871 nahm er das Amt eines Universitätsbaumeisters in Marburg an. Schon 1878 wechselte der Architekt nach Berlin, wo er im Ministerium der öffentlichen Arbeiten Anstellung fand und gleichzeitig seine Habilitation fertigstellte. Seit 1884 war Schäfer an der Technischen Hochschule Charlottenburg, der heutigen TU Berlin, Professor für mittelalterliche Architektur. Mit Hugo Hartung gründete er in Berlin ein eigenes Architekturbüro. Schäfer aber konnte sich mit seinen neugotischen Planungen nur schwer gegen die klassizistische Baukunst der Schinkel-Schule durchsetzen, die in Berlin bis ins ausgehende 19. Jahrhundert vorherrschend war. Daher kam ihm die Berufung an die renommierte Technische Hochschule in Karlsruhe 1895 sehr gelegen. In Baden erhielt der Architekt bedeutsame Aufträge. Nach seinen Plänen wurde der Friedrichsbau des Heidelberger Schlosses wiederaufgebaut, die Universitätsbibliothek in Freiburg i. Br. errichtet und die Kirche Jung St. Peter in Straßburg restauriert. Von Karlsruhe aus leitete Schäfer ab 1902 den Dombau in Meißen.

Als Karl Schäfer um 1900 seine großen Projekte ausführte, hatten sich die Vorstellungen von zeitgemäßer Architektur gewandelt. Historische Bauformen galten als überholt, eine moderne Baukunst sollte geschaffen werden. Der Wiederaufbau des Heidelberger Schlosses und die Vollendung des Meißner Doms riefen daher heftige Kritik hervor. Es ist tragisch, daß sich dieser Streit ausgerechnet an den Bauten Schäfers entzündete. Denn der Architekt hat in Meißen nicht einfach Bauformen kopiert, er hat aus dem Geist des Alten schöpferisch Neues geschaffen. Es ist keine schematische Gotik entstanden, nur mit Lineal und Reißbrett erdacht, sondern ein belebtes Bauwerk, das voller Kraft den Meißner Burgberg bekrönt. In diesem Sinne ist die Meißner Westturmanlage das größte Werk Schäfers.

Der Dombaumeister, der 1903 an einem schweren Nervenleiden erkrankte, konnte die feierliche Einweihung der Meißner Domtürme nicht mehr erleben. 1907 trat er in den Ruhestand, ein Jahr später starb er. An und mit den Meißner Domtürmen lebt Karl Schäfer weiter: Im Achteckgeschoß des Südwestturms ist eine Bronzetafel zur Erinnerung an den Architekten angebracht, und in Gestalt eines Propheten schaut er vom vierten Turmgeschoß in das weite Elbtal um Meißen.

Porträt Karl Schäfer, Zeichnung 1903

»Er war unser Mann. Mit ihm wußten wir uns einig darin, daß es hier nicht galt, neuen Ideen oder einem Zeitgeschmack nachzujagen, sondern allein sich pietätvoll in das Gegebene zu versenken, das innere gestaltende Gesetz dieses edlen Bauwerks lebendig zu erfassen und so den Torso in harmonischer Größe zu vollenden. Das hat Schäfers Genius erreicht. Mit der glücklichen Intuition des formengewaltigen Geistes hat Schäfer in seinem alles übertreffenden Plane jene Lösung gefunden und in den himmelstrebenden Türmen diesem Gott geweihten Bau die höchste Vollendung verliehen.«

Adolf Wach, Vorsitzender des Dombauvereins, 1908 über Karl Schäfer

Nordwestturm

# Orgeln im Meißner Dom

Ein Gottesdienst ohne Orgelmusik ist heute kaum vorstellbar. Dies war jedoch nicht immer so. In den mitteldeutschen Kirchen verbreiteten sich Orgeln erst im 14. Jahrhundert. Der Meißner Dom gehörte zu den ersten Kirchen, die mit Orgeln ausgestattet waren. Im Jahr 1362 werden erstmals Organist und Blasebalgtreter genannt. Die Orgel ertönte damals freilich nicht zu jedem Gottesdienst. Nur an hohen Kirchenfesten und an besonderen Heiligentagen wurde die Orgel eingesetzt, um die heilige Messe besonders festlich zu gestalten.

Wahrscheinlich gab es damals mehrere kleine Orgeln im Kirchenraum. Ein großes Orgelwerk, das mit seinen Tönen den gesamten Kirchenraum ausfüllt, erhielt der Meißner Dom erst im späten 15. Jahrhundert. Für diese Orgel wurde im Westen des Langhauses, im Turmzwischenraum, eine neue Empore eingezogen. Die Fürstenkapelle besaß eine eigene Orgel. Das 1462 von Meister Fabian aus Dresden geschaffene Werk klebte wie ein Schwalbennest über dem Westportal der Kapelle. Ein Bericht von 1544 erwähnt insgesamt sechs Orgeln im Meißner Dom. Der schwere Brand drei Jahre später vernichtete diese Ausstattung. Die große Hauptorgel verbrannte und zerschmolz beim Feuersturm, während das beschädigte Werk in der Fürstenkapelle an die Klosterkirche in Mühlberg abgegeben wurde.

Im evangelischen Gottesdienst hat die Orgel eine wichtige Aufgabe. Das Orgelspiel begleitet die singende Gemeinde. Der ausgebrannte Meißner Dom, der keine eigene Gemeinde besaß, erhielt erst 1603 ein neues Orgelwerk, das aber im Dreißigjährigen Krieg so beschädigt wurde, daß es nicht mehr spielbar war. Der Leipziger Orgelbauer Christoph Donat schuf 1666/67 eine mächtige barocke Orgel, von der drei Skulpturen erhalten geblieben sind. Die beiden Engel und der harfespielende König David, heute im Dommuseum, bekrönten einst das Rückpositiv. Diese barocke Orgel wurde 1868–70 durch ein neues Werk der Gebrüder Kreutzbach aus Borna ersetzt. Dombaumeister Friedrich Arnold entwarf das neugotische Gehäuse. Schon 40 Jahre später mußte auch diese Orgel weichen. Der Standort auf der Westempore wurde aufgegeben, um das Westfenster des Langhauses wieder sichtbar zu machen. Die Orgel sollte von nun an vom Nordquerhaus aus erklingen. Das Orgelwerk der Gebrüder Jehmlich aus Dresden, gebaut 1910, erhielt einen monumentalen Prospekt in Renaissanceformen nach Plänen des Dombaumeisters Hugo Hartung.

Veränderte Klangvorstellungen führten zu dem Wunsch, eine neue Orgel zu bauen, auf der man auch barocke Werke spielen könne. Nach langen Auseinandersetzungen entschied man sich für einen Standort an der Ostseite des nördlichen Querhausarms. Die neue Domorgel, die über drei Manuale und 40 Register verfügt, wurde 1972 von der Firma Eule aus Bautzen gebaut. An der Gestaltung des modernen, aber bewußt zurückhaltenden Prospekts waren Lothar Gonschor und Christian Möller beteiligt. Die gestaffelten turmartigen Kästen sind auf das Mittelschiff ausgerichtet. Von der Orgel geht ein eigenwilliger, ausdrucksstarker Klang aus. Beeindruckend sind die Orgelkonzerte, wenn der dunkle Kirchenraum im Licht flackernder Kerzen erstrahlt. Die schweren, bald singenden Töne scheinen sich dann mit den aufstrebenden Pfeilern der Halle, mit dem stimmungsvollen Licht zu vereinen. Die großen Konzerte und die täglichen Orgelmusiken locken viele Besucher und Zuhörer in den Meißner Dom.

Orgel

# Erhaltung und Restaurierung des Meißner Doms

Dombaumeister zu Meißen

1901–1908
Prof. Karl Schäfer

1908–1913
Prof. Hugo Hartung

1942–1951
Dr.-Ing. Hubert Ermisch,
Leiter der Zwingerbauhütte in Dresden

1951–1962
Dr. Max Zimmermann,
Leiter der Zwingerbauhütte in Dresden

1962–1968
Architekt Fritz Steudtner

1968–1993
Oberkirchenrat Dr.-Ing. Otto Baer

seit 1993
Architekt Günter Donath

Nach der Vollendung der Westturmanlage und der Neugestaltung des Innenraums, abgeschlossen 1913, schien der Meißner Dom für kommende Zeiten gesichert zu sein. Damals ahnte niemand, wie schnell der Verfall wieder einsetzen sollte. Das Domkapitel war sich aber bewußt, daß der gotische Dom dauernd gepflegt und unterhalten werden muß, und so wurden auch weiterhin Dombaumeister berufen. Im Zweiten Weltkrieg blieb der Meißner Dom glücklicherweise fast ohne Schäden. Meißen wurde in den letzten Kriegstagen im Mai 1945 besetzt. Die Rote Armee zielte mit Granaten auf die Domtürme, richtete aber nur wenige Schäden an.

In den Jahren der DDR war die Erhaltung des Meißner Doms mit vielen Mühen verbunden. Es fehlte vor allem an Baumaterial. Das Institut für Denkmalpflege sorgte seit den 1970er Jahren für einzelne herausragende Kunstwerke. Das Westportal und die Skulpturen des 13. Jahrhunderts im Chor und im Achteckbau wurden in ihrer Farbigkeit untersucht. Die 1980 gegründete Restaurierungswerkstatt, die heute zur Dombauhütte gehört, führte wichtige Restaurierungsarbeiten aus. Hilflos stand man freilich vor den umweltbedingten Schäden der Westturmanlage. Die starke Verschmutzung der Luft ließ den Sandstein sehr schnell verwittern. Der reiche Bauschmuck wurde durch chemische Umwandlungen in Gips zersetzt und bis zur Unkenntlichkeit zerstört. In regelmäßigen Abständen mußten absturzgefährdete Teile gesichert werden. Der Mörtel in den Steinfugen des Turmes war in großen Teilen verwittert. Andere Schäden, zum Beispiel meterlange Risse in den Türmen, wurden durch konstruktive Spannungen hervorgerufen. Ein düsteres Schicksal schien dem Meißner Dom bevorzustehen.

Die Wiedervereinigung Deutschlands 1990 eröffnete ungeahnte Möglichkeiten für die Erhaltung des Meißner Doms. Mit Unterstützung der Bundesrepublik Deutschland, des Freistaates Sachsen und der Deutschen Bundesstiftung Umwelt konnte ein umfassendes Programm zur Sanierung und Restaurierung in Angriff genommen werden. Die Baugerüste wanderten Schritt für Schritt um Fassaden und Türme, um Pfeiler und Kapellenräume. Bis zu siebzig Arbeiter verschiedener Gewerke waren gleichzeitig auf der Baustelle beschäftigt. Die Schäden sind nun beseitigt, die Räume erstrahlen wieder in der Farbigkeit des 13. und 14. Jahrhunderts.

An der Westturmanlage wurden die bautechnischen Probleme durch statische Sicherungen und den Austausch zerstörter Steine gelöst. Das mächtige Dachwerk des 16. Jahrhunderts erhielt eine neue Dachdeckung. Der Raumeindruck der Hallenkirche hat sich deutlich verändert. Der dunkle Farbanstrich von 1910 wurde in mühsamer Arbeit abgetragen. Durch die Reinigung sind die mittelalterlichen Steinoberflächen wieder sichtbar geworden. Der Sandstein, der im einfallenden Sonnenlicht in verschiedenen Tönen von leuchtend gelb bis hellbraun erstrahlt, gibt dem Raum eine ganz eigene Stimmung. Auch in der Fürstenkapelle, in der Allerheiligenkapelle, im Achteckbau konnte die ursprüngliche Farbigkeit wiedergewonnen werden. Altäre, Bildwerke und Grabplatten wurden restauriert. Im Achteckbau hat man die Vermauerung der Arkaden, die bis 1910 erhalten war, wieder rekonstruiert, um die kostbaren Skulpturen des 13. Jahrhunderts vor weiterer Verwitterung zu schützen. Eine gewaltige Leistung wurde seit 1990 erbracht. Damit hat auch unsere Zeit die tausendjährige Geschichte des Meißner Doms fortgeschrieben.

Achteckgeschoß des Nordwestturms mit Gerüsten. Restaurierung 1995

# Erbe und Auftrag

Im Meißner Dom verbindet sich das Erbe sächsischer Geschichte mit der Verpflichtung, den kommenden Generationen den christlichen Glauben zu vermitteln, der das Land über tausend Jahre geprägt hat. Nach den Umbrüchen des 19. und 20. Jahrhundert ist dem Domkapitel diese geistliche Aufgabe verblieben – ein verantwortungsvoller und schwieriger Auftrag angesichts der wachsenden Entkirchlichung der Gesellschaft. In einer Welt, die Wohlstand und Spaß zu ihren Leitlinien entschieden hat, werden geschichtliche Zusammenhänge und kirchliche Traditionen kaum noch wahrgenommen. Formen des Gottesdienstes, Gebete und Kirchenlieder geraten immer mehr in Vergessenheit. Um so wichtiger ist es, im und mit dem Meißner Dom die christliche Botschaft zu vermitteln. Ungefähr 150 000 Menschen kommen jedes Jahr in die Kirche, um dieses Zeugnis gotischer Baukunst und sächsischer Landesgeschichte zu erleben. Viele Besucher lassen sich von der Baukunst des Mittelalters, von dem Gebet in Stein ansprechen. Das Bauwerk selbst ist es, das ganz unmittelbar die Botschaft Gottes vermittelt, die das Heilige erleben läßt und den Blick für die jenseitige Welt öffnet.

In der Bischofskirche der Evangelisch-Lutherischen Landeskirche Sachsens kommen die Besucher Meißens, die Teilnehmer an Tagungen der Evangelischen Akademie jeden Sonntag zum Gottesdienst zusammen. Eine eigene Gemeinde besitzt der Meißner Dom als Kathedralkirche nicht. Der Landesbischof predigt traditionell zum Pfingstfest und am Reformationstag. Besondere Anziehungspunkte sind der festliche Gottesdienst zu Weihnachten und der besinnliche Ausklang des Jahres in der Nacht zwischen Silvester und Neujahr.

Es ist vor allem das Licht, das die besondere Stimmung des geweihten Raumes bestimmt. Bis heute hat das Kirchenschiff keine feste elektrische Beleuchtung. Zu den Festgottesdiensten und zu besonderen Konzerten werden Leuchter und Kerzen auf die Bankreihen aufgesteckt. Der flackernde Schein der Kerzen antwortet auf die Sprache der Architektur und gibt der aufstrebenden Halle einen würdevollen Lichtglanz. Für das stille Gebet steht die Allerheiligenkapelle offen, ein Raum, der in seiner strengen, geschlossenen Form besonders innere Ruhe vermitteln kann. Ein reiches kirchenmusikalische Programm ergänzt das geistlichen Angebot. Jeden Mittag kann man im Orgelkonzert erleben, wie sich der Klang der Musik mit dem stummen Gebet der emporstrebenden Kathedrale verbindet. Der Domchor und andere auch große Chöre und Orchester führen im Meißner Dom regelmäßig festliche Konzerte auf.

Das neu eröffnete Dommuseum ist ein wichtiger Baustein zu Vermittlung der christlichen Kultur in Meißen und Sachsen. Im spätgotischen Kapitelhaus östlich vom Hohen Chor wird auf zwei Ebenen anhand wichtiger Exponate, Pläne und Modelle die Geschichte des Hochstifts Meißen und der sächsischen Kirche vor und nach der Reformation erzählt. Die alte Domschatzkammer ergänzt das Museum. In ihr sind einige kostbare liturgische Gegenstände der mittelalterlichen Kathedrale zu sehen, dazu spätgotische Bildwerke aus sächsischen Kirchen und Porträts der Landesherren des 16. Jahrhunderts. Die Ausstellung macht die Besucher mit Zusammenhängen christlicher Geschichte in den sächsischen Städten und Dörfern vertraut, die im Alltag sonst kaum zu erfahren sind.

Der Meißner Dom hat ein ganzes Land in elf Jahrhunderten begleitet. Unter dem Schutz Gottes wird der Dom auch in Zukunft ein weit ausstrahlender Mittelpunkt des geistlichen und kulturellen Lebens bleiben. Die Geschichte ist nicht zu Ende.

Dom im Kerzenlicht

Burgberg und Dom im Winter